智能车辆前沿技术丛书

丛书主编 项昌乐 陈 杰

# 智能车辆场景理解与行为预测技术

DRIVING SCENE UNDERSTANDING AND
BEHAVIOR PREDICTION TECHNOLOGIES FOR
INTELLIGENT VEHICLES

吕 超 李子睿 龚建伟 林云龙 ◎ 著

北京理工大学出版社
BEIJING INSTITUTE OF TECHNOLOGY PRESS

## 内 容 简 介

场景理解与行为预测是智能车辆在城市道路环境中确保安全行驶的重要技术手段。本书从该领域的方法、技术和应用等方面出发，结合科研实践，系统性地介绍了相关领域的技术与方法。全书共6章，第1章介绍智能车辆场景理解与行为预测的基础知识以及基本分类；第2章详细描述智能车辆数据采集系统的搭建、数据处理与静态场景的构建过程；第3至5章从个体交通参与者的角度出发，系统性地介绍如何基于所采集的数据对车辆、行人、骑行者等多种交通参与者的行为进行分析、识别和预测；第6章则从交通场景的角度出发，分析多种交通参与者并存的复杂场景构成，并进一步阐述动态场景的建模方法以及场景风险识别与分类方法。

书中涉及的方法、模型和数据均经过作者团队科研实践的检验。通过本书的阅读，读者能够对智能车辆场景理解方法、行为识别与预测模型构建以及模型测试流程等方面有系统性的了解，有助于快速入门相关领域。

**版权专有　侵权必究**

图书在版编目（CIP）数据

智能车辆场景理解与行为预测技术／吕超等著
．— 北京：北京理工大学出版社，2024.5
　ISBN 978-7-5763-4106-5

Ⅰ．①智… Ⅱ．①吕… Ⅲ．①智能控制-汽车 Ⅳ．①U46
中国国家版本馆 CIP 数据核字（2024）第109136号

| | |
|---|---|
| 责任编辑：李颖颖 | 文案编辑：李颖颖 |
| 责任校对：周瑞红 | 责任印制：李志强 |

出版发行　／　北京理工大学出版社有限责任公司
社　　址　／　北京市丰台区四合庄路6号
邮　　编　／　100070
电　　话　／　(010) 68944439（学术售后服务热线）
网　　址　／　http://www.bitpress.com.cn

版印次　／　2024年5月第1版第1次印刷
印　刷　／　三河市华骏印务包装有限公司
开　本　／　710 mm×1000 mm　1/16
印　张　／　12.5
彩　插　／　12
字　数　／　238千字
定　价　／　76.00元

图书出现印装质量问题，请拨打售后服务热线，负责调换

# 前　言

对智能车辆而言，能够准确感知、识别其他交通参与者及其行为并基于感知识别结果给出合理的决策是实现安全行驶的基本要求。当智能车辆面对静态障碍物时，通常只需要感知障碍物位置并调整自身运动轨迹即可实现安全合理的避障决策。然而，在复杂交通环境中，车辆通常需要面对如行人、非机动车辆与其他机动车辆等多类动态交通参与者，仅依靠简单的环境感知能力已不足以确保行驶安全。在此情景下，智能车辆需要具备正确识别交通参与者意图、预测其轨迹以及评估场景风险程度的能力，从而为安全行驶提供场景理解基础。因此，了解和掌握复杂环境下的场景理解和行为预测技术，对智能车辆领域的从业人员和想要了解相关领域技术发展的读者具有重要的现实意义。

目前关于智能车辆的著作，多面向简单场景应用以及如何实现智能驾驶的技术层面进行阐述，缺少对复杂环境中存在的多种交通参与者、复杂场景以及如何在动态场景中进行预测等内容的系统梳理。本书旨在系统梳理和展现当智能车辆面对复杂的城市交通环境时，如何理解环境并准确预测交通参与者行为的技术手段与方法，以实际工程需求背后的基础技术理论为主线，以层层递进的形式，详细介绍并分析智能车辆的场景理解与行为预测，适合智能车辆领域的从业人员、研究人员，以及车辆工程专业、交通工程专业等高年级本科生和研究生使用。

感谢实验室研究生范思哲、王俊斌、秦绪鹏、陈丹妮、宋泽、李景行、崔格格、张哲雨参与部分章节的初稿写作和全书校对。北京理工大学出版社的编辑在本书的出版过程中付出了大量心血，在此一并致谢。

本书的研究工作得到了国家自然科学基金项目"复杂交互环境下智能车辆类

脑场景风险认知与可持续学习方法"（52372405）、"智能车辆类人驾驶行为知识迁移原理与在线学习建模方法研究"（61703041）支持，还得到科技创新2030-"新一代人工智能"重大项目"基于路端强化的自动驾驶能力强化技术"（2022ZD0115503）支持。

  由于智能车辆交通场景理解与行为预测仍在不断发展中，加之作者水平与能力有限，书中难免存在不当之处，望广大读者批评指正。

编　者

# 目 录

## 第1章 智能车辆场景理解与行为预测概述 …… 1
### 1.1 智能车辆模块组成 …… 1
#### 1.1.1 感知模块 …… 1
#### 1.1.2 行为决策模块 …… 2
#### 1.1.3 路径规划模块 …… 3
#### 1.1.4 运动控制模块与车辆平台 …… 3
### 1.2 数据采集与处理 …… 4
### 1.3 交通参与者行为识别与预测 …… 5
### 1.4 基于风险评估的场景理解 …… 5

## 第2章 数据采集系统与场景建模 …… 7
### 2.1 数据采集系统构成 …… 7
#### 2.1.1 基于仿真传感器的系统 …… 7
#### 2.1.2 基于车载传感器的系统 …… 8
#### 2.1.3 基于路基传感器的系统 …… 10
### 2.2 数据分析与处理 …… 11
#### 2.2.1 车载传感器数据解析与处理 …… 12
#### 2.2.2 路基传感器数据解析与处理 …… 16
### 2.3 动静态场景构建 …… 17

## 第3章 车辆行为识别与预测 …… 20
### 3.1 基于机器学习的车辆行为识别 …… 20

3.1.1 车辆行为识别问题描述 …………………………………… 20
3.1.2 基于逻辑回归的车辆行为识别模型 ………………………… 22
3.1.3 基于支持向量机的车辆行为识别模型 ……………………… 25
3.2 基于机器学习的车辆行为预测 ………………………………… 36
3.2.1 车辆行为预测问题描述 …………………………………… 36
3.2.2 基于高斯混合模型-高斯混合回归的主车操作轨迹预测模型 …… 37
3.2.3 基于图神经网络的异质交通参与者交互行为预测分层框架 …… 41
3.3 面向连续场景的车辆轨迹预测持续学习方法 …………………… 47
3.3.1 连续场景中车辆轨迹预测问题 ……………………………… 47
3.3.2 连续场景中车辆轨迹预测持续学习方法 …………………… 52

## 第 4 章 行人行为识别与预测 ………………………………………… 62
4.1 基于骨架数据的行人行为类别标注 ……………………………… 62
4.1.1 基于骨架节点的行人姿态表征 ……………………………… 62
4.1.2 基于行人姿态表征的行为类别聚类 ………………………… 66
4.1.3 行人行为类别聚类结果分析 ………………………………… 70
4.2 基于图表示的行人行为识别 …………………………………… 73
4.2.1 基于图表示的行人行为特征建模 …………………………… 74
4.2.2 行人时空图模型特征序列构建 ……………………………… 76
4.2.3 行人行为识别实验与结果分析 ……………………………… 77
4.3 行人轨迹预测模型 ……………………………………………… 81
4.3.1 行人数据特征提取 ………………………………………… 82
4.3.2 行人轨迹预测模型构建 …………………………………… 84
4.3.3 行人轨迹预测实验结果分析 ………………………………… 88
4.4 行人风险等级预测模型 ………………………………………… 90
4.4.1 行人数据风险等级标签聚类 ……………………………… 91
4.4.2 基于轨迹预测的行人风险等级评估 ………………………… 96

## 第 5 章 骑行者行为识别与预测 ……………………………………… 99
5.1 骑行者行为特征构建与时空特征提取 …………………………… 99
5.1.1 基于图表示的骑行者行为特征提取 ………………………… 99

5.1.2　基于碰撞风险分析的骑行者时空特征提取 ………………………… 100
　5.2　基于图神经网络的骑行者穿行意图识别 ……………………………………… 102
　　5.2.1　图神经网络与特征融合的行为识别 ………………………………… 102
　　5.2.2　骑行者穿行意图识别实验 …………………………………………… 113
　5.3　基于行为识别的骑行者风险评估预测 ………………………………………… 115
　　5.3.1　基于聚类的骑行者风险等级标签聚类 ……………………………… 115
　　5.3.2　骑行者风险等级预测方法 …………………………………………… 116
　　5.3.3　骑行者风险等级预测实验 …………………………………………… 117

## 第6章　场景理解与风险评估 ……………………………………………………… 121
　6.1　行驶场景动静态特征提取与建模 ……………………………………………… 121
　　6.1.1　基于关键换道交互行为的行驶场景建模 …………………………… 121
　　6.1.2　基于图模型的行驶场景建模 ………………………………………… 127
　　6.1.3　场景建模实例分析 …………………………………………………… 130
　6.2　危险场景中驾驶员行为分析与评价 …………………………………………… 139
　　6.2.1　驾驶员个性化危险场景评价 ………………………………………… 139
　　6.2.2　危险场景标签生成方法 ……………………………………………… 141
　　6.2.3　个性化聚类方法评价标准 …………………………………………… 144
　　6.2.4　驾驶行为评价实例分析 ……………………………………………… 145
　6.3　行驶场景风险程度识别与分类 ………………………………………………… 151
　　6.3.1　基于图核的相似性度量方法 ………………………………………… 151
　　6.3.2　基于支持向量机的危险场景分类模型建模方法 …………………… 159
　　6.3.3　风险程度识别实例分析 ……………………………………………… 160
　6.4　复杂场景风险等级评估与建模 ………………………………………………… 164
　　6.4.1　驾驶员特征提取与风险等级评价 …………………………………… 164
　　6.4.2　图模型节点定义及场景几何划分 …………………………………… 166
　　6.4.3　风险等级评估与建模实例分析 ……………………………………… 170

**参考文献** …………………………………………………………………………………… 178

**附录　智能车辆场景理解与行为预测技术相关术语名称** ………………………………… 183

**索引** ………………………………………………………………………………………… 185

# 第 1 章

# 智能车辆场景理解与行为预测概述

## 1.1 智能车辆模块组成

智能车辆是一种能够以较高速度移动的机器人,能够感知驾驶环境,进行自主决策,规划行驶路径,并控制车辆跟踪期望路径,到达设定的目的地[1]。然而,研发具备高智能水平的车辆并非易事,通常智能车辆系统可以分为感知、行为决策、路径规划与运动控制 4 类模块。其中,智能车辆的感知多涉及机器学习算法与摄像头、激光雷达等传感器硬件的配合交互;行为决策、路径规划涵盖了博弈论、强化学习等理论;车辆平台底层的运动控制包含电控技术、最优化理论等诸多技术与理论。本节将对上述智能车辆各个模块进行介绍。

### 1.1.1 感知模块

智能车辆需要实时获取行驶环境信息和驾驶员信息[2]。如图 1-1 所示,环境信息的获取途径一般有两种:一是通过智能车辆环境感知子系统利用车载传感器获取环境信息,结合环境模型对环境信息进行融合,从而理解和识别行驶环境;二是通过通信网络提供外部环境信息,如车联网系统给智能车辆提供前方道路状况和周围车辆行驶趋势、路基交通设施发送的路口交通状况和变化趋势。驾驶员信息主要通过车载传感器获得。通过感知系统获得环境信息和驾驶员信息后,结合先验模型,可以对行驶环境和驾驶员行为进行识别与预测,为后续的行为决策与路径规划提供信息[3]。

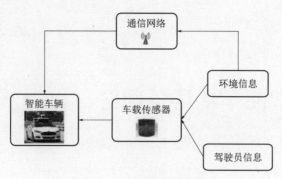

图 1-1 智能车辆感知系统

## 1.1.2 行为决策模块

智能车辆需要根据任务特性、自身功能条件和已知环境信息进行决策。智能车辆的行为决策（下文简称"决策"）是一种动态过程，需要根据任务和全局环境信息的变化来调整车辆行驶策略或驾驶行为[4]。如图 1-2 所示，以车辆换道过程为例，智能车辆决策系统基于对交通场景中其他车辆的行为预测，对自身的运动状态以及对应的交通环境信息进行决策，且这些信息都处于动态变化过程。因此，智能车辆的决策结果可能在"换道"和"保持直行"两种状态中切换，是一个动态的过程。

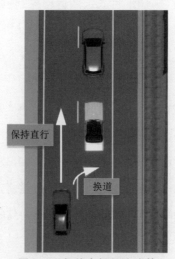

图 1-2 智能车辆行为决策

### 1.1.3 路径规划模块

如图 1-3 所示，路径规划是指智能车辆按照一定的评价标准寻找一条从起始状态到目标状态的无碰撞路径，主要分为全局路径规划和局部路径规划[5]。全局路径规划是在地图已知的情况下，在存在交通导航路网信息的道路环境中，根据拓扑路网连接关系进行规划，而在存在障碍物的非结构化环境中，根据障碍物的位置和道路边界确定可行的最优路径；但当环境发生变化时，如出现未知障碍物，需要通过局部路径规划生成智能车辆的局部行驶路径。局部路径规划是在全局路径的引导下，依据传感器感知得到的局部环境信息实时生成车辆所需要行驶的路径。在路径规划过程中，不仅要考虑影响当前任务完成的最优原则，如路径最短、能源消耗最少，而且还要考虑动态环境带来的约束问题。此外，在智能车辆局部路径规划过程中，还需要考虑的一个问题是运动规划，即局部路径规划需要满足智能车辆的运动学和动力学约束条件。

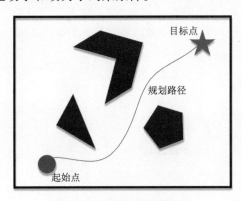

图 1-3　智能车辆路径规划

### 1.1.4 运动控制模块与车辆平台

车辆运动控制功能是使智能车辆能够对路径规划模块中得到的路径进行跟踪[6]。其实质是通过控制车辆的运动来减少车辆与参考路径在空间上的误差。车辆平台是智能车辆的重要组成部分，环境感知、任务决策及控制必须与车辆平台进行一体化设计。智能车辆在行驶过程中，将与环境发生相互作用，这时车辆的运动学和动力学特性就会影响到环境感知、决策规划和控制的效果。因此，智能车辆要在运动规划阶段计算出满足车辆运动学和运动学约束的无碰撞运动轨迹，同时也要在跟踪阶段生成满足非线性动力学约束和执行机构极限约束的控制量。

基于上述对智能车辆系统的概念性介绍，本书所关注的是智能车辆的场景理解与行为预测技术。场景理解与行为预测是连接感知模块与决策模块的重要桥梁，对下游实现高效安全的决策与规划具有重要意义[3]。下面将分别从数据采集与处理、交通参与者行为识别与预测、基于风险评估的场景理解三大方面对智能车辆场景理解与行为预测技术进行介绍。

## 1.2 数据采集与处理

数据采集与处理基于智能车辆感知模块进行。其主要任务是通过仿真平台、车载传感器和路基传感器等数据采集系统，采集驾驶员或周围环境的信息，并依据所研究的问题，经过相应数据处理之后，成为结构清晰、意义明确的数据文件，用于交通参与者行为识别与预测、场景风险评估等研究[7]。图1-4为智能车辆数据采集与处理的一般性框架。

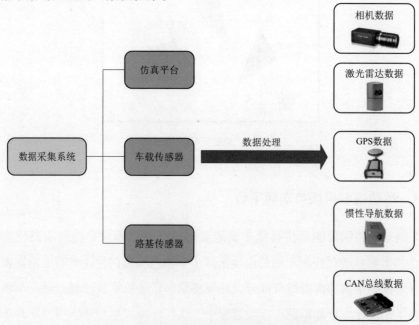

图1-4　智能车辆数据采集与处理一般性框架

## 1.3 交通参与者行为识别与预测

交通参与者包括交通环境中存在的车辆、行人与骑行者等。交通参与者行为识别与预测的主要任务是以交通参与者为研究对象,识别出预先定义的意图或模式,并对其运动趋势作出预测。有效识别交通参与者的行为和准确预测其未来一定时间范围内的运动轨迹,对高级驾驶员辅助系统(advanced driver assistance systems,ADAS)和智能交通系统(intelligent transportation systems,ITS)的研发具有重要意义[8]。本书将依据研究对象的不同,分别介绍面向车辆、行人以及骑行者三大类交通参与者的行为识别与预测方法。

城市交通中的车辆受车道、信号灯和交通规则的约束,车辆驾驶行为存在规范性,因而车辆驾驶行为识别可以建模为分类问题。在传统方法中,常用逻辑回归(logistic regression,LR)[9]和支持向量机(support vector machine,SVM)[10]进行驾驶行为识别,用高斯混合回归(gaussian mixture regression,GMR)进行驾驶行为预测。对于未来一定时间范围内的车辆运动轨迹预测,可建模为相对复杂的回归问题。本书将主要介绍基于深度学习的车辆轨迹预测方法,其中包括基于图神经网络(graph neural networks,GNN)的交互行为建模、基于持续学习(continual learning)面向连续场景的车辆轨迹预测方法。

对于行人与骑行者,由于其运动缺乏规范性,难以清晰界定其运动模式之间的界限,且运动自由度相对车辆较高,因此使用传统方法难以对行人、骑行者的行为进行准确、高效的表征。因此,本书面向行人与骑行者将主要介绍基于深度学习方法的行为识别与预测技术,其中包括基于图表示学习(graph representation learning)、长短期记忆网络(long short-term memory,LSTM)及特征融合的行为识别与预测方法。

## 1.4 基于风险评估的场景理解

在对各类交通参与者行为意图进行有效识别、准确预测的基础上,对交通参与者的个体风险以及多种交通参与者存在的复杂场景风险等级进行精准评估是智能车辆实现场景理解、提升驾驶安全性的重要能力。首先,本书将针对影响智能车辆行车安全的两类主要弱势道路使用者（vulnerable road users，VRU）——行人与骑行者，介绍基于聚类方法的行人与骑行者个体风险等级识别与评估；其次，面向智能车辆所处的场景环境风险评估，介绍复杂交通场景动静态特征提取与建模方法，并分析危险场景中驾驶员的行为；最后，介绍基于图核（graph kernel）与机器学习的场景风险等级评估方法。图 1-5 所示为本书整体逻辑架构。

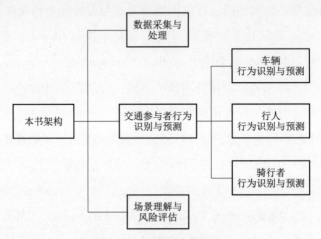

图 1-5　本书整体逻辑架构

# 第 2 章

# 数据采集系统与场景建模

## 2.1 数据采集系统构成

智能车辆数据采集系统主要分为以下 3 类：第一类是基于仿真传感器的数据采集系统，基于仿真传感器的数据采集主要在仿真软件中进行；第二类是车载传感器数据采集系统，即使用安装于智能车辆上的传感器（如激光雷达、相机等）以车辆行驶视角采集驾驶、交通数据；第三类是路基传感器数据采集系统，即通过布置在道路上的传感器（如高架摄像头等）进行交通数据的采集。本节将针对这 3 类数据采集系统分别举例介绍，说明在各类数据采集系统中采集数据的主要方法流程。

### 2.1.1 基于仿真传感器的系统

本小节介绍基于 PreScan/SIMULINK 平台构建的仿真环境。为了进行试验，需要对换道场景中的数据进行采集。为了有效地收集驾驶数据进行模型训练，利用 PreScan/SIMULINK 平台构建了一个仿真环境来模拟驾驶环境，如图 2-1 所示。采集频率设定为 100 Hz。驾驶员的操作由罗技 G29 设备采集，并送入模拟的车辆动态系统。可视化的驾驶环境通过监视器反馈给驾驶员。

基于 PreScan 的仿真环境数据采集过程如图 2-2 所示。驾驶员通过操作模拟驾驶输入设备，将驾驶行为信号输入到 Matlab/SIMULINK 的输入模块中。Matlab/SIMULINK 平台通过从驾驶员操作模块获取驾驶员操作量，进行车辆动力

图 2-1　驾驶员驾驶环境

学仿真解算，实现虚拟环境中仿真车辆的控制。最终将解算结果中本车与周围环境的变化以视觉的形式反馈给驾驶员。其中，PreScan 软件可为驾驶员提供较好的视觉反馈，从而保证驾驶员能够对驾驶场景产生正确的理解，从而做出尽量接近真实环境下的驾驶行为。模拟驾驶输入设备为驾驶员提供了力学与触觉反馈，目的是尽量为驾驶员提供较为真实的驾驶操作体验。Matlab/SIMULINK 保证车辆动力学的实时快速解算与数据存储。

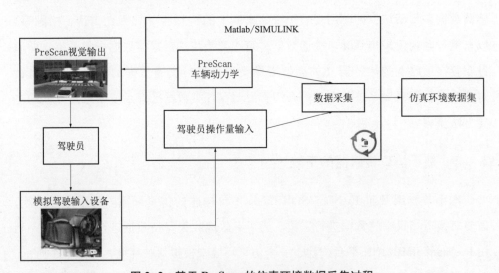

图 2-2　基于 PreScan 的仿真环境数据采集过程

### 2.1.2　基于车载传感器的系统

下面以北京理工大学智能车辆研究所比亚迪"速锐"线控智能车辆为例，

介绍车载传感器数据采集系统的配置、数据类型等。图 2-3 为比亚迪"速锐"自动驾驶平台,该平台在 2013 年搭建完成,连续 3 年参加中国智能车未来挑战赛,并取得第五届"中国智能车未来挑战赛"第一名。

图 2-3 比亚迪"速锐"自动驾驶平台

比亚迪"速锐"自动驾驶平台采用一体化结构设计,底层控制采用"速锐"汽车线控技术,上层数据处理器以工控机为主,通过 CAN 总线技术实现数据交换。该车利用发动机电子控制系统、变速器自动控制系统、制动控制系统等实现车辆纵向速度控制,利用电动助力转向系统实现车辆横向控制。车载工控机性能可靠,满足抗震性等基本要求,能够在真实道路工况下长时间稳定运行。本书提出的高速环境下智能车辆超车行为决策系统嵌入在规划程序中,开发语言为 C++。车载感知传感器为毫米波雷达(车前)、32 线激光雷达(车顶)及单目相机(车顶)。智能车辆采用卫星接收机/惯性导航(GPS/INS)完成自动定位,允许定位结果存在一定范围的误差。在驾驶室内安装 2 个液晶显示器,用于显示车辆状态信息、规划信息、相机检测信息等。比亚迪"速锐"自动驾驶平台的具体配置介绍如下。

1) 坐标系定义

本车导航数据的姿态、速度、角速度与加速度和激光雷达点云数据参考坐标系均为车体坐标系,坐标原点为车辆后轴在地面的竖直投影点,$x$ 轴指向车辆正右方,$y$ 轴指向车辆正前方,$z$ 轴指向车辆正上方。

2) 传感器配置

32 线激光雷达(1 个)、双目相机(1 组)、GPS(1 个)、惯性导航(1

个),如图 2-4 所示。

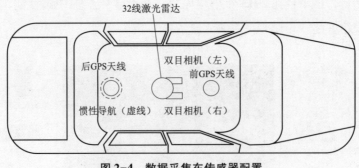

图 2-4 数据采集车传感器配置

3)数据类型及内容(表 2-1)

表 2-1 自动驾驶平台数据类型及内容

| 数据类型 | 数据内容 |
| --- | --- |
| CAN 总线数据 | 时间戳、车速、挡位、方向盘转角 |
| GPS 输出数据 | 时间戳、经度、纬度 |
| 惯性导航输出数据 | 时间戳、经度、纬度、高度、三姿态角、三轴速度 |
| 惯性导航 IMU 原始数据 | 时间戳、姿态四元数、三轴角速度、三轴角加速度 |
| 32 线激光雷达数据 | 时间戳、点云数据 |
| 双目相机数据 | 时间戳、左相机图像、右相机图像 |

## 2.1.3 基于路基传感器的系统

本小节介绍的路基传感器数据采集系统主要为高空架设的摄像头系统。该摄像头系统采集一段时间内城市交叉路口所有交通参与者的轨迹数据后,能够通过内部的图像坐标与大地坐标的转换关系,进行多次矩阵的迭代运算,从视频的每一帧中提取交通参与者在穿越交叉路口过程中的速度、加速度、位置坐标和车辆轨迹的曲率等运动状态信息。例如,某路基传感器数据采集系统配置一个高空摄像头,架设位置位于某路口旁大厦 16 层。该路基传感器数据采集系统视角如图 2-5 所示,采集的数据如表 2-2 所示。

图 2-5　路基传感器数据采集系统视角

表 2-2　路基传感器数据采集系统采集的数据

| 数据类型 | 数据内容 |
| --- | --- |
| CAN 总线数据 | 时间戳、车速、挡位、方向盘转角 |
| GPS 输出数据 | 时间戳、经度、纬度 |
| 惯性导航输出数据 | 时间戳、经度、纬度、高度、三姿态角、三轴速度 |
| 惯性导航 IMU 原始数据 | 时间戳、姿态四元数、三轴角速度、三轴角加速度 |
| 32 线激光雷达数据 | 时间戳、点云数据 |
| 双目相机数据 | 时间戳、左相机图像、右相机图像 |
| 车辆轨迹数据 | 时间戳、车辆的位置、速度、加速度 |
| 行人轨迹数据 | 时间戳、行人的位置、速度、加速度 |
| 骑行者轨迹数据 | 时间戳、骑行者的位置、速度、加速度 |

## 2.2　数据分析与处理

在完成原始数据采集后，为将原始数据转换为研究可用的数据形式，通常需要对采集到的数据进行进一步分析与处理。依据第 2.1 节介绍的三类数据采集系统，可知数据采集形式主要分为车载传感器数据采集与路基传感器数据采集（基于仿真传感器的数据采集可视作此两类采集方式在软件中的模拟实现），因此本节将针对基于车载传感器与路基传感器的数据采集系统,展开数据分析与处理的介绍。

### 2.2.1 车载传感器数据解析与处理

**1. 车载传感器数据保存**

车载平台上所有传感器数据、车辆底层的数据以及其他数据都是在 ROS 框架[11]下进行数据接收和保存的。ROS 框架下可以通过 ROSBag 格式文件将所有指定话题数据进行保存,从而满足离线分析要求。

**2. 数据解析及时间同步**

为了后续分析方便以及防止 ROSBag 格式数据在回放时由于处理时间过慢导致的丢失数据帧的问题,需要对 ROSBag 数据进行解析,将其保存成离线文件。其中,图片保存成 .png 无损图像格式文件。图 2-6 为车载相机与激光雷达数据保存文件结构,其保存了两个彩色相机的图像。为节省存储空间,将点云保存成 .bin 二进制格式文件,每个传感器保存的数据都统一放在一个独立的文件夹内。

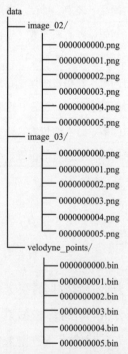

图 2-6 车载相机与激光雷达数据保存文件结构

其中，image_02 和 image_03 文件夹分别为左、右彩色相机保存的图片；velodyne_points 文件夹为 32 线激光雷达保存的点云数据。

由于相机图片数据采集的帧速率和激光雷达数据采集的频率有所不同，一般相机采集帧速率设置为 25 f/s，而激光雷达受到旋转元件工作原理限制，一般激光雷达采集频率设置为 10 Hz，这样就会涉及相机图片数据和激光雷达数据的时间同步问题。智能车辆常使用 GPS 授时的方式实现多种传感器数据的同步，每个传感器接收来自 GPS 信号统一时间戳，然后利用该时间基准作为同步参考变量。然而，这种方法需要让每个传感器设备都接收 GPS 时间戳，涉及一些硬件改动。另外，正常 GPS 信号时间频率并不高，并且还有 GPS 信号丢失现象发生，这就导致了时间同步任务无法正常进行。采用上位机统一基准时间同步是一种实用性高的解决方案。具体地，该方案将所获得的相机图片和点云数据都赋予工控机系统时间戳（精确到纳秒）。在同步过程中，利用多线程和队列缓存技术，首先将订阅的相机图像和点云话题都压入消息输入队列中进行缓存，然后通过时间戳对比方法，以缓存区中帧率最慢消息的时间戳作为消息同步基准时间戳，接着从其他消息输入队列中比对时间戳差别情况，挑选出最邻近时间戳消息，从而实现时间同步。

完成同步的消息并不直接进行保存，这是因为数据保存涉及耗时的硬盘存储过程。如果直接对完成同步的消息进行保存，那么在下一帧读取同步消息时可能中间已经丢失了一定帧数，因此同样利用队列缓存机制，将同步好的消息放入到同步消息队列中进行缓存，保存操作循环从同步消息队列中取出数据进行保存操作。保存操作和同步操作多线程运行，保证同步操作的速度，同步之后的数据基本上保持 10 Hz 的激光雷达采集频率。

3. 动态要素检测与跟踪

利用同步后的相机数据，针对车辆、行人以及骑行者这些动态要素进行检测。单纯通过相机进行多目标检测和跟踪会因为丢失深度信息[12]，导致无法获得动态要素的三维信息，从而难以获取目标距离甚至深度信息，然而仅使用激光雷达数据则会因为缺少动态要素类别信息，并且只能利用到激光雷达的几何测量信息，从而导致容易出现误检和误匹配等情况发生。因此，本书介绍基于激光雷达和视觉融合的多动态要素检测与跟踪系统。多动态要素检测与跟踪系统框架如图 2-7 所示。

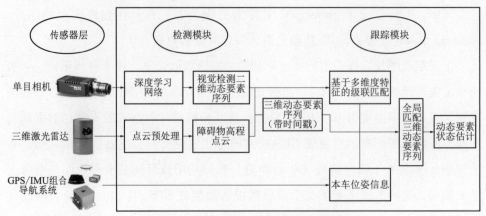

图 2-7　多动态要素检测与跟踪系统框架

多动态要素检测与跟踪系统主要包括检测模块和跟踪模块。在检测模块中，单目相机获取彩色图片后，首先经过深度学习网络，得到视觉检测二维动态要素序列，三维激光雷达获取的点云首先经过点云预处理，得到障碍物高程点云，经过和视觉检测结果进行关联，对检测框中的点云进行提取，同时完成动态要素三维包围盒的拟合工作，从而得到带时间戳的三维动态要素序列。在跟踪模块中，主要包括多动态要素数据关联即多动态要素匹配和动态要素状态估计工作，其中多动态要素数据关联得益于视觉信息的输入，不同于传统利用激光雷达中最近邻方法进行匹配，而是利用多维度的视觉特征来完成级联匹配，大大提高了匹配准确度。在得到匹配结果上，结合关联的三维动态要素序列加上本车位姿信息的输入，可以得到全局匹配三维动态要素序列，由此作为测量，来实现动态要素状态估计。视觉匹配结果部分如图 2-8 所示。

图 2-8　视觉匹配结果部分（附彩图）

(a) 快速路场景；(b) 路口场景

其中，检测框左上角的两个红色字体数字分别是动态要素 ID 号和跟踪次数。由图可以看出，跟踪结果基本上保持稳定状态，但在复杂的交叉路口场景，仍有一定的误匹配现象。

4. 动态要素定位

在相机图像中检测得到的动态要素二维包围框需要在激光雷达或者车体坐标系下进行动态要素定位才能真正获得动态要素检测信息，以便提供驾驶员建模使用。如图 2-9 所示，采用激光雷达和相机数据融合进行动态要素定位，得到目标在车体坐标系下的局部定位结果。步骤如下：

（1）对相机和激光雷达进行联合标定，获得相机与激光雷达之间的旋转平移矩阵。

（2）将激光雷达点云经过旋转、平移变换投到图像上。

（3）根据目标检测网络获得目标的 bounding boxes 的坐标，然后取出 bounding box 内对应的点云。

（4）为了将非目标上的点云去除，对点云进行聚类，获得在目标上的点云，即获得了目标相对于车的 $x$、$y$、$z$ 距离信息。

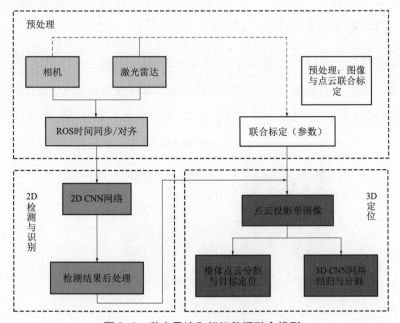

图 2-9 激光雷达和相机数据融合模型

根据以上思路进行处理，得到部分动态要素融合定位效果，如图 2-10 所示。其中，通过激光雷达和相机标定结果将点云投影到图像上，不同颜色点云表示不同的距离，每个点都在车体坐标系下有明确的 $x$、$y$、$z$ 坐标，从而可以通过前期目标检测得到二维包围框提取出目标距离信息。

图 2-10　部分动态要素融合定位效果（附彩图）

## 2.2.2　路基传感器数据解析与处理

路基传感器直接输出结果为记录一段时间内数据采集车通过某路口行为及其他交通参与者行为的视频[13]，如图 2-11 所示。本书案例采用人工标注方法获取了 10 组数据采集车穿过交叉路口时的本车及周边动态要素的轨迹数据。

图 2-11　路基数据图片标注与目标跟踪（附彩图）

其中，部分路基视频处理数据如表 2-3 所示。第一列是全局时间（global time），指的是视频录制的系统时间；第二列是动态要素在大地坐标系的 $X$ 坐标；第三列是动态要素在大地坐标系的 $Y$ 坐标；第四列是动态要素在大地坐标系的 $X$ 方向速度；第五列是动态要素在大地坐标系的 $Y$ 方向速度；第六列是动态要素在大地坐标系的 $X$ 方向加速度；第七列是动态要素在大地坐标系的 $Y$ 方向加速度。

表 2-3　部分路基视频处理数据

| 全局时间 | $X$ 坐标/m | $Y$ 坐标/m | $X$ 方向速度/(m·s$^{-1}$) | $Y$ 方向速度/(m·s$^{-1}$) | $X$ 方向加速度/(m·s$^{-2}$) | $Y$ 方向加速度/(m·s$^{-2}$) |
|---|---|---|---|---|---|---|
| 13：36：35：40 | -1.88 | 8.61 | 0.20 | 2.46 | -0.01 | -0.09 |
| 13：36：35：50 | -1.86 | 8.86 | 0.19 | 2.45 | -0.02 | -0.12 |
| 13：36：35：60 | -1.84 | 9.11 | 0.19 | 2.44 | -0.02 | -0.15 |
| 13：36：35：70 | -1.82 | 9.36 | 0.19 | 2.42 | -0.03 | -0.18 |
| 13：36：35：81 | -1.80 | 9.60 | 0.19 | 2.40 | -0.03 | -0.22 |

路基数据处理工具一般由以下 4 部分组成：第一部分程序是将视频逐帧转成图片；第二部分程序是对图片中的初始目标位置进行标注；第三部分程序是将标注后生成的 .xml 标注文件转换成 .txt 文件以方便处理；第四部分程序是根据 .txt 文件中的初始目标位置信息，对目标动态要素进行逐帧跟踪，直到目标脱离视野范围，同时将每一帧中的位置信息以矩形框的形式输出为新的 .txt 文件。

## 2.3　动静态场景构建

除数据采集与处理外，动静态场景建模同样是开展智能车辆场景理解与行为预测研究的重要基础。静态场景指的是构建不包含动态障碍物的智能车辆行车环境，而动态场景是指在静态环境基础上增加交通参与者（如车辆、行人等）的行车环境。本节案例将以符合国家标准的十字交叉路口场景构建为例介绍动静态场景的构建方法，具体展示的案例基于仿真软件 Car Learning to Act（CARLA）构建。常见的仿真场景示意图如图 2-12 所示。车辆、骑行者、行人 3 种类型的交通参与者仿真模型分别如图 2-13 所示。

图 2-12 常见的仿真场景示意图

(a) 无信号灯控制的十字交叉路口；(b) 有信号灯控制的十字交叉路口；
(c) 有信号灯控制的 T 形交叉路口；(d) 无信号灯控制的 T 形交叉路口

图 2-13 交通参与者仿真模型

(a) 车辆；(b) 骑行者；(c) 行人

关于仿真场景中本车以及其他交通参与者仿真数据的采集，我们可以通过编程的方式获取仿真软件所构建的交通参与者对象，读取其位置、速度、角速度、加速度、油门和制动控制量、航向等信息并实时记录存储为格式化数据。

关于仿真场景中交通参与者的行为设置，通常有以下两种方案：一是根据采集到的实车数据，还原真实世界交通参与者行为。此方法的难度在于实车数据的提取和利用代码对交通参与者进行一对一精确控制。二是应用仿真软件 CARLA 应用程序编程接口（application programming interface，API）模块自带的自动驾驶模块，随机投放交通参与者并随机导航，模拟现实场景。此方法的难度在于如何确定该交通参与者在被测交叉路口内行动，如何提取随机参与者的数据。

至此，本书在第 1 章介绍了智能车辆系统基本架构，并在第 2 章介绍了智能车辆相关研究中数据采集系统、感知数据处理以及场景构建的内容。基于前两章内容，本书将在后续章节中依次介绍车辆、行人、骑行者 3 类交通参与者的行为识别预测以及基于风险评估的场景理解技术，具体将包含相应的研究问题构建与具体方法模型的介绍。

# 第 3 章 车辆行为识别与预测

在换道、汇流、转向等复杂的驾驶过程中，不当的驾驶行为常常导致交通事故的发生。为了减轻驾驶员负担，降低事故率，有效识别驾驶员的操作、准确预测驾驶员的意图至关重要。首先，本章将基于前两章所介绍的智能车辆基本概念以及数据采集处理、场景构建相关内容，介绍车辆行为识别与预测常用的基本方法，以及复杂交互场景中基于图神经网络（graph neural networks，GNN）的方法在行为预测问题中的应用。其次，考虑智能车辆在实际应用中将面对的连续变化场景，将基于持续学习（continual learning，CL）理论介绍可在连续变化场景中持续学习、积累机器学习经验的车辆轨迹预测方法。

## 3.1 基于机器学习的车辆行为识别

机器学习的方法可以对车辆行为进行有效识别。本节将首先阐释车辆行为识别问题在机器学习方法中的抽象描述，然后分别介绍两个被广泛应用的分类方法，即逻辑回归（logistic regression，LR）与支持向量机（support vector machine，SVM）在驾驶行为识别问题中的建模过程。

### 3.1.1 车辆行为识别问题描述

基于机器学习理论，智能车辆的行为识别可以视作监督学习中的分类问题，目的在于依据本车以及周围车辆一定时间范围内的行驶状态或操作数据（如速度、航向角、方向盘转角等）识别出当前本车的驾驶行为。将车辆行为识别抽象为机器学习的分类问题,其目的则可描述为训练一个分类器,而该分类器可以使用不同的驾驶行为类别标签对训练数据进行分类,如将行为分类为换道(lane change, LC)或车道保持(lane keep, LK)。使用训练好的分类器,可以对从真实驾驶场景中收集的新测试数据进行分类并为其指定相应的标签。以此方式,可以识别对应于不同标签的行为。

分类器的训练目标是为每个样本输入分配一个行为类别标签,如 LK 或 LC。为了实现这一目标,需要将整个训练集划分为两个区域,其边界称为决策边界。因此,分类问题的关键是找到可以成功分离属于不同类别数据的适当决策边界。这里采用了两个广泛应用的分类器,即逻辑回归算法与支持向量机,以解决驾驶行为识别问题。选择这两个分类器是因为它们易于使用,并已被证明在许多实际分类问题中都是有效的,包括驾驶员行为建模。

对驾驶行为进行合理抽象和建模能够帮助我们有效研究识别问题。本节研究的换道场景示意图如图 3-1 所示。

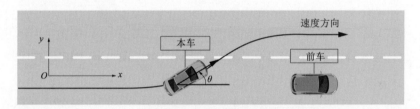

图 3-1 换道场景示意图

为了建立用于换道/车道保持(lane change/lane keep, LC/LK)决策和转向操作的换道驾驶员模型,本节案例将时刻步长状态作为模型的输入,定义如下:

$$s_t = [x_{h,t}, y_{h,t}, \theta_{h,t}, x_{f,t}, y_{f,t}, v_{h,t}, \alpha_{h,t}] \quad (3-1)$$

其中,角标 h 和 f 分别表示自车(host)和前车(front);$x_{h,t}$ 和 $y_{h,t}$ 分别表示本车在 $t$ 时刻的纵向和横向位置;$x_{f,t}$ 和 $y_{f,t}$ 分别为前车在时间步长时的纵向和横向距离。上述 4 种状态主要影响驾驶员对两车相对位置的认知。$\theta_{h,t}$、$v_{h,t}$ 和 $\alpha_{h,t}$ 分别表示本车在 $t$ 时刻的航向角、速度和方向盘转角。

在换道行为的识别中,驾驶员所作的决策是关于是否换道,而进行的操作是驾驶员旋转方向盘。因此,模型的输出是根据当前状态得出的 LC/LK 决策和方向盘转角(steering wheel angle, SWA)。可以将模型在 $t$ 时刻的驾驶行为定义为

$$d_t = \begin{cases} 0, & \text{lane keep} \\ 1, & \text{lane change} \end{cases} \quad (3-2)$$

$$a_t = \alpha_{h,t+1} \quad (3-3)$$

其中，$d_t$ 为 LC/LK 决策值；$\alpha_t$ 为输出的 SWA。

对于 LC/LK 决策值，由于无法准确指示驾驶员的车道变更决策，因此需要为车道变更场景中的驾驶员决策模型手动标记收集的驾驶数据。我们将车道变更数据定义为 SWA 快速变化且潜在位移接近车道宽度的一系列数据。考虑到轨迹可能不平坦且不平坦道路条件的复杂性，此处假设换道过程开始时的方向盘角度可能不等于其结束时的角度。因此，可以将车道变更的开始和结束标记为等于其最接近的稳定值，并且它们之间的距离最小。将车道变更过程的数据标记为 LC，将其余数据标记为 LK，则 LK/LC 对不同驾驶员的标记结果如图 3-2 所示。

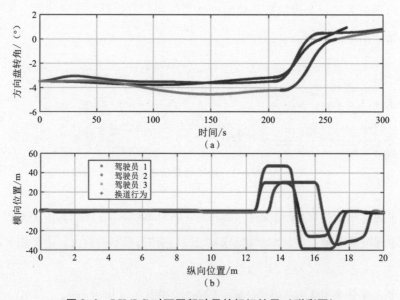

图 3-2　LK/LC 对不同驾驶员的标记结果（附彩图）
（a）方向盘车辆随时间变化情况；（b）车辆轨迹

## 3.1.2　基于逻辑回归的车辆行为识别模型

基于对车辆行为识别的问题描述，本小节介绍通过 LR[9] 实现主车驾驶行为识别的方法。LR 是传统机器学习领域中一种常见的非线性分类模型，可用于解决二分类问题。LR 虽然是非线性模型，但其基础是基于线性回归理论的广义线性模型。逻辑回归可以根据输入的特征量，基于逻辑斯谛分布（logistic distribution），输出该样本划分为每个类型的概率，从而达到将样本二分类的目的。

下面定义逻辑斯谛分布。假设 $Z$ 是连续的随机变量，且 $Z$ 服从逻辑斯谛分布，则 $Z$ 具有如下所示的概率分布函数与概率密度函数：

$$F(z) = P(Z \leqslant z) = \frac{1}{1 + e^{-(z-\mu)/\gamma}} \quad (3-4)$$

$$f(z) = F'(z) = \frac{e^{-(z-\mu)/\gamma}}{\gamma(1 + e^{-(z-\mu)/\gamma})^2} \quad (3-5)$$

其中，$\mu$ 与 $\gamma$ 为参数，$\mu$ 称为位置参数，$\gamma > 0$ 称为形状参数。逻辑斯谛分布的概率分布函数和概率密度函数曲线如图 3-3 所示。其中，概率分布函数称为逻辑斯谛函数，其形状为一条 S 形曲线（sigmoid curve，SC），且以 $(\mu, 0.5)$ 为对称中心成中心对称图形；概率密度函数以 $z = \mu$ 为对称轴成轴对称图形。

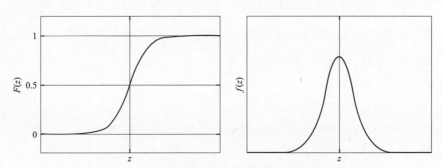

**图 3-3 逻辑斯谛分布的概率分布函数和概率密度函数曲线**

(a) 概率分布函数曲线；(b) 概率密度函数曲线

作为一种分类模型，逻辑回归模型可表示为条件概率分布 $P(Y|Z)$。其中，随机变量 $Z$ 为模型输入，表示样本特征；随机变量 $Y$ 为模型输出，可取 0 或 1，表示样本类别。具体模型形式如下：

$$P(Y = 0 | z) = \frac{\exp(\boldsymbol{w}^T\boldsymbol{z} + b)}{1 + \exp(\boldsymbol{w}^T\boldsymbol{z} + b)} \quad (3-6)$$

$$P(Y = 1 | z) = \frac{1}{1 + \exp(\boldsymbol{w}^T\boldsymbol{z} + b)} \quad (3-7)$$

其中，$z \in \mathbb{R}^D$ 为 $D$ 维的模型输入矢量，也是模型的特征矢量；$Y \in \{0, 1\}$ 为模型输出；$w \in \mathbb{R}^D$ 与 $b \in \mathbb{R}$ 为模型参数，且 $w$ 称为权重，$b$ 称为偏置。权重与偏置两种参数可通过含模型输入与输出的数据样本，基于监督学习的方式训练得到。

为了描述方便，现将参数中的权重矢量和模型输入矢量扩充，记为

$$\boldsymbol{\theta} = \begin{bmatrix} -w \\ -b \end{bmatrix}, \boldsymbol{x} = \begin{bmatrix} z \\ 1 \end{bmatrix} \tag{3-8}$$

此时逻辑回归模型可表示为

$$P(Y = 0 \mid \boldsymbol{x}) = \frac{\exp(-\boldsymbol{\theta}^T \boldsymbol{x})}{1 + \exp(-\boldsymbol{\theta}^T \boldsymbol{x})} \tag{3-9}$$

$$P(Y = 1 \mid \boldsymbol{x}) = \frac{1}{1 + \exp(-\boldsymbol{\theta}^T \boldsymbol{x})} \tag{3-10}$$

综合上述公式，$P(Y = 1 \mid \boldsymbol{x})$ 可以写成关于 $\boldsymbol{\theta}^T \boldsymbol{x}$ 的逻辑斯谛分布函数的形式。

为了进一步说明逻辑回归的建模原理，现引入概率（odds）这个概念。一个事件发生的概率定义为该事件发生概率与此事件不发生概率的比值。对数概率则是对概率取对数，又称为 logit 函数，即

$$\text{logit}(p) = \log \frac{p}{1-p} \tag{3-11}$$

对于逻辑回归，根据上述推导过程，可以得到对数概率为

$$\frac{P(Y = 1 \mid \boldsymbol{x})}{1 - P(Y = 1 \mid \boldsymbol{x})} = \boldsymbol{\theta}^T \boldsymbol{x} \tag{3-12}$$

上式说明，逻辑回归模型的意义在于输出 $Y = 1$ 对数概率是模型输入 $\boldsymbol{x}$ 的线性函数。

为了成功训练有效的逻辑回归模型，在给定了训练数据集 $T = \{(\boldsymbol{x}_i, y_i)\}_{i=1}^N$ 后，通过极大似然估计的方法可以估计模型参数，即训练模型，从而得到最优的逻辑回归模型参数。

现简记

$$h(\boldsymbol{x}) = P(Y = 1 \mid \boldsymbol{x}) = \frac{1}{1 + \exp(-\boldsymbol{\theta}^T \boldsymbol{x})} \tag{3-13}$$

则由事件的互补性可得

$$P(Y=0\mid \boldsymbol{x}) = 1 - h(\boldsymbol{x}) \qquad (3-14)$$

由极大似然估计的方法流程,可得似然函数为

$$\prod_{i=1}^{N} [h(\boldsymbol{x}_i)]^{y_i} [1 - h(\boldsymbol{x}_i)]^{1-y_i} \qquad (3-15)$$

对数似然函数可以记为

$$\begin{aligned} L(\boldsymbol{\theta}) &= \sum_{i=1}^{N} \{y_i \log[h(\boldsymbol{x}_i)] + (1 - y_i)\log[1 - h(\boldsymbol{x}_i)]\} \\ &= \sum_{i=1}^{N} \left\{ y_i \log\left[\frac{h(\boldsymbol{x}_i)}{1 - h(\boldsymbol{x}_i)}\right] + \log[1 - h(\boldsymbol{x}_i)] \right\} \\ &= \sum_{i=1}^{N} \{(y_i - 1)(\boldsymbol{\theta}^T \boldsymbol{x}_i) - \log[1 + \exp(-\boldsymbol{\theta}^T \boldsymbol{x})]\} \end{aligned} \qquad (3-16)$$

最大上述对数化似然函数即可求得最优的逻辑回归模型参数。也可取相反数写为损失函数的形式为 $J(\boldsymbol{\theta}) = -L(\boldsymbol{\theta})$,通过梯度下降法或拟牛顿法求解该最优化问题,实现模型参数估计。

作为横向驾驶行为的分类模型,其目的在于根据输入的特征矢量给出预测量,该预测量为有限的离散量,即有限的类别。以换道行为识别问题为例,该问题的输出量可定义为 LK 模型和 LC 模型两种类别。LR 模型输出量定义如表 3-1 所示。

表 3-1　LR 模型输出量定义

| 模型算法 | LR |
| --- | --- |
| 车道保持(LK)行为 | 0 |
| 换道(LC)行为 | 1 |

### 3.1.3　基于支持向量机的车辆行为识别模型

与上文所述的 LR 方法类似,支持向量机在机器学习领域也是一种常用的二分类模型[10]。支持向量机可以解决线性分类问题,也可以通过引入核函数(kernel function,KF)的方法解决非线性的分类问题。

首先是线性问题,主要有两类方法,即线性可分支持向量机和线性支持向量

机。这两种线性方法的输入空间域特征空间均为欧氏空间,且一一对应。最基本的支持向量机模型是线性可分支持向量机,该模型可用于解决线性可分问题。

假设有特征空间上的训练数据集 $T = \{(z_i, y_i)\}_{i=1}^N$。其中,$z_i \in \mathbb{R}^D$ 为 $D$ 维的模型特征矢量,$y_i \in \{-1, 1\}$ 为模型输出,且根据 $y_i$ 的符号正负,可将特征矢量 $z_i$ 分别称为正例与负例。线性可分的定义是指对于数据集 $T = \{(z_i, y_i)\}_{i=1}^N$,如果存在某个超平面 $S$,即

$$w^T z + b = 0 \tag{3-17}$$

可以将所有实例点完全正确地按照其正负属性划分在超平面的两侧,即对于 $y_i = 1$ 的实例点有 $w^T z_i + b > 0$,而对于 $y_i = -1$ 的实例点有 $w^T z_i + b < 0$,则称数据集 $T$ 为线性可分数据集,否则称数据集 $T$ 线性不可分。对于超平面 $S$,$w$ 为法向量,$b$ 为截距,二者均为超平面参数。

对于线性可分支持向量机,一个基本假设是训练数据集是线性可分的。在此假设下,线性可分支持向量机可基于间隔最大化原则求得最优分离超平面为

$$w^{*T} z + b^* = 0 \tag{3-18}$$

对应的分类决策函数为

$$f(z) = \text{sign}(w^{*T} z + b^*) \tag{3-19}$$

其中,$w$ 与 $b$ 为超平面参数。

下面推导线性可分支持向量机的参数辨识过程,即模型训练过程。记

$$h(z) = w^T z + b \tag{3-20}$$

则在特征空间中,样本点 $z_i$ 到分离超平面 $S$ 的垂直距离为

$$\frac{|h(z_i)|}{\|w\|} = \frac{y_i \cdot h(z_i)}{\|w\|} = \frac{y_i \cdot (w^T z_i + b)}{\|w\|} \tag{3-21}$$

在线性可分支持向量机模型中,模型训练的优化目标是找到一个使得不同类别间隔最大化的超平面,即不但要将正负样本点划分开,还要使得最难以区分的样本点(即距超平面最近的样本点)在超平面的法向距离最大。这可以表示为如下优化问题:

$$\underset{w,b}{\text{argmax}} \left\{ \frac{1}{\|w\|} \min_i [y_i \cdot (w^T z_i + b)] \right\} \tag{3-22}$$

对分离超平面参数 $w$ 与 $b$ 施加等比例的变换代入上述间隔,即

$$\left.\begin{aligned}\boldsymbol{w} &\to k\boldsymbol{w} \\ b &\to kb\end{aligned}\right\} \Rightarrow \frac{y_i \cdot (\boldsymbol{w}^\mathrm{T}\boldsymbol{z}_i + b)}{\|\boldsymbol{w}\|} \tag{3-23}$$

可以发现最大化的间隔不变，因此可以不妨设

$$y_n \cdot (\boldsymbol{w}^\mathrm{T}\boldsymbol{z}_n + b) = 1 \tag{3-24}$$

其中，

$$n = \underset{i}{\arg\min}[y_i \cdot (\boldsymbol{w}^\mathrm{T}\boldsymbol{z}_i + b)] \tag{3-25}$$

由式（3-24）和式（3-25）可知

$$\min_i [y_i \cdot (\boldsymbol{w}^\mathrm{T}\boldsymbol{z}_i + b)] = 1 \tag{3-26}$$

代入到优化问题式（3-22）中得到等价优化问题，即

$$\max_{w,b} \frac{1}{\|\boldsymbol{w}\|} \tag{3-27}$$

其中，约束条件为 $y_i \cdot (\boldsymbol{w}^\mathrm{T}\boldsymbol{z}_i+b) \geq 1$，$i=1,2,\cdots,N$。

由于最大化 $1/\|\boldsymbol{w}\|$ 与最小化 $\|\boldsymbol{w}\|^2/2$ 是等价的，因此可以得到如下等效的线性可分支持向量机最优化问题：

$$\min_{w,b} \frac{1}{2}\|\boldsymbol{w}\|^2 \tag{3-28}$$

其中，约束条件为 $y_i \cdot (\boldsymbol{w}^\mathrm{T}\boldsymbol{z}_i+b) \geq 1, i=1,2,\cdots,N$。

该最优化问题从形式上来看是一个凸二次规划（convex quadratic programming，CQP）问题。

凸二次规划问题是凸优化问题的一种特例。凸优化问题是指一个如下所示的优化问题：

$$\min_{\boldsymbol{\theta}} f(\boldsymbol{\theta}) \tag{3-29}$$

其中，约束条件为 $g_i(\boldsymbol{\theta}) \leq 0, i=1,2,\cdots,m; h_j(\boldsymbol{\theta}) = 0, j=1,2,\cdots,l$。

另外，目标函数 $f(\boldsymbol{\theta})$ 和不等式约束函数 $g_i(\boldsymbol{\theta})$ 均为 $\mathbb{R}^n$ 上的连续可微凸函数，而等式约束函数 $h_j(\boldsymbol{\theta})$ 为 $\mathbb{R}^n$ 上的仿射函数。如果满足更加严格的条件，当目标函数 $f(\boldsymbol{\theta})$ 为二次函数且不等式约束函数 $g_i(\boldsymbol{\theta})$ 为仿射函数时，该凸优化问题则成为凸二次规划问题。

对于任何一般形式的有约束优化问题，由拉格朗日方法，对应的拉格朗日函数为

$$L(\boldsymbol{\theta},\boldsymbol{\lambda},\boldsymbol{\mu}) = f(\boldsymbol{\theta}) + \sum_{i=1}^{m} \lambda_i g_i(\boldsymbol{\theta}) + \sum_{j=1}^{l} \mu_j h_j(\boldsymbol{\theta}) \tag{3-30}$$

其中，$\lambda_i$ 与 $\mu_j$ 为拉格朗日乘数，且 $\lambda_i \geq 0$（$i = 1, 2, \cdots, m$），$\mu_j$ 可取任意实数。现定义一个新的函数：

$$p(\boldsymbol{\theta}) = \max_{\boldsymbol{\lambda},\boldsymbol{\mu}:\lambda_i \geq 0} L(\boldsymbol{\theta},\boldsymbol{\lambda},\boldsymbol{\mu}) \tag{3-31}$$

讨论 $g_i(\boldsymbol{\theta})$ 与 $h_j(\boldsymbol{\theta})$ 的取值，可以发现，如果违背了原优化问题的约束条件，若 $g_i(\boldsymbol{\theta}) > 0$，则当 $\lambda_i \to +\infty$ 时，$p(\boldsymbol{\theta}) \to +\infty$；类似的，当 $h_j(\boldsymbol{\theta}) \neq 0$ 时也会有 $\mu_j$ 使得 $p(\boldsymbol{\theta}) \to +\infty$。总结如下：

$$p(\boldsymbol{\theta}) = \begin{cases} f(\boldsymbol{\theta}) & g_i(\boldsymbol{\theta}) \leq 0 \text{ 且 } h_j(\boldsymbol{\theta}) = 0 \\ +\infty & g_i(\boldsymbol{\theta}) > 0 \text{ 或 } h_j(\boldsymbol{\theta}) \neq 0 \end{cases} \tag{3-32}$$

根据上式可以看出，函数 $p(\boldsymbol{\theta})$ 可以看作对原来优化问题的约束条件进行了吸纳，将原有的约束优化问题变作无约束优化问题，即

$$\min_{\boldsymbol{\theta}} p(\boldsymbol{\theta}) = \min_{\boldsymbol{\theta}} \max_{\boldsymbol{\lambda},\boldsymbol{\mu}:\lambda_i \geq 0} L(\boldsymbol{\theta},\boldsymbol{\lambda},\boldsymbol{\mu}) \tag{3-33}$$

上式所表示的优化问题称为原问题（primal problem，PP），其与最原始的约束优化问题等价。由于难以直接求解原问题，因此可应用拉格朗日对偶性，通过求解对偶问题（dual problem，DP）得到原问题的最优解。将原问题求解极小与极大的顺序交换，从原来的极小极大问题变为一个新的极大极小问题，即

$$\max_{\boldsymbol{\lambda},\boldsymbol{\mu}:\lambda_i \geq 0} d(\boldsymbol{\lambda},\boldsymbol{\mu}) = \max_{\boldsymbol{\lambda},\boldsymbol{\mu}:\lambda_i \geq 0} \min_{\boldsymbol{\theta}} L(\boldsymbol{\theta},\boldsymbol{\lambda},\boldsymbol{\mu}) \tag{3-34}$$

该问题即为原问题的对偶问题，其中

$$d(\boldsymbol{\lambda},\boldsymbol{\mu}) = \min_{\boldsymbol{\theta}} L(\boldsymbol{\theta},\boldsymbol{\lambda},\boldsymbol{\mu}) \tag{3-35}$$

记 $p^*$ 为原问题的最优解，在 $\boldsymbol{\theta}^*$ 处达到最优，即 $p^* = f(\boldsymbol{\theta}^*)$；记 $d^*$ 为对偶问题的最优解，在 $\boldsymbol{\lambda}^*$ 和 $\boldsymbol{\mu}^*$ 处达到最优，即 $d^* = d(\boldsymbol{\lambda}^*,\boldsymbol{\mu}^*)$。由于存在如下所示的不等关系：

$$\begin{cases} d(\boldsymbol{\lambda},\boldsymbol{\mu}) = \min_{\boldsymbol{\theta}} L(\boldsymbol{\theta},\boldsymbol{\lambda},\boldsymbol{\mu}) \leq L(\boldsymbol{\theta}^*,\boldsymbol{\lambda},\boldsymbol{\mu}) \\ L(\boldsymbol{\theta}^*,\boldsymbol{\lambda},\boldsymbol{\mu}) = f(\boldsymbol{\theta}^*) + \sum_{i=1}^{m} \lambda_i g_i(\boldsymbol{\theta}^*) + \sum_{j=1}^{l} \mu_j h_j(\boldsymbol{\theta}^*) \leq f(\boldsymbol{\theta}^*) \\ f(\boldsymbol{\theta}^*) = p^* \end{cases} \tag{3-36}$$

其中，第一个不等号成立是由于对函数取 min 的定义，而第二个不等号成立是由于 $\boldsymbol{\theta}^*$ 为原优化问题的一个可行解，故满足原不等式约束和原等式约束，即 $g_i(\boldsymbol{\theta}) \leq 0$ 且 $h_j(\boldsymbol{\theta}) = 0$，因此有 $\sum_{i=1}^{m} \lambda_i g_i(\boldsymbol{\theta}^*) \leq 0$ 和 $\sum_{j=1}^{l} \mu_j h_j(\boldsymbol{\theta}^*) = 0$。由于上式中 $\boldsymbol{\lambda}$ 和 $\boldsymbol{\mu}$ 可以任意取值，因此将 $\boldsymbol{\lambda}^*$ 和 $\boldsymbol{\mu}^*$ 代入可得

$$d^* = d(\boldsymbol{\lambda}^*, \boldsymbol{\mu}^*) \leq p^* \tag{3-37}$$

上式说明对偶问题的最优解是原问题最优解的下界，要想通过求解对偶问题得到原问题的最优解，需要上式取等。当满足 Slater 条件时，上式可以取等，对偶问题的最优解为原问题的最优解，又称为强对偶性。

Slater 条件：对于凸优化而言，如果存在 $\boldsymbol{\theta}^*$ 严格可行，即 $g_i(\boldsymbol{\theta}^*) < 0$（$i = 1, 2, \cdots, m$），则强对偶性成立。此外，如果原问题的不等式约束函数为仿射函数，则条件可以退化为可行点 $\boldsymbol{\theta}^*$ 存在，即满足原不等式约束与等式约束即可。

对于任意一般形式的约束优化问题，Slater 条件是强对偶性成立的充分条件。当强对偶性成立时，代入了 $\boldsymbol{\lambda}^*$ 和 $\boldsymbol{\mu}^*$ 的式（3-36）中的不等号需要取等。首先是第一个不等号，由于取等时 $L(\boldsymbol{\theta}, \boldsymbol{\lambda}^*, \boldsymbol{\mu}^*)$ 在 $\boldsymbol{\theta}^*$ 处取得极小，故有

$$\left.\frac{\partial L(\boldsymbol{\theta}, \boldsymbol{\lambda}^*, \boldsymbol{\mu}^*)}{\partial \boldsymbol{\theta}}\right|_{\boldsymbol{\theta}^*} = 0 \tag{3-38}$$

第二个不等号取等可得 $\sum_{i=1}^{m} \lambda_i^* g_i(\boldsymbol{\theta}^*) + \sum_{j=1}^{l} \mu_j^* h_j(\boldsymbol{\theta}^*) = 0$。由于 $\boldsymbol{\theta}^*$ 为可行解，故需要满足原优化问题的不等式约束和等式约束，故该式后半部分为 0，得到

$$\sum_{i=1}^{m} \lambda_i^* g_i(\boldsymbol{\theta}^*) = 0 \tag{3-39}$$

进一步地，由于 $\lambda_i^* \geq 0$ 且 $g_i(\boldsymbol{\theta}^*) \leq 0$，故结合上式，通过反证法可以证明得到在原约束下上式的一个等价形式为

$$\lambda_i^* g_i(\boldsymbol{\theta}^*) = 0, \quad i = 1, 2, \cdots, m \tag{3-40}$$

将式（3-38）与式（3-40）两个条件结合原约束优化问题的约束条件，得到如下所示的一组条件：

$$\begin{cases} \dfrac{\partial L(\boldsymbol{\theta},\boldsymbol{\lambda}^*,\boldsymbol{\mu}^*)}{\partial \boldsymbol{\theta}} \bigg|_{\boldsymbol{\theta}^*} = 0 \\ \lambda_i^* g_i(\boldsymbol{\theta}^*) = 0 \qquad i=1,2,\cdots,m \\ \lambda_i^* \geqslant 0 \qquad\qquad\;\; j=1,2,\cdots,l \\ g_i(\boldsymbol{\theta}^*) \leqslant 0 \\ h_j(\boldsymbol{\theta}^*) = 0 \end{cases} \quad (3\text{-}41)$$

这组条件称为 KKT 条件（karush-kuhn-tucker conditions, KKTC）。由以上推导过程可以看出，对于任意标准形式的约束优化问题，KKT 条件是强对偶性成立的必要条件。另外，如果原问题是凸优化问题，则 KKT 条件是强对偶性成立的充要条件。对于线性可分支持向量机模型，训练模型的过程是一个凸优化问题，且满足 Slater 条件，故 SVM 满足 KKT 条件，SVM 的原问题与对偶问题有相同解。

由以上推导可知，线性可分支持向量机的对偶问题与原问题有相同的解，故满足 KKT 条件。下面通过 KKT 条件来求解对偶问题，从而得到原问题的解。

对于线性可分支持向量机的优化问题式（3-28），对应的拉格朗日函数为

$$L(\boldsymbol{w},b,\lambda) = \frac{1}{2}\|\boldsymbol{w}\|^2 - \sum_{i=1}^{N}\lambda_i[y_i\cdot(\boldsymbol{w}^T\boldsymbol{z}_i+b)-1] \quad (3\text{-}42)$$

其中，约束条件为 $\lambda_i \geqslant 0$，$i=1,2,\cdots,N$。

由拉格朗日对偶性可知，先对拉格朗日函数关于 $w$ 和 $b$ 求极小。拉格朗日函数分别对 $w$ 和 $b$ 求偏导得

$$\begin{cases} \dfrac{\partial L(\boldsymbol{w},b,\lambda)}{\partial \boldsymbol{w}} = \boldsymbol{w} - \sum_{i=1}^{N}\lambda_i y_i \boldsymbol{z}_i = 0 \\ \dfrac{\partial L(\boldsymbol{w},b,\lambda)}{\partial b} = -\sum_{i=1}^{N}\lambda_i y_i = 0 \end{cases} \quad (3\text{-}43)$$

整理得

$$\begin{cases} \boldsymbol{w} = \sum_{i=1}^{N}\lambda_i y_i \boldsymbol{z}_i \\ \sum_{i=1}^{N}\lambda_i y_i = 0 \end{cases} \quad (3\text{-}44)$$

将式（3-44）代入到对偶问题中之后，变成了对关于 $\lambda$ 的新目标函数求极

大的优化问题：

$$\max_{\lambda}\tilde{L}(\lambda) = \max_{\lambda}\left[\sum_{i=1}^{N}\lambda_i - \frac{1}{2}\sum_{i=1}^{N}\sum_{j=1}^{N}\lambda_i\lambda_j y_i y_j z_i^{\mathrm{T}} z_j\right] \quad (3-45)$$

其中，约束条件为 $\lambda_i \geq 0$, $i = 1, 2, \cdots, N$; $\sum_{i=1}^{N}\lambda_i y_i = 0$。

由于该约束优化问题的目标函数与不等式约束均为凸函数，且等式约束为仿射函数，故该问题为凸优化问题。更进一步地，该优化问题为凸二次规划问题，可用常见的优化算法求解，但通常在 SVM 中，更多使用的是后文所述的序列最小优化（sequential minimal optimization，SMO）算法。由于 SMO 算法也可以用于求解其他类型的 SVM 问题，故在最后以更一般的形式进行推导。

求解上述关于 $\lambda$ 的凸二次规划问题，得到最优解为

$$\boldsymbol{\lambda}^* = [\lambda_1^*, \lambda_2^*, \cdots, \lambda_N^*]^{\mathrm{T}} \quad (3-46)$$

根据如式（3-41）所示的 KKT 条件中的第一项，可以求解得到

$$\boldsymbol{w}^* = \sum_{i=1}^{N}\lambda_i^* y_i z_i \quad (3-47)$$

至此，参数中仅剩 $b$ 还待求解。首先证明最优解 $\boldsymbol{\lambda}^*$ 中一定存在 $n$ 使得 $\lambda_n^* > 0$。假设上述结论不成立，即对任意 $i$ 有 $\lambda_i^* \leq 0$；根据 KKT 条件的第三项，即对任意 $i$ 有 $\lambda_i^* \geq 0$，故对任意 $i$ 有 $\lambda_i^* = 0$；代入式（3-47）中可得 $\boldsymbol{w}^* = 0$；显然，分离超平面的法向量 $\boldsymbol{w}^*$ 与样本无关恒等于 0 是不可能的，矛盾；故 $\boldsymbol{\lambda}^*$ 中一定存在 $n$ 使得 $\lambda_n^* > 0$。

根据 KKT 条件的第二项，对任意 $i$ 有 $\lambda_i^* g_i(\boldsymbol{\theta}^*) = 0$，而 $\lambda_n^* > 0$，故 $g_n(\boldsymbol{\theta}^*) = 0$。替换为线性可分支持向量机的不等式约束函数可得

$$1 - y_n \cdot (\boldsymbol{w}^{*\mathrm{T}} z_n + b^*) = 0 \quad (3-48)$$

故线性可分支持向量机的最优参数 $b^*$ 可估计为

$$b^* = y_n - \boldsymbol{w}^{*\mathrm{T}} z_n = y_n - \sum_{i=1}^{N}\lambda_i^* y_i z_i^{\mathrm{T}} z_n \quad (3-49)$$

最后将训练得到的最优参数 $\boldsymbol{w}^*$ 与 $b^*$ 分别代入式（3-18）与式（3-19）中即可得到最优的分离超平面与决策函数。通过反证法易证线性可分支持向量机的解 $\boldsymbol{w}^*$ 是唯一的。由式（3-47）与式（3-49）可以看出，线性可分支持向量机的参数只与 $\lambda_i^* > 0$ 的样本点 $(z_i, y_i)$ 有关，与其余的样本点无关。因此，称

$\lambda_i^* > 0$ 对应的实例点 $z_i$ 为支持向量。

上述线性可分支持向量机模型只能在线性可分数据集上训练模型。假设数据集中有一些特异点破坏了线性可分条件,当去掉这些少量点后,其余的大部分样本是线性可分的。这种情况下不能直接应用线性可分支持向量机模型,因为特异点不满足不等式约束条件。为了解决该问题,通常的做法是对每一个样本点 $(z_i, y_i)$ 添加一个非负的松弛变量 $\xi_i$,其意义在于给每一个样本点一定程度的容错量,此时的不等式约束为

$$y_i \cdot (w^T z_i + b) \geq 1 - \xi_i, \quad i = 1, 2, \cdots, N \tag{3-50}$$

同时,为了使得整体错误量尽量小,将松弛变量加入优化的目标函数里,此时目标函数变为

$$\frac{1}{2} \| w \|^2 + C \sum_{i=1}^{N} \xi_i \tag{3-51}$$

其中,$C > 0$ 称为惩罚因子。上述目标函数的意义在于让间隔尽量大的同时保证误分类尽量少。当 $C$ 较大时对误分类的惩罚较大,误分类较少,但模型容易过拟合;当 $C$ 较小时对误分类的惩罚较小,误分类较多,模型可能会欠拟合。通常 $C$ 的取值为 10 或 100。

由此,线性不可分支持向量机的训练问题可以写作如下所示的最优化问题:

$$\min_{w,b,\xi} \frac{1}{2} \| w \|^2 + C \sum_{i=1}^{N} \xi_i \tag{3-52}$$

其中,约束条件为 $y_i \cdot (w^T z_i + b) \geq 1 - \xi_i$,$i = 1, 2, \cdots, N$;$\xi_i \geq 0$,$i = 1, 2, \cdots, N$。

根据定义,该最优化问题也是凸二次规划问题,在线性不可分支持向量机训练过程中称为原问题。

与线性可分支持向量机类似,线性不可分支持向量机的模型训练问题也可以通过拉格朗日对偶性求解,其基本求解步骤如以下内容所示。首先写出原问题的拉格朗日函数为

$$L(w, b, \xi, \lambda, \mu) = \frac{1}{2} \| w \|^2 + C \sum_{i=1}^{N} \xi_i - \sum_{i=1}^{N} \lambda_i [y_i \cdot (w^T z_i + b) - 1 + \xi_i] - \sum_{i=1}^{N} \mu_i \xi_i \tag{3-53}$$

其中,约束条件为 $\lambda_i \geq 0$,$\mu_i \geq 0$,$i = 1, 2, \cdots, N$。

根据拉格朗日对偶性，原问题的对偶问题为极大极小问题，先求极小。拉格朗日函数分别对 $w$、$b$ 和 $\xi$ 求偏导得

$$\begin{cases} \dfrac{\partial L(w,b,\xi,\lambda,\mu)}{\partial w} = w - \sum\limits_{i=1}^{N}\lambda_i y_i z_i = 0 \\[2mm] \dfrac{\partial L(w,b,\xi,\lambda,\mu)}{\partial b} = -\sum\limits_{i=1}^{N}\lambda_i y_i = 0 \\[2mm] \dfrac{\partial L(w,b,\xi,\lambda,\mu)}{\partial \xi_i} = C - \lambda_i - \mu_i = 0 \end{cases} \qquad (3-54)$$

整理得

$$\begin{cases} w = \sum\limits_{i=1}^{N}\lambda_i y_i z_i \\[2mm] \sum\limits_{i=1}^{N}\lambda_i y_i = 0 \\[2mm] C - \lambda_i - \mu_i = 0 \end{cases} \qquad (3-55)$$

将式（3-55）所展示的求解结果代入到线性不可分支持向量机的极大极小问题中即可得到

$$\max_{\lambda}\tilde{L}(\lambda) = \max_{\lambda}\left(\sum_{i=1}^{N}\lambda_i - \frac{1}{2}\sum_{i=1}^{N}\sum_{j=1}^{N}\lambda_i\lambda_j y_i y_j z_i^{\mathrm{T}} z_j\right) \qquad (3-56)$$

其中，约束条件为 $\lambda_i \geq 0$, $i=1,2,\cdots,N$; $\mu_i \geq 0$; $C-\lambda_i-\mu_i=0$; $\sum\limits_{i=1}^{N}\lambda_i y_i = 0$。

将约束条件中的第二、三两项合并，消去 $\mu_i$ 即可得到线性不可分支持向量机的对偶问题为

$$\max_{\lambda}\tilde{L}(\lambda) = \max_{\lambda}\left(\sum_{i=1}^{N}\lambda_i - \frac{1}{2}\sum_{i=1}^{N}\sum_{j=1}^{N}\lambda_i\lambda_j y_i y_j z_i^{\mathrm{T}} z_j\right) \qquad (3-57)$$

其中，约束条件为 $0 \leq \lambda_i \leq C$, $i=1,2,\cdots,N$; $\sum\limits_{i=1}^{N}\lambda_i y_i = 0$。

该对偶问题形式与线性可分支持向量机的对偶问题基本一致，依然是凸二次规划问题，通过与线性可分支持向量机相同的求解方法可解得

$$\begin{cases} \boldsymbol{\lambda}^* = [\lambda_1^*, \lambda_2^*, \cdots, \lambda_N^*]^{\mathrm{T}} \\[2mm] w^* = \sum\limits_{i=1}^{N}\lambda_i^* y_i z_i \\[2mm] b^* = y_n - \sum\limits_{i=1}^{N}\lambda_i^* y_i z_i^{\mathrm{T}} z_n \end{cases} \qquad (3-58)$$

其中，$n$ 为任意一个满足条件 $0 < \lambda_n^* < C$ 的点的索引值。于是，可得到线性不可分支持向量机的分离超平面与决策函数为

$$\begin{cases} \sum_{i=1}^{N} \lambda_i^* y_i z_i^\mathrm{T} z + b^* = 0 \\ f(z) = \mathrm{sign}(\sum_{i=1}^{N} \lambda_i^* y_i z_i^\mathrm{T} z + b^*) \end{cases} \quad (3\text{-}59)$$

其中，$b^*$ 的解不是唯一的。

线性支持向量机一般只能用于解决线性分类问题，然而在应用于常见的驾驶员驾驶行为模型建模的过程中，数据集往往呈现较强的非线性。对于这样的非线性问题，使用非线性支持向量机是一种有效的解决方案。

非线性支持向量机的核心思想是利用核技巧，其基本原理是使用一个非线性变换，将原非线性问题变成一个线性问题，用求解线性问题的方法求解转变后的线性问题，从而实现原非线性问题的求解。具体而言，核技巧就是通过一个映射函数，将输入空间 $\mathcal{X}$（欧氏空间子集或离散集合）映射到一个特征空间 $\mathcal{H}$（希尔伯特空间）中，从而可使输入空间 $\mathcal{X}$ 中的超曲面对应于特征空间 $\mathcal{H}$ 中的一个超平面。如此，可以通过特征空间中的线性支持向量机模型解决输入空间中的非线性问题。在实际建模过程中，为了简化计算，通常不直接显式定义从输入空间 $\mathcal{X}$ 到特征空间 $\mathcal{H}$ 的映射函数，而是显式定义一个核函数来完成所有与映射函数相关的计算，这种思想称为核技巧。其中，核函数定义如下：

假设有输入空间 $\mathcal{X}$（欧氏空间子集或离散集合），特征空间 $\mathcal{H}$（希尔伯特空间），若存在一个从输入空间到特征空间的映射函数

$$\Phi(x): \mathcal{X} \to \mathcal{H} \quad (3\text{-}60)$$

使得对任意 $x$、$z \in \mathcal{X}$，函数 $K(x, z)$ 都满足

$$K(x,z) = \Phi^\mathrm{T}(x)\Phi(z) \quad (3\text{-}61)$$

则称 $K(x, z)$ 为核函数。其中，映射函数 $\Phi(x)$ 的输入为 $D$ 维矢量，输出可以为任意维度的矢量，甚至可以达到无穷维。

非线性支持向量机的求解过程与线性不可分支持向量机类似，整个过程只需要将矢量 $z_i$ 与 $z_j$ 的内积替换为 $\Phi(z_i)$ 与 $\Phi(z_j)$ 的内积，即替换为核函数 $K(z_i, z_j)$ 即可。当选择了合适的核函数 $K(z_i, z_j)$ 与惩罚因子 $C$ 后，通过拉格朗日对偶性，

得到非线性支持向量机的对偶问题为

$$\max_{\lambda} \tilde{L}(\lambda) = \max_{\lambda} \left[ \sum_{i=1}^{N} \lambda_i - \frac{1}{2} \sum_{i=1}^{N} \sum_{j=1}^{N} \lambda_i \lambda_j y_i y_j K(z_i, z_j) \right] \quad (3-62)$$

其中，约束条件为 $0 \leqslant \lambda_i \leqslant C$，$i=1, 2, \cdots, N$；$\sum_{i=1}^{N} \lambda_i y_i = 0$。

求解该最优化问题得到最优解 $\boldsymbol{\lambda}^* = [\lambda_1^*, \lambda_2^*, \cdots, \lambda_N^*]^T$，取其中一个满足条件 $0 \leqslant \lambda_n^* \leqslant C$ 的分量计算

$$b^* = y_n - \sum_{i=1}^{N} \lambda_i^* y_i K(z_i, z_n) \quad (3-63)$$

最终得到非线性支持向量机的分离超曲面与决策函数为

$$\begin{cases} \sum_{i=1}^{N} \lambda_i^* y_i K(z_i, z) + b^* = 0 \\ f(z) = \mathrm{sign} \left[ \sum_{i=1}^{N} \lambda_i^* y_i K(z_i, z) + b^* \right] \end{cases} \quad (3-64)$$

不论是线性支持向量机还是非线性支持向量机，都需要求解对偶问题。由于当核函数为线性核时非线性支持向量机可退化为线性支持向量机，为了保证形式的一般性，不妨设所需求解的对偶问题为式（3-62）所示的非线性支持向量机的对偶问题。由于该问题为凸二次规划问题，故可以通过一般的数值优化方法求解，如梯度下降法、牛顿法等。但当数据样本点数量较多时，所需优化的变量数相应地变多，传统的数值优化方法计算量太大，以至于无法使用，故在使用支持向量机进行基于大量数据样本的驾驶员驾驶行为模型建模过程中，通常使用的优化方法是一种更快速的方法——序列最小最优化（SMO）算法。

**SMO 算法思想**：由于 KKT 条件是对偶问题的充要条件，故该凸二次规划问题的解必须要满足 KKT 条件。SMO 在每一轮只选择两个变量，其余变量固定不动，形成了一个同为凸二次规划的子问题，优化这两个变量的过程就是解该子问题的过程。每次选择这两个待优化变量时，首先选择违反 KKT 条件最严重的变量，另一个变量由约束条件相应确定。经过子问题求解，优化后的变量数值更加接近于满足 KKT 条件，即更加接近于最优解。反复迭代上述过程，将对偶问题分解为一个又一个子问题求解，最终可得到满足 KKT 条件的最优解。SMO 算法相比于传统数值优化方法的优点：当每一次求解只有两个变量的子问题时，可以

很方便地得到该问题的解析解,从而避免大量的数值计算,大大提高了算法速度。

针对模型的输出量,由于 SVM 和 LR 这两种算法对输出量的设定不同,在实际应用时,赋予 LK 和 LC 的数值也相应地有所区别,因此 SVM 和 LR 模型输出量定义如表 3-2 所示。

表 3-2　SVM 和 LR 模型输出量定义

| 模型算法 | SVM | LR |
| --- | --- | --- |
| 车道保持（LK）行为 | -1 | 0 |
| 换道（LC）行为 | 1 | 1 |

## 3.2　基于机器学习的车辆行为预测

车辆行为识别旨在依据观测数据识别出当前时刻的驾驶行为,而车辆行为预测则关注推断车辆未来时刻的驾驶意图或行驶轨迹。本节将介绍基于机器学习方法的两种车辆行为识别问题:一是针对驾驶车辆过程中驾驶员转向操作量预测问题的基于高斯混合模型（gaussian mixture model,GMM）[14]的驾驶行为回归模型;二是针对多交通参与者并存的复杂交通场景行为预测问题的基于图神经网络的交通参与者交互行为预测方法。

### 3.2.1　车辆行为预测问题描述

在推断车辆未来驾驶意图或行驶轨迹时,具体地预测驾驶员的操作并识别驾驶员的意图对于人类驾驶员行为建模相关研究至关重要,而准确地预测智能车辆周围车辆的未来轨迹则对智能车辆行车安全十分关键。在人类驾驶员行为研究领域,已有几种类型的驾驶员模型被提出并得到了应用,它们在各种驾驶场景（如换道场景、跟随汽车、路径跟踪）中通过应用 ADAS 来协助驾驶员并提高驾驶安全性。在周围车辆轨迹预测领域,也有部分研究将车辆行为预测模型结合至智能车辆决策、规划模块,大幅提升了决策规划的有效性与安全性。

本节主要介绍基于机器学习的车辆行为预测方法,具体问题描述如下:

车辆行为预测指的是智能车辆利用其所处的环境感知信息、车辆自身状态信息,对周围车辆在一定时间范围内的驾驶意图或未来行驶轨迹进行预测。从输入的角度考虑,基于车辆动力学、运动学模型可输入所预测目标车辆在一定时间范围内的动力学相关参数状态,如车辆速度、方向盘转角、油门开度等。基于机器学习模型大多输入环境感知信息,如车辆在一定时间范围内的轨迹信息,并对车辆之间的空间位置、相互影响关系(交互行为)进行表征,进而预测目标车辆的未来行为。输出的预测结果将表征目标车辆在未来一定时间范围内的驾驶意图、操纵模式或行驶轨迹。以轨迹预测为例,输出可由位置坐标点组成的时序集合作为预测结果,或是以概率分布形式给出一定空间范围内目标车辆可能的行驶轨迹。

### 3.2.2 基于高斯混合模型-高斯混合回归的主车操作轨迹预测模型

**1. 高斯混合模型数学表示**

基于高斯混合模型-高斯混合回归(GMM-GMR)的驾驶行为回归模型的基础是高斯混合模型(GMM)。高斯混合模型是一种用于描述数据在数学空间中分布规律的数学模型,是对数据在数学空间中的概率密度进行建模得到的。在一维空间中,观测变量的概率密度可以由一个概率密度函数描述,如高斯分布的概率密度函数可以表示为

$$N(z \mid \mu, \sigma^2) = \frac{1}{\sqrt{2\pi}\,\sigma} \exp\left(-\frac{(z-\mu)^2}{2\sigma^2}\right) \quad (3-65)$$

其中,$z \in \mathbb{R}$ 表示高斯分布概率密度函数的观测变量;$\mu \in \mathbb{R}$ 表示高斯分布的均值;$\sigma^2 \in \mathbb{R}$ 表示高斯分布的方差。在有多个随机变量的多维空间中,多维高斯分布的概率密度函数形式变为

$$N(z \mid \boldsymbol{\mu}, \boldsymbol{\Sigma}) = \frac{1}{(2\pi)^{D/2} |\boldsymbol{\Sigma}|^{1/2}} \exp\left[-\frac{1}{2}(z-\boldsymbol{\mu})^{\mathrm{T}} \boldsymbol{\Sigma}^{-1}(z-\boldsymbol{\mu})\right] \quad (3-66)$$

式中,$D \in \mathbb{R}$ 表示观测变量的维度;$z \in \mathbb{R}^D$ 表示概率密度函数的观测变量矢量;$\boldsymbol{\mu} \in \mathbb{R}^D$ 表示多维高斯分布的均值矢量;$\boldsymbol{\Sigma} \in \mathbb{R}^{D \times D}$ 表示多维高斯分布的协方差矩阵。

考虑到模型的一般性,可以使用多维高斯分布定义高斯混合模型。对于任意一个 $D$ 维的观测变量 $z$,若其服从高斯混合分布,则其概率密度可以由如下形式

的概率密度函数描述：

$$p(z \mid \boldsymbol{\pi}_{1 \sim K}, \boldsymbol{\mu}_{1 \sim K}, \boldsymbol{\Sigma}_{1 \sim K}) = \sum_{k=1}^{K} \pi_k N(z \mid \boldsymbol{\mu}_k, \boldsymbol{\Sigma}_k)$$
$$= \sum_{k=1}^{K} \frac{\pi_k}{(2\pi)^{D/2} |\boldsymbol{\Sigma}_k|^{1/2}} \exp\left[-\frac{1}{2}(z-\boldsymbol{\mu}_k)^{\mathrm{T}} \boldsymbol{\Sigma}_k^{-1}(z-\boldsymbol{\mu}_k)\right]$$
(3-67)

其中，每一个高斯分布称为一个高斯成分。$K \in \mathbb{R}$ 表示高斯混合分布中高斯成分的数量；$\boldsymbol{\mu}_k \in \mathbb{R}^D$ 表示第 $k$ 个高斯成分的均值矢量；$\boldsymbol{\Sigma}_k \in \mathbb{R}^{D \times D}$ 表示第 $k$ 个高斯成分的协方差矩阵；$\pi_k \in (0, 1)$ 表示第 $k$ 个高斯成分的权重，且满足 $\sum_{k=1}^{K} \pi_k = 1$ 的条件。

2. 高斯混合模型参数辨识

为了从观测样本数据中学习到有效的模型参数，一种常用的模型参数估计方法是最大似然估计（maximum likelihood estimation，MLE）。然而由于高斯混合模型的似然函数具有高度的非线性特性，难以直接通过最大化似然函数求得最优的参数解析解，故通常不使用最大似然估计方法实现高斯混合模型的参数辨识。一种更加常用的方法是期望最大化算法（expectation-maximization algorithm，EM），即 EM 算法。

EM 算法是一种含有隐含变量的概率模型参数的极大似然估计方法。通过引入隐含变量，将原本难以求得解析最优参数的对数似然函数以迭代的形式逐步更新，使每一次更新参数数值后，似然函数的数值均会增大，参数数值逐渐接近最优解，最终收敛时的参数即认为是最优参数。其中的每一次迭代过程都是可以得到解析解的，这也是 EM 算法在解决高斯混合模型参数辨识问题中相对于 MLE 方法的优势所在。

具体而言，EM 算法的迭代过程主要包含两个步骤：E-Step 和 M-Step。其中，E-Step 主要完成期望估计，而 M-Step 主要求极大化。假如有样本数量为 $N$ 的观测样本 $Z = \{z_t\}_{t=1}^{N}$，同时为了便于描述，现简记高斯混合模型参数为 $\boldsymbol{\theta} = \{\pi_k, \boldsymbol{\mu}_k, \boldsymbol{\Sigma}_k\}_{k=1}^{K}$，且用上标表示迭代次数，EM 算法整体详细步骤可描述如下。

参数初始化：选择初始参数 $\hat{\boldsymbol{\theta}}^0$，开始进入迭代步骤。

E-Step：记 $\hat{\boldsymbol{\theta}}^i$ 为第 $i$ 次迭代中参数 $\boldsymbol{\theta}$ 的估计值，记隐含变量 $\gamma_{t,k}$ 表示观测样本 $z_t$ 是由第 $k$ 个高斯成分产生的概率，则在第 $i+1$ 次迭代中 $\gamma_{t,k}$ 的估计值可以由上一步迭代估计的参数计算得到，即

$$\hat{\gamma}_{t,k}^{i+1} = \frac{\pi_k N(z_t \mid \hat{\boldsymbol{\mu}}_k^i, \hat{\boldsymbol{\Sigma}}_k^i)}{\sum_{j=1}^{K} \pi_j N(z_t \mid \hat{\boldsymbol{\mu}}_j^i, \hat{\boldsymbol{\Sigma}}_j^i)} , \quad t = 1, 2, \cdots, N, \quad k = 1, 2, \cdots, K \quad (3-68)$$

M-Step：通过如下所示的公式更新第 $i+1$ 次迭代中的高斯混合模型参数：

$$\hat{\pi}_k^{i+1} = \frac{\sum_{t=1}^{N} \hat{\gamma}_{t,k}^{i+1}}{N} , \quad k = 1, 2, \cdots, K \quad (3-69)$$

$$\hat{\boldsymbol{\mu}}_k^{i+1} = \frac{\sum_{t=1}^{N} \hat{\gamma}_{t,k}^{i+1} z_t}{\sum_{t=1}^{N} \hat{\gamma}_{t,k}^{i+1}} , \quad k = 1, 2, \cdots, K \quad (3-70)$$

$$\hat{\boldsymbol{\Sigma}}_k^{i+1} = \frac{\sum_{t=1}^{N} \hat{\gamma}_{t,k}^{i+1} (z_t - \hat{\boldsymbol{\mu}}_k^{i+1})(z_t - \hat{\boldsymbol{\mu}}_k^{i+1})^{\mathrm{T}}}{\sum_{t=1}^{N} \hat{\gamma}_{t,k}^{i+1}} , \quad k = 1, 2, \cdots, K \quad (3-71)$$

收敛判断：通过如下所示的公式更新第 $i+1$ 次迭代后的对数似然函数值：

$$L(\hat{\boldsymbol{\theta}}^{i+1}) = \sum_{t=1}^{N} \log[p(z_t \mid \hat{\boldsymbol{\theta}}^{i+1})] \quad (3-72)$$

如果对数似然函数值满足收敛条件，即存在一个大于零的小常数 $\varepsilon$，使得

$$L(\hat{\boldsymbol{\theta}}^{i+1}) - L(\hat{\boldsymbol{\theta}}^i) < \varepsilon \quad (3-73)$$

则认为算法收敛，且将此时的模型参数记为最优参数 $\boldsymbol{\theta}^* = \hat{\boldsymbol{\theta}}^{i+1}$，结束迭代；如果对数似然函数不满足收敛条件，则重新回到 E-Step 继续迭代直至收敛。

在上述推导中，小常数 $\varepsilon$ 的取值对算法存在一定的影响。当 $\varepsilon$ 取值较大时，EM 算法会允许较大的误差，从而可能会降低高斯混合模型的参数辨识精度，但迭代次数较少，计算速度较快；当 $\varepsilon$ 取值较小时，EM 算法对误差要求较高，参数辨识精度相应提高，但增加迭代次数，计算较慢。在本书案例中，权衡了模型精度与计算速度，在保证参数辨识精度的情况下，将常数 $\varepsilon$ 设置为 $10^{-10}$。

3. 基于高斯混合回归（GMR）的 GMM 模型预测

高斯混合回归是一种基于高斯混合模型的算法，常用于解决各种回归问题。

作为一种回归模型,需要定义模型的输入与输出。对于驾驶员驾驶行为建模问题,在时刻 $t$,模型输入定义为当前时刻的状态矢量 $s_t$,模型输出定义为当前时刻的行为矢量 $a_t$。将模型输入与模型输出合并为一个矢量,即时刻 $t$ 时的特征矢量 $z_t$,可表示为

$$z_t = [s_t^T, a_t^T]^T \tag{3-74}$$

将每一时刻的特征矢量信息作为观测样本采集记录,可以通过前文所述的 EM 算法训练得到有效的高斯混合模型。EM 算法的参数辨识结果记为

$$\boldsymbol{\theta} = \{\pi_k, \boldsymbol{\mu}_k^z, \boldsymbol{\Sigma}_k^{zz}\}_{k=1}^K \tag{3-75}$$

其中,均值矢量与协方差矩阵的上标表示是整个特征矢量的均值与协方差,以便与后文中状态矢量和行为矢量的协方差进行区分。由观测样本训练得到的高斯混合模型记为

$$p(z_t \mid \boldsymbol{\theta}) = \sum_{k=1}^K \pi_k N(z_t \mid \boldsymbol{\mu}_k^z, \boldsymbol{\Sigma}_k^{zz}) \tag{3-76}$$

类似于特征矢量的维度可以划分为状态矢量和行为矢量,按照相似的维度划分规则,高斯混合模型的均值矢量与协方差矩阵可进行如下所示分割:

$$\boldsymbol{\mu}_k^z = \begin{bmatrix} \boldsymbol{\mu}_k^s \\ \boldsymbol{\mu}_k^a \end{bmatrix}, \quad \boldsymbol{\Sigma}_k^{zz} = \begin{bmatrix} \boldsymbol{\Sigma}_k^{ss} & \boldsymbol{\Sigma}_k^{sa} \\ \boldsymbol{\Sigma}_k^{as} & \boldsymbol{\Sigma}_k^{aa} \end{bmatrix} \tag{3-77}$$

式中,$\boldsymbol{\Sigma}_k^{ss}$ 与 $\boldsymbol{\Sigma}_k^{aa}$ 分别为状态矢量与行为矢量的协方差矩阵;$\boldsymbol{\Sigma}_k^{sa}$ 与 $\boldsymbol{\Sigma}_k^{as}$ 为交叉协方差矩阵;$\boldsymbol{\mu}_k^s$ 与 $\boldsymbol{\mu}_k^a$ 分别为状态矢量与行为矢量的均值矢量。

在给出需要预测的状态矢量 $s_{t_0}$ 的情况下,GMR 可根据训练得到的高斯混合模型参数计算预测模型输出,即对应的行为矢量 $a_{t_0}$。具体过程如下所示:

$$\hat{\boldsymbol{\mu}}_k^a(s_{t_0}) = \boldsymbol{\mu}_k^a + \boldsymbol{\Sigma}_k^{as}(\boldsymbol{\Sigma}_k^{ss})^{-1}(s_{t_0} - \boldsymbol{\mu}_k^s) \tag{3-78}$$

$$h_k(s_{t_0}) = \frac{\pi_k N(s_{t_0} \mid \boldsymbol{\mu}_k^s, \boldsymbol{\Sigma}_k^{ss})}{\sum_{j=1}^K \pi_j N(s_{t_0} \mid \boldsymbol{\mu}_j^s, \boldsymbol{\Sigma}_j^{ss})} \tag{3-79}$$

$$a_{t_0} = \sum_{k=1}^K h_k(s_{t_0}) \hat{\boldsymbol{\mu}}_k^a(s_{t_0}) \tag{3-80}$$

**4. 基于高斯混合回归(GMR)的横向驾驶行为模型**

有了以上理论基础,可将上述建模与预测方法应用于智能驾驶领域,建立基于

GMR 的横向驾驶行为模型。由 GMM 的模型训练过程可以看出，特征矢量的确定对于建模十分重要。特征矢量包含状态矢量与行为矢量。对于横向驾驶行为模型，模型的输出量为当前时刻方向盘转角或前轮转角，故行为矢量退化为标量，即

$$\boldsymbol{a}_t = [\delta_t] \tag{3-81}$$

式中，$\delta_t$ 为时刻 $t$ 时的方向盘转角或前轮转角。

在机器学习模型相关算法中，合理的特征选择对模型的有效性有着十分重要的影响。在建立基于 GMR 的横向驾驶行为模型时，综合考虑模型效果与现有数据采集能力，在本案例中定义模型的状态矢量为

$$\boldsymbol{s}_t = [x_{h,t}, y_{h,t}, v_{h,t}, \theta_{h,t}, a_{h,t}, x_{o,t}, y_{o,t}, v_{o,t}]^T \tag{3-82}$$

式中，$x_{h,t}$ 与 $y_{h,t}$ 分别为本车的纵向位移与横向位移；$\theta_{h,t}$ 为本车的航向角；$v_{h,t}$ 为本车速度；$a_{h,t}$ 为本车纵向加速度；$x_{o,t}$，$y_{o,t}$ 与 $v_{o,t}$ 分别为他车对应的状态量。

根据上述状态矢量与行为矢量定义，通过相应的观测样本训练 GMM 模型，将辨识得到的模型参数应用于 GMR 算法，即可完成横向驾驶行为模型构建，并基于实时输入的状态矢量预测驾驶员的横向驾驶行为。

### 3.2.3 基于图神经网络的异质交通参与者交互行为预测分层框架

1. 方法总述

在复杂和动态的城市交通场景中，准确预测周围交通参与者（如车辆、行人等）的轨迹以及其交互行为对智能车辆的决策和运动规划起着重要作用。本书案例基于图神经网络（GNN），提出了一种用于建模异构交通参与者（车辆、行人和骑行者）交互行为并结合长短时记忆人工神经网络（LSTM）预测其轨迹的分层 GNN 框架。所提出的框架包括两个模块，分别用于交互事件识别（IER）和轨迹预测（TP），且每个模块都包含一个 GNN。IER 模块用于识别交通参与者与本车之间的交互事件。将识别结果作为输入，TP 模块用于交互轨迹预测。此外，为了实现多步预测，LSTM 与 TP 模块中的 GNN 相结合。所提出的分层框架通过从城市交通环境中收集的自然驾驶数据进行验证。与最先进方法的比较结果表明，分层 GNN 框架在交互事件识别和交互行为预测方面表现出了优异的性能。

## 2. 分层 GNN 交互行为预测方法

图 3-4 为本书案例所介绍的分层 GNN 异质交通参与者预测模型[15]，模型中的交互关系推理模块（IER 模块）和轨迹预测模块（TP 模块）是基于 GNN 开发的，该 GNN 由实例层和类别层组成。实例层用于学习交通参与者的运动特性，而类别层用于建模具有相同类型的交通参与者的运动模式。实例层和类别层的主要参数分别在表 3-3 和表 3-4 中详细列出。图 3-5 为变量在图神经网络中的关系和信息传递，详细展示了实例层和类别层的构建方法，其中时间边 LSTM、节点 LSTM、空间边 LSTM 和信息传递分别用 4 种类型的箭头表示。来自节点 3 的空间边 $E_{\text{Spatial}}^{t,31}$ 和来自节点 2 的空间边 $E_{\text{Spatial}}^{t,21}$ 在时刻 $t$ 被合并为 $H_1^t$。超级节点 1 和实例节点 1 之间传递的信息由 $d_1^t$ 和 $h_u^t$ 表示。

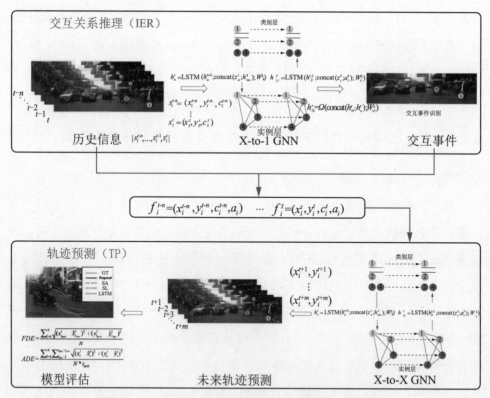

图 3-4 分层 GNN 异质交通参与者预测模型（附彩图）

实例层捕获了交通中实例（或交通参与者）的特征。对于每个实例节点 $A_{\text{instance}}$，分配了一个 LSTM 来预测节点的变化。考虑到不同类型交通参与者具有

表 3-3 实例层的主要参数

| 参数 | 注释 |
|---|---|
| $A_{\text{instance}}$ | 实例节点 |
| $E_{\text{Spatial}}$ | 空间边 |
| $E_{\text{Temporal}}$ | 时间边 |
| $L_{ij}$ | 空间边 LSTM |
| $L_{ii}$ | 时间边 LSTM |
| $L_i$ | 实例 LSTM |
| $h_{ij}^t$ | 空间边 LSTM 中的隐藏状态 |
| $h_{ii}^t$ | 空间边 LSTM 中的隐藏状态 |
| $H_i^t$ | $h_{ij}^t$ 的加权和 |
| $h1_i^t$ | 实例节点 LSTM 的第一个隐藏状态 |
| $h2_i^{t-1}$ | 实例节点 LSTM 的最终隐藏状态 |

表 3-4 类别层的主要参数

| 参数 | 注释 |
|---|---|
| $A_{\text{Category}}$ | 类别层中的超级节点 |
| $d_m^t$ | 第 m 个实例节点的移动特征 |
| $F_u^t$ | 对应超级节点的特征 |
| $F_{uu}^t$ | 类别层中时间边的特征 |
| $h_{uu}^t$ | 时间边 LSTM 的隐藏状态 |
| $h_u^t$ | 类别 LSTM（超级节点）的隐藏状态 |
| $h1_m^t$ | 空间边 LSTM 中的隐藏状态 |
| $h2_m^t$ | 实例节点的最终输出 |

不同的特征和运动模式，相同类别中的实例节点具有相同的参数。在这项研究中，为行人、车辆和骑行者在实例层训练了 3 个 LSTM。$E_{\text{Spatial}}$ 和 $E_{\text{Temporal}}$ 的特征被输入到空间边 LSTM 和时间边 LSTM，它们分别用于建模空间边和时间边。所有的空间边共享相同的 LSTM 参数，而所有的时间边根据相应的节点类型分为 3 类。

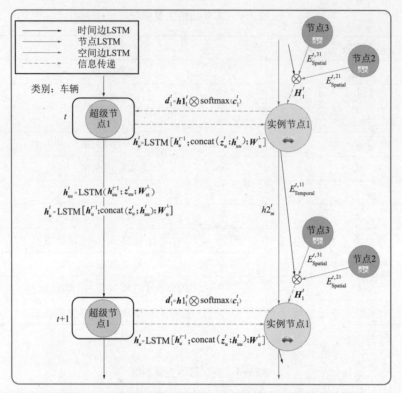

图 3-5 变量在图神经网络中的关系和信息传递（附彩图）

在时刻 $t$ 时，空间边 $E_{\mathrm{Spatial}}^{t,\,ij}=(A_i^t,\,A_j^t)$ 的特征 $f_{ij}^t$ 被嵌入到一个固定向量 $z_{ij}^t$ 中，这是输入到边 $\mathrm{LSTM}L_{ij}$ 的：

$$z_{ij}^t = \Omega(f_{ij}^t, W_{\mathrm{spa}}^{\mathrm{e}}) \tag{3-83}$$

其中，$\Omega(\cdot,\ \cdot)$ 是一个线性嵌入函数；$W_{\mathrm{spa}}^{\mathrm{e}}$ 是嵌入层的权重。

然后，$z_{ij}^t$ 将被输入到 $\mathrm{LSTM}L_{ij}$ 并生成隐藏状态 $h_{ij}^t$，即

$$h_{ij}^t = \mathrm{LSTM}(h_{ij}^{t-1}, z_{ij}^t, W_{\mathrm{spa}}^{\mathrm{L}}) \tag{3-84}$$

其中，$W_{\mathrm{spa}}^{\mathrm{L}}$ 是空间边 LSTM 的权重；$h_{ij}^t$ 为包含空间关系的信息；时间边 $E_{\mathrm{Temporal}}^{t,\,ij}=(A_i^t,\,A_i^{t+1})$ 的定义方式与空间边相同。类似地，时间边 $\mathrm{LSTM}L_{ii}$ 的输出 $h_{ii}^t$ 包含时间序列中的信息。

在城市环境中，每个交通参与者可能会与周围的多个参与者互动，其重要性可能不尽相同。为了量化周围交通参与者的重要性，所提出的 GNN 框架使用了提到的软注意力机制，为实例节点的不同空间边分配不同的权重 $w$，即

$$w(\boldsymbol{h}_{ij}^t) = \text{softamx}\left[\frac{k}{\sqrt{d_e}}\text{Dot}(\boldsymbol{W}_{ii}\boldsymbol{h}_{ii}^t, \boldsymbol{W}_{ij}\boldsymbol{h}_{ij}^t)\right] \quad (3-85)$$

其中，$\boldsymbol{W}_{ii}$ 和 $\boldsymbol{W}_{ij}$ 分别是空间边和时间边的嵌入权重；$\text{Dot}(\cdot, \cdot)$ 是点积运算；$k/\sqrt{d_e}$ 是缩放因子。周围交通参与者在空间视角下的影响通过 $\boldsymbol{h}_{ij}^t$ 的加权和计算，表示为 $\boldsymbol{H}_i^t$。时间边对第 $i$ 个交通参与者轨迹的影响表示为 $\boldsymbol{h}_{ii}^t$。因此，$\boldsymbol{H}_i^t$ 和 $\boldsymbol{h}_{ii}^t$ 被连接并嵌入到固定向量 $\boldsymbol{a}_i^t$ 中，随后与实例节点的特征 $\boldsymbol{f}_i^t$ 连接作为实例 LSTM $L_i$ 的输入：

$$z_i^t = \Omega(\boldsymbol{f}_i^t, \boldsymbol{W}_{\text{instance}}^{\text{node}}) \quad (3-86)$$

$$a_i^t = \Omega[\text{concat}(\boldsymbol{h}_{ii}^t; \boldsymbol{H}_i^t); \boldsymbol{W}_{\text{instance}}^{\text{edge}}] \quad (3-87)$$

$$h1_i^t = \text{LSTM}[h2_i^{t-1}; \text{concat}(z_i^t; a_i^t); \boldsymbol{W}_{\text{instance}}^{\text{L}}] \quad (3-88)$$

式中，$\boldsymbol{W}_{\text{instance}}^{\text{node}}$ 和 $\boldsymbol{W}_{\text{instance}}^{\text{edge}}$ 是嵌入权重；$\boldsymbol{W}_{\text{instance}}^{\text{L}}$ 是第 $i$ 个实例节点 LSTM 单元的权重；$h1_i^t$ 和 $h2_i^{t-1}$ 分别是实例节点 LSTM 的初始隐藏状态和最终隐藏状态。

通过区分参与者的不同类别并为每种类别设置参数，模型可以进行准确预测。考虑到不同交通参与者具有不同的特性，所提出的框架中应用了类别层来捕捉类别属性。

每帧由一个图像和轨迹标签组成。每类参与者通过时间序列中的帧传递关于其特征的信息。因此，对于每种类型的参与者，设置了超级节点 $A_{\text{category}}^u$，$u \in \{1, 2, 3\}$，并配备了 LSTM。类似于实例节点，超级节点在时间序列中也有时间边，如图 3-5 中的虚线所示。类别层由 4 部分组成，即超级节点、超级节点的时间边、从同组的实例节点到超级节点的有向边，以及从超级节点到实例节点的有向边。

每个交通参与者在时刻 $t$ 产生隐藏状态 $h1_i^t$ 和实例节点状态 $c_i^t$，它们被组合为类别 $u$ 中第 $m$ 个实例节点的运动特征 $d_m^t$，即

$$d_m^t = h1_i^t \otimes \text{softmax}(c_i^t) \quad (3-89)$$

对应的超级节点 $A_{\text{category}}^u$，$u \in \{1, 2, 3\}$ 的特征 $F_u^t$ 将通过计算属于同一类别 $u$ 的所有实例特征 $d = \{d_m^t\}_{m=1}^n$ 的平均值来获得，即

$$F_u^t = \frac{1}{n}\sum_{m=1}^n d_m^t \quad (3-90)$$

式（3-90）显示了第 $u$ 个超级节点 $F_u^t$ 的特征考虑了每个实例，并捕捉了相同类型参与者的特征，这将通过从实例节点到超级节点的边传输信息。

在类别层中，时间边 $F_{uu}^t$ 的特征由 $F_u^t - F_u^{t-1}$ 计算得到，它将与隐藏状态 $h_{uu}^t$ 结合，以计算相邻帧中同一超级节点之间的时间边：

$$z_{uu}^t = \Omega(F_{uu}^t, W_{st}^e) \tag{3-91}$$

$$h_{uu}^t = \text{LSTM}(h_{uu}^{t-1}; z_{uu}^t; W_{st}^L) \tag{3-92}$$

式中，$W_{st}^e$ 和 $W_{st}^L$ 分别是嵌入层和时间 LSTM 单元的权重。

然后，实例特征组 $F_u^t$ 和时间特征 $h_{uu}^t$ 与超级节点的隐藏状态 $h_u^t$ 集成如下：

$$z_u^t = \Omega(F_u^t, W_u^{node}) \tag{3-93}$$

$$h_u^t = \text{LSTM}[h_u^{t-1}; \text{concat}(z_u^t; h_{uu}^t); W_u^L] \tag{3-94}$$

式中，$W_u^e$ 和 $W_u^L$ 分别是嵌入权重和超级节点 LSTM 单元。

最后，$h_u^t$ 将与 $h1_m^t$ 连接并发送回每个实例节点。第二隐藏状态 $h2_m^t$ 是实例节点的最终输出：

$$h2_m^t = \Omega[\text{concat}(h1_m^t; h_u^t); W_m^e] \tag{3-95}$$

其中，$W_m^e$ 是嵌入权重；$h2_m^t$ 是第 $m$ 个实例节点的最终输出。

所提出的分层框架首先在 IER 模块中识别交互事件，然后将识别结果输入到 TP 模块。假设交通参与者在下一帧的位置符合具有均值 $\boldsymbol{\mu}_i^t = (\mu_x, \mu_y)_i^t$、标准差 $\boldsymbol{\sigma}_i^t = (\sigma_x, \sigma_y)_i^t$ 和相关系数 $\rho_i^t$ 的双变量高斯分布，则相应的位置可以表示为

$$(x_i^t, y_i^t) \sim [\boldsymbol{\mu}_i^t, \boldsymbol{\sigma}_i^t, \rho_i^t] \tag{3-96}$$

使用实例节点的第二隐藏状态通过线性函数 $\Omega(\cdot, \cdot)$ 来预测这些参数，即

$$[\boldsymbol{\mu}_i^t, \boldsymbol{\sigma}_i^t, \rho_i^t] = \Omega(h2_i^{t-1}, W_f) \tag{3-97}$$

IER 模块中的损失函数 $L_{\text{IER}}$ 由交叉熵函数定义，因为它在分类问题中具有优势，即

$$\begin{aligned} L_{\text{IER}}&(W_{\text{spa}}, W_{\text{tem}}, W_{\text{ins}}, W_{\text{st}}, W_{\text{sup}}, W_m, W_f) \\ &= \text{cross\_entropy}(I_i^t; s_i^{t+1}) \end{aligned} \tag{3-98}$$

式中，$s_i^{t+1}$ 是时间 $t+1$ 时刻第 $i$ 个交通参与者的真实标签；$I_i^t = \Omega(h2_i^t, W_i)$ 是由嵌入权重 $W_i$ 和 $L_i$ 的最终隐藏输出生成的嵌入向量。

TP 模块中的损失函数 $L_{\text{TP}}$ 定义为负对数似然函数，即

$$L_{\mathrm{TP}}(W_{\mathrm{spa}}, W_{\mathrm{tem}}, W_{\mathrm{ins}}, W_{\mathrm{st}}, W_{\mathrm{sup}}, W_{m}, W_{f})$$
$$= -\sum_{t=T_{\mathrm{obs}}+1}^{T_{\mathrm{pred}}} \log[P(x_i^t, y_i^t | \boldsymbol{\mu}_i^t, \boldsymbol{\sigma}_i^t, \rho_i^t)] \qquad (3-99)$$

在模型训练过程中，目标是最小化损失函数 $L_{\mathrm{IER}}$ 和 $L_{\mathrm{TP}}$。在每个时间步中，所提出的分层框架通过实例节点、类别节点、空间边和时间边反向传播误差，以更新参数 ($W_{\mathrm{spa}}$, $W_{\mathrm{tem}}$, $W_{\mathrm{ins}}$, $W_{\mathrm{st}}$, $W_{\mathrm{sup}}$, $W_{m}$, $W_{f}$)。

## 3.3 面向连续场景的车辆轨迹预测持续学习方法

### 3.3.1 连续场景中车辆轨迹预测问题

车辆轨迹预测是车辆行为预测研究中的重要分支。本章第 3.2 节介绍了基于机器学习的车辆行为预测的一般性概念与问题构建，并通过具体案例，展示了车辆行为识别与预测研究中的典型机器学习方法与相应的技术方案。本节将在车辆行为预测问题的基础上，进一步考虑车辆行为预测模型在智能车辆实际应用中面对的连续场景模型性能泛化问题，介绍面向连续场景应用的车辆轨迹预测持续学习方法。

具体地，在多数实际应用中，智能车辆需要在连续且多变的交通场景中持续安全行驶。多数现有的方法在连续轨迹预测任务中无法利用已学知识及训练数据积累学习经验，往往在已学习过的历史场景中出现预测精度大幅降低的现象，这一现象属于机器学习领域中的"灾难性遗忘"[16]。针对这一问题，现有的多数应对方案通过丰富数据集中的场景种类数量、重新训练模型的方式来提高模型在不同场景中的预测表现。然而，这类方案存在训练效率低、数据采集成本高、计算与存储要求苛刻等局限性，不利于高智能化智能车辆的研发与应用。为克服现有方法的局限性，并增强智能车辆轨迹预测方法的实用性，本书案例[17]基于持续学习理论，设计了一种车辆轨迹预测持续学习方法，旨在实现车辆轨迹预测模型在连续场景中的持续学习能力。本小节将先对连续场景相关概念定义进行阐述，并进一步基于相关概念描述连续场景中车辆轨迹预测的持续学习任务。

1. 连续场景相关概念定义

在多个不同场景中持续安全行驶，是智能车辆在实际应用中的一个重要需求,而连续场景中车辆轨迹预测问题即针对这一实际应用背景而提出。连续场景由多个交通场景组成,由于同时考虑场景顺序,连续场景可视为多个交通场景组成的序列流。在每一个场景中,车辆轨迹预测模型需要利用场景训练数据对轨迹预测任务进行学习。相应地,在由多场景组成的连续场景中,要求车辆轨迹预测模型依次学习不同场景下的任务。本小节下面将定义连续场景的相关概念,并给出持续学习在数据可用性方面的假设。

(1) 连续场景。在一次智能车辆驾驶任务中,经过两个及两个以上不同的交通场景有序的场景序列,可用序列 $S = \{d_1, d_2, \cdots, d_c\}$ 表示。在序列 $S = \{d_1, d_2, \cdots, d_c\}$ 中,将车辆出发点所处交通场景作为第一个场景 $d_1$,驾驶任务结束时智能车辆所处交通场景作为最后一个场景 $d_c$,并按照智能车辆驾驶行经的顺序对各个交通场景进行排序。连续场景所含场景个数随着车辆驾驶行经的交通场景个数而增加,而非固定数量。

(2) 当前场景。在连续场景中,智能车辆在时间顺序上所处的最后一个场景 $d_c$ 为当前场景。在持续学习数据方面的假设中,当前场景的完整交通数据可用于模型的训练。

(3) 历史场景。在连续场景中,除当前场景外的场景 $d_i \in S(i = 1, \cdots, c-1)$ 为历史场景。在持续学习数据方面的假设中,历史场景的交通数据不可完全获取,需要通过一定持续学习记忆机制来保存或生成历史场景的数据。

(4) 未知场景,即智能车辆未到达的场景。未知场景的数据不可提前获取,当车辆驶入该场景后,该未知场景将转为新的当前场景。

(5) 车辆轨迹预测问题的"灾难性遗忘"。这是指在连续场景中执行车辆行为预测任务,模型在学习当前场景中的预测任务后,由于场景所对应数据差异引起的、在历史场景测试数据中预测表现下降的现象。

2. 持续学习任务描述

将连续场景表示为(有序)序列 $S = \{d_1, d_2, \cdots, d_c\}$,序列 $S$ 包含的场景个数为 $c$。其中,$d_c \in S$ 表示当前场景,$d_i \in S(i = 1, \cdots, c-1)$ 则为第 $i$ 个模型已学习过的历史场景。基于持续学习理论假设,仅车辆所处的当前场景数据是可获取的,历史场景数据不作为可用训练数据(除通过设计记忆机制存储一定量的样本外)。车辆轨迹预测模型将使用当前场景对应的数据进行模型训练,并在连续场景 $S$ 中的所有场景上做测试。

对于连续场景中行驶的车辆,在学习当前场景的驾驶行为预测任务后,在各历史场景与当前场景的测试中均可取得足够高精度的预测表现能力。设 $R_i(i=1,\cdots,c)$ 是在学习当前场景后,车辆轨迹预测模型在第 $i$ 个场景中测试的测试误差,则连续场景中车辆轨迹预测的目标可表示为

$$\text{minmize } R = \frac{1}{c}\sum_{i=1}^{c} R_i \qquad (3-100)$$

式中,$R$ 表示连续场景中的平均预测误差。

3. 连续场景中不同交通场景的差异性度量方法

连续交通场景由多个不同的交通场景所组成,其中交通场景间的差异程度也不同。例如,设 A 组为"不同路段的城市环境十字路口场景之间的交通差异",B 组为"城市环境十字路口与高速公路环境汇入口场景的差异"。由于道路结构、交通参与者类型、交通规则等因素的异同性,A 组所述交通场景间的差异一般来说是小于 B 组的。参考相关研究[18,19],本书案例将交通场景的差异性视作是交通场景数据集中车辆之间的时空依赖差异(spatiotemporal divergence)的不同。首先,本书案例假设连续场景中不同场景所对应数据的条件概率密度函数(conditional probability density functions,CPDF)是不同的高斯混合模型(gaussian mixture models,GMMs)。通过训练混合密度神经网络(mixture density network,MDN)来估计各场景的 GMMs 参数。接着,计算出不同 GMMs 间的 Kullback-Leibler 散度(Kullback-Leibler divergence,KLD)。由于不同 GMMs 间的 KLD 无解析解,因此本书案例使用蒙特卡洛采样(monte-carlo sampling)的方式计算 KLD 的数值解。进一步基于所计算的 KLD 来计算加权 CKLD,最终以加权 CKLD 作为评价指标,度量不同场景间的差异大小。图 3-6 为交通场景差异性评价指标(加权 CKLD)的计算过程。

具体地,将交通场景数据的时空依赖表示为条件概率密度函数 $p(Y|X)$。其中,$Y$ 表示数据样本中目标车辆的未来轨迹(见第 2 章),$X$ 则表示场景中所有车辆的历史轨迹。设 $p_1$、$p_2$ 为两个不同场景的时空依赖关系 CPDF,则 $p_1$ 相对于 $p_2$ 的 CKLD 计算式为

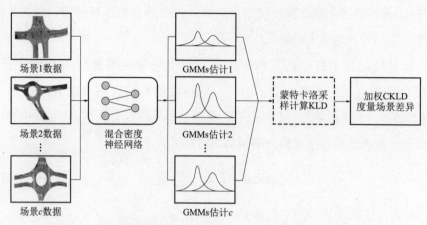

图 3-6 交通场景差异性评价指标（加权 CKLD）的计算过程

$$\text{CKLD}[p_1(Y|X) \| p_2(Y|X)]$$
$$= \int p_1(X) \int \log\left[\frac{p_1(Y|X)}{p_2(Y|X)}\right] p_1(Y|X) \mathrm{d}Y \mathrm{d}X \quad (3\text{-}101)$$

其中，$p_1$ 与 $p_2$ 是通过 MDN 进行 GMMs 估计。同时，需要指出的是，在不同的交通场景数据中，每一个数据样本所包含的车辆数目不同，为便于 MDN 的训练，本书案例对 CPDF 中的条件 $X$ 进行处理——考虑固定数目的周围车辆，使样本维度统一，且为表达不同车辆的交互，最终的 CPDF 条件将由待预测的目标车辆历史轨迹 $X_0 = [tr_0^{(t-t_h)}, \cdots, tr_0^{(t-1)}]$ 与 $k$ 个来自二维拉普拉斯矩阵的特征值所构成。为与 $X$ 加以区别，本书案例使用符号 $X_{\text{cond}}^N$ 来表示用于 GMMs 估计的 CPDF 条件，即

$$X_{\text{cond}}^N = [X_0, v_1, \cdots, v_k] \quad (3\text{-}102)$$

其中，$v_i(i=1, \cdots, k)$ 为二维拉普拉斯矩阵的特征值。所述拉普拉斯矩阵 $L_{\text{lap}}$ 计算如下：

$$L_{\text{lap}} = D - A \quad (3\text{-}103)$$

式中，$A = (a_{i,j})_{N \times N}$，$a_{i,j} = \exp\left[-\sum_{k=t-t_h}^{t-1} \omega_k e(tr_i^k, tr_j^k) / \sum_{k=t-t_h}^{t-1} \omega_k\right]$，$\omega_k = \lambda^{(t-1)-k}$，$k = t-t_h, \cdots, t-1$；$D = (d_{i,j})_{N \times N}$，$d_{i,j} = \begin{cases} \sum_{j=1}^{N} a_{i,j}, & i = j \\ 0, & i \neq j \end{cases}$。

其中，$e(\boldsymbol{tr}_i^k, \boldsymbol{tr}_j^k)$ 表示第 $i$ 辆与第 $j$ 辆车之间在 $k$ 时刻时的欧氏距离，$\lambda$ 则表示衰变参数。在得到所估计的 GMMs 后，通过蒙特卡洛采样方式进行不同 GMMs 间 KLD 的计算。假设分布 $p_1(\boldsymbol{X}_{\text{cond}}^{\text{N}})$ 中有 $n_1$ 个数据样本，记为 $\boldsymbol{X}_{\text{cond},i}^{\text{N}}(i=1,\cdots,n_1)$。此外，有 $n_{\text{mc}}$ 个的样本 $\boldsymbol{Y}_j(j=1,\cdots,n_{\text{mc}})$ 将从 $p_1(\boldsymbol{Y}|\boldsymbol{X}_{\text{cond},i}^{\text{N}})$ 中采样得到，则由蒙特卡洛采样方式得到两个条件概率分布之间的 KLD 以及 CKLD 计算公式如下：

$$\text{KLD}[p_1(\boldsymbol{Y}|\boldsymbol{X}_{\text{cond},i}^{\text{N}}) \| p_2(\boldsymbol{Y}\|\boldsymbol{X}_{\text{cond},i}^{\text{N}})]$$
$$= \frac{1}{n_{\text{mc}}} \sum_{j=1}^{n_{\text{mc}}} [\log p_1(\boldsymbol{Y}_j|\boldsymbol{X}_{\text{cond},i}^{\text{N}}) - \log p_2(\boldsymbol{Y}_j|\boldsymbol{X}_{\text{cond},i}^{\text{N}})] \qquad (3-104)$$

$$\text{CKLD}[p_1(\boldsymbol{Y}|\boldsymbol{X}_{\text{cond}}^{\text{N}}) \| p_2(\boldsymbol{Y}|\boldsymbol{X}_{\text{cond}}^{\text{N}})]$$
$$= \frac{1}{n_1} \sum_{i=1}^{n_1} \text{KLD}[p_1(\boldsymbol{Y}|\boldsymbol{X}_{\text{cond},i}^{\text{N}}) \| p_2(\boldsymbol{Y}|\boldsymbol{X}_{\text{cond},i}^{\text{N}})] \qquad (3-105)$$

至此，我们得到了不同交通场景间以 CKLD 度量时空依赖关系差异的计算方式。CKLD 的计算结果越大，表明所度量的两个条件概率分布的差异也越大，进而意味着两个条件概率分布所对应的交通场景间的差异性越大。但值得注意的是，CKLD 的计算结果存在不对称性。例如，在式（3-101）中，若交换 $p_1$ 与 $p_2$，则所计算的 CKLD 结果 $p_1$ 相对于 $p_2$ 的 $\text{CKLD}(p_1 \| p_2)$ 与 $p_2$ 相对于 $p_1$ 的 $\text{CKLD}(p_2 \| p_1)$ 是不同的。这样的特性将导致在比较多个交通场景的差异时，将可能出现由不对称结果引起的矛盾情况。例如，设 $p_1$、$p_2$、$p_3$ 对应 3 个不同交通场景的 CPDF，我们希望比较 $p_1$ 与 $p_2$、$p_1$ 与 $p_3$ 间的场景差异性大小。当 $\text{CKLD}(p_1 \| p_3) > \text{CKLD}(p_2 \| p_3)$ 但 $\text{CKLD}(p_3 \| p_1) < \text{CKLD}(p_3 \| p_2)$ 时，仅根据上述的差异评估方案得到了矛盾的比较结果。基于此，本书案例进一步对 CKLD 的特性进行探究，提出一种加权 CKLD 作为不同交通场景间差异性的度量指标。加权 CKLD 计算公式如下：

$$\text{CKLD}_{1,2}^{\text{wt}} = w_1 \text{CKLD}(p_1 \| p_2) + w_2 \text{CKLD}(p_2 \| p_1) \qquad (3-106)$$

其中，$w_1$ 与 $w_2$ 为权重系数，且 $w_1 + w_2 = 1$。权重系数的分配取决于差异性对比中哪个场景是所关注的场景。在上一个例子中，目的是比较 $p_1$ 与 $p_2$、$p_1$ 与 $p_3$ 间的场景差异性大小，我们关注 $p_2$ 和 $p_3$ 数据分布在 $p_1$ 上的差异性，则认为 $p_1$ 是所关注的场景。通过加权 CKLD 进行比较则需要计算 $\text{CKLD}_{1,2}^{\text{wt}}$ 与 $\text{CKLD}_{1,3}^{\text{wt}}$，此时我

们给公式中的 $w_1$ 赋予较大的数值。

### 3.3.2 连续场景中车辆轨迹预测持续学习方法

**1. 车辆轨迹预测持续学习方法**

本书案例介绍的车辆轨迹预测持续学习方法是基于场景梯度记忆（GEM）[20]。该方法适用于基于梯度下降法进行参数优化的车辆轨迹预测模型，旨在使轨迹预测模型在连续交通场景中具备持续学习能力，积累任务经验，缓解连续场景中车辆轨迹预测问题出现的"灾难性遗忘"。该方法由一个场景记忆模块（episodic memory）与一个车辆轨迹预测模型持续学习模块组成。假设连续场景为 $S=\{d_1, d_2, \cdots, d_c\}$，每当进入一个新交通场景（车辆驶入新场景后，该场景成为"当前场景"）后，场景记忆模块将保存一定量的该场景数据。由持续学习问题假设可知，场景记忆模块的存储空间不是无限大的，因此在保存新场景数据的同时，记忆模块将删除先前存储的、部分旧的历史场景数据，以此机制更新场景记忆模块。具体地，设场景记忆模块的记忆存储上限为 $M$，则记忆模块在每次更新后，将使记忆模块中来自第 $r$（$r=1, \cdots, c$）个场景的记忆数据量 $m_r = M/c$，即 $m_r$ 随着场景数目的增多而减少。

在场景记忆模块更新后，车辆轨迹预测模型持续学习模块将利用记忆数据进行持续学习。首先，该方法给出历史场景损失函数的定义，并使用场景记忆模块的记忆数据进行历史场景损失的计算。其次，基于该损失函数设置模型在当前场景训练过程中的不等式约束。最后，通过约束等价转换，采用二次规划算法使训练过程满足约束条件，以实现持续学习目的。

具体地，设 $f_\theta$ 是车辆轨迹预测模型，下角标 $\theta$ 表示预测模型的可训练参数。设 $(X_i, r, Y_i)$ 是第 $r$（$r=1, \cdots, c-1$）个历史场景记忆数据中第 $i$ 个数据样本，则第 $r$ 个历史场景的损失函数可表示为

$$l(f_\theta, m_r) = \frac{1}{m_r} \sum_{i=1}^{m_r} l[f_\theta(X_i, r), Y_i] \quad (3\text{-}107)$$

在定义式（3-107）后，该方法要求模型训练过程满足不等式约束，即

$$\underset{\theta}{\text{minimize}} \quad l[f_\theta(X, c), Y] \quad (3\text{-}108)$$

$$l(f_\theta, m_r) \leq l(f_\theta', m_r)$$

$$r<c$$

其中，$(X, c, Y)$ 是当前场景的训练数据样本；$f_\theta$ 是车辆轨迹预测模型在学习完最后一个历史场景后的模型状态，即未使用当前场景训练数据对模型进行训练时的模型状态。约束条件的含义为在当前场景数据训练下的模型，每一次更新参数都需要满足所有历史场景的损失函数不增大这一要求。从模型以梯度下降法更新参数的角度考虑，并假设训练损失函数局部线性（即优化步长较小的情况），则式（3-108）可等价转换为

$$(g, g_r) = \left\{ \frac{\partial l[f_\theta(X,c), Y]}{\partial \theta}, \frac{\partial l(f_\theta, m_r)}{\partial \theta} \right\} \geq 0 \quad (3\text{-}109)$$

$$r<c$$

其中，$g$ 与 $g_r$ 分别表示车辆轨迹预测模型在当前场景训练损失函数的损失梯度以及在第 $r$ 个历史场景上损失函数的梯度。若计算结果满足式（3-109），则使用梯度下降法直接进行模型的更新，此时更新后的模型将满足式（3-108）所表达的约束条件。式（3-109）计算出的梯度内积为负时，即无法满足式（3-108）中所给约束条件，该方法将计算距离 $g$ 最近（以平方 L2 范数为距离度量）且满足式（3-109）的建议梯度 $\tilde{g}$，即

$$\text{minimize}_{\tilde{g}} \quad \frac{1}{2} \| g - \tilde{g} \|_2^2 \quad (3\text{-}110)$$

$$(\tilde{g}, g_r) \geq 0$$

$$r<c$$

并以式（3-110）中的建议梯度 $\tilde{g}$ 作为参考梯度取代 $g$ 实施梯度下降法进行模型参数的更新。同时，为高效地计算式（3-110）所需梯度，该方法采取二次规划算法（quadratic program，QP）进行求解。具体地，设 QP 问题为

$$\text{minimize}_z \quad \frac{1}{2} z^T C z + p^T z \quad (3\text{-}111)$$

$$Qz \geq b$$

其中，$C \in \mathbb{R}^{p \times p}$，$p \in \mathbb{R}^p$，$Q \in \mathbb{R}^{(c-1) \times p}$。进一步给出式的对偶问题为

$$\text{minimize}_{u,v} \quad \frac{1}{2} u^T C u - b^T v \quad (3\text{-}112)$$

$$Q^T v - Cu = p$$
$$v \geq 0$$

设 $(u^*, v^*)$ 是式（3-112）的解，则存在 $z^*$ 满足 $Cz^* = Cu^*$。因此，可给出基于梯度场景记忆方法对于式（3-110）所述约束的 QP 问题为

$$\text{minimize}_z \quad \frac{1}{2} z^T z - g^T z + \frac{1}{2} g^T g \tag{3-113}$$
$$Gz \geq 0$$

其中，$G = -[g_1, \cdots, g_{c-1}]$。进一步地，我们舍弃常数项 $g^T g$，则式（3-113）为一个有 $p$ 个变量（$p$ 为轨迹预测模型的可训练参数数目）的二次规划问题，其对偶问题可表示为

$$\text{minimize}_v \quad \frac{1}{2} v^T GG^T v + g^T G^T v \tag{3-114}$$
$$Gz \geq 0$$

假设式（3-114）的解为 $v^*$，则所建议的参考梯度 $\tilde{g} = G^T v^* + g$。根据研究经验，在具体实施 QP 算法时，对 $v^*$ 添加一个小常数项 $\gamma \geq 0$ 可获得更好的持续学习效果。图 3-7 为梯度场景记忆模型训练方法的主要算法流程。

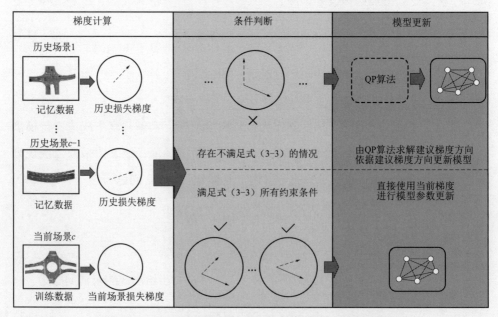

图 3-7　梯度场景记忆训练模型训练方法的主要算法流程

2. 动态记忆持续学习优化策略

本书案例所述车辆轨迹预测持续学习方法采用了重演类的持续学习策略，利用存储的部分记忆数据计算历史任务的损失函数，约束训练过程的模型参数更新。由于在每一步更新前需要使用记忆数据进行损失计算，从而导致了较高的训练成本。鉴于上述问题，本书案例利用第 3.3.1 节所述的场景差异性度量方法，进一步设计了动态记忆机制，用于优化车辆轨迹预测持续学习方法，通过合理分配记忆数据来降低训练成本。下面将阐述应用动态记忆机制的方法框架。

应用动态记忆优化策略后，车辆轨迹预测持续学习方法由 3 个模块组成，即场景记忆模块、场景差异性度量模块和可持续学习的车辆轨迹预测模块。应用动态记忆优化策略的车辆轨迹预测持续学习方法框架如图 3-8 所示。

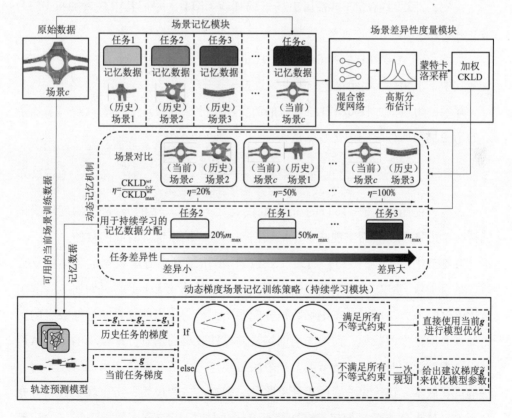

图 3-8 应用动态记忆优化策略的车辆轨迹预测持续学习方法框架

首先,在连续场景 $S = \{d_1, d_2, \cdots, d_c\}$ 中,当车辆驶入新场景后,场景记忆模块将按 $m_r = M/c$ 进行各场景记忆数据的更新(存储当前场景数据,并删除历史场景中一定量数据)。其次,场景记忆模块分配记忆数据至场景差异性度量模块进行场景差异对比分析。需要指出的是,在动态梯度场景记忆中,场景记忆模块为场景差异性分析模块与可持续学习车辆轨迹预测分别设置不同的数据分配上限 $M_{ms}(M_{ms} \leq M)$ 与 $M_{cl}(M_{cl} \leq M)$。由场景度量模块得到当前场景与各历史场景的对比分析,场景记忆模块依据分析结果进一步为可持续学习的车辆轨迹预测模块动态分配记忆数据用于不同历史场景的损失计算。最后,使用动态分配得到的数据进行基于场景梯度记忆法的持续学习模型训练,得到可持续学习的车辆轨迹预测模型,执行连续场景中的车辆轨迹预测任务。具体的记忆数据动态分配过程如下:

首先,计算当前场景与各历史场景的加权 CKLD,并记其中最大加权 CKLD 为 $\text{CKLD}_{\max}^{wt}$,即

$$\text{CKLD}_{\max}^{wt} = \max[\text{CKLD}_{c,r}^{wt} \mid r \in (1, \cdots, c-1)] \tag{3-115}$$

其中,下角标 $r$ 表示第 $r$ 个历史场景。

其次,为最大加权 CKLD 所对应的历史场景分配数据 $m_{\max} = M_{cl}/(c-1)$,余下的历史场景所分配的记忆数据量为

$$m_{r,D} = m_{\max} \frac{\text{CKLD}_{c,r}^{wt}}{\text{CKLD}_{\max}^{wt}} \tag{3-116}$$

最后,使用式(3-116)的 $m_{r,D}$ 取代式(3-107)中的 $m_r$ 进行梯度场景记忆持续学习训练,从而实现减少记忆数据使用量、缩短训练时间的目的。

在本节中,式(3-115)与式(3-116)给出了动态分配数据的具体计算方式,结合加权 CKLD 在本案例中的作用及含义(见第 3.3.1 节)并对比上一节中所述方法,该方法所述动态记忆数据分配实质上是为与当前场景差异性较大的历史场景分配更多的数据,而对与当前场景差异性较小的场景分配较少的数据从而实现数据资源、时间成本的节约。该方法可视作上一节车辆轨迹预测持续学习方法的优化版本。该优化方案的设计思路易于理解——假设某一历史场景数据分布与当前场景十分接近(加权 CKLD 接近 0),则使用当前可用数据训练出的车辆轨迹预测模型在此历史场景中的性能表现应与在当前场景的性能表现相接近(即

不出现"灾难性遗忘")。在这样的情况下,针对该历史场景无需应用持续学习策略(记忆数据用量为0)。

3. 连续场景车辆轨迹预测实验

为验证本书案例所介绍的车辆轨迹预测持续学习方法在连续场景中的性能表现,本实验在3组不同的连续场景中进行了车辆轨迹预测模型的连续训练以及测试。实验共设置有3组连续场景,分别为 $S_{III} = \{d_1, d_2, d_3\}$、$S_{IV} = \{d_1, d_2, d_3, d_4\}$、$S_V = \{d_1, d_2, d_3, d_4, d_5\}$。所有模型在连续场景中逐次学习车辆所处的当前场景轨迹预测任务。在进入新场景后,当前场景更新至新场景,已学场景成为历史场景,历史场景训练数据不可获取,使用新场景数据继续训练模型。待模型学习完最后一个场景后,分别使用各场景的测试数据对轨迹预测模型进行测试,并比较分析测试结果。本实验设置4组对比模型,模型方案介绍如下:

(1) Vanilla Social-STGCNN。非持续学习轨迹预测模型,作为基本模型对照组,符合上述训练数据限制假设,在连续场景中逐次学习各个交通场景的轨迹预测任务。

(2) JT-Social-STGCNN。用 Joint training 方式训练的基本模型,作为另一对照组。Joint training 策略不遵循持续学习数据限制假设,可同时获取连续场景中所有场景对应的训练数据,将所有场景的数据混合,使用混合数据对模型进行训练。在大多持续学习研究中,该训练方案一般作为持续学习方案的性能上限对照组。

(3) GEM-Social-STGCNN。该模型为本书案例所介绍的梯度场景记忆方法的可持续学习车辆轨迹预测模型(基本模型使用的是 Social-STGCNN)。在其记忆数据分配方面,该组模型对每一个历史场景损失函数的计算分配相同数目的记忆数据样本,均设为 $m_{max} = M_{cl}/(c-1)$。在本次实验中 $M_{cl}$ 取为 3 500,$c-1$ 为每一个连续场景中的历史场景总个数。

(4) D-GEM-Social-STGCNN。该模型为本书案例所介绍的动态梯度场景记忆方法的可持续学习车辆轨迹预测模型(基本模型使用的是 Social-STGCNN)。与 GEM-Social-STGCNN 的区别在于记忆数据分配方面,对于每一个历史场景分配的数据依据交通场景差异性度量结果进行动态调整。实验中,$m_{max}$ 与 GEM-Social-STGCNN 一致，旨在不降低预测精度的前提下减少记忆数据使用量以提高训练效率。

图 3-9 为 4 组车辆轨迹预测模型在 3 组连续场景中的测试结果。图 3-9 (a)、(d) 分别是车辆轨迹预测模型在连续场景 $S_{\text{III}} = \{d_1, d_2, d_3\}$ 中的 ADE 与 FDE 结果。图 3-9 (b)、(c)、(e)、(f) 分别是模型在连续场景 $S_{\text{IV}} = \{d_1, d_2, d_3, d_4\}$、$S_{\text{V}} = \{d_1, d_2, d_3, d_4, d_5\}$ 中的 ADE 与 FDE 中的结果。图 3-9 中黄色虚线星形图例表示的是 Vanilla Social-STGCNN 模型（非持续学习模型，对照组）；绿色和紫色实线圆形图例分别表示本书案例所介绍的 GEM-Social-STGCNN 模型和 D-GEM-Social-STGCNN 模型；红色虚线三角形图例为 Joint training 方式训练的基本模型 JT-Social-STGCNN（不符合持续学习问题数据假设，对照组）。每幅图横坐标从左往右为智能车辆在连续场景中依次行经场景名称，每幅图中横轴最右端的场景为当前场景，其余场景均为历史场景。

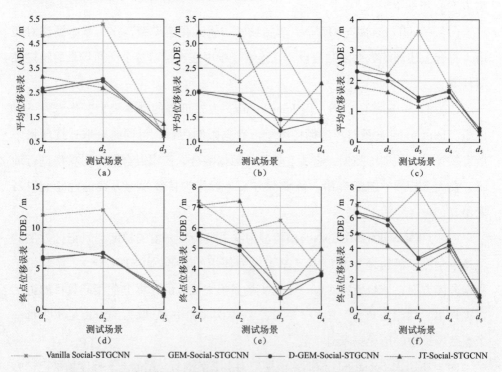

图 3-9　4 组车辆轨迹预测模型在 3 组连续场景中的测试结果（附彩图）

(a) 3 个连续场景中的 ADE 对比；(b) 4 个连续场景中的 ADE 对比；(c) 5 个连续场景中的 ADE 对比；(d) 3 个连续场景中的 FDE 对比；(e) 4 个连续场景中的 FDE 对比；(f) 5 个连续场景中的 FDE 对比

在图 3-9 中，黄色虚线星形图例所表示的 Vanilla Social-STGCNN 模型在当前场景上有较低的预测误差，但在历史场景中的测试误差较高，出现了"灾难性遗忘"。较之 Vanilla Social-STGCNN 模型，本书案例所介绍的梯度场景记忆方法的两个版本 GEM-Social-STGCNN 模型以及 D-GEM-Social-STGCNN 模型所对应的绿色、紫色实线在 3 组连续场景中的测试误差均明显低于黄色虚线折线。详细的测试结果数据如表 3-5 所示。对于连续场景中的平均误差方面，在连续场景 $S_{III} = \{d_1, d_2, d_3\}$ 中 GEM-Social-STGCNN 模型与 D-GEM-Social-STGCNN 模型较之 Vanilla Social-STGCNN 模型，平均 ADE 分别降低了 42%、39%，平均 FDE 则分别减少了 41% 与 40%；类似地，在连续场景 $S_{IV} = \{d_1, d_2, d_3, d_4\}$ 与 $S_V = \{d_1, d_2, d_3, d_4, d_5\}$ 中，本书案例所介绍的持续学习车辆轨迹预测方法也都较为明显地提高了基本模型在连续场景中的预测精度。理论上性能最好的 Joint training 对照组（JT-Social-STGCNN 模型）在连续场景 $S_V = \{d_1, d_2, d_3, d_4, d_5\}$ 中取得了最好的预测效果，本书案例所介绍的 GEM-Social-STGCNN 模型与 D-GEM-Social-STGCNN 模型在该组连续场景中（5 个场景）平均 ADE 分别高于 JT-Social-STGCNN 模型 0.27m、0.34m，而平均 FDE 则分别高出 0.83m 与 0.86m。但在连续场景 $S_{III} = \{d_1, d_2, d_3\}$ 与 $S_{IV} = \{d_1, d_2, d_3, d_4\}$ 中，GEM-Social-STGCNN 模型与 D-GEM-Social-STGCNN 模型的整体预测表现均优于 JT-Social-STGCNN 模型与 Vanilla Social-STGCNN 模型。上述实验结果表明，本书案例所介绍的可持续学习车辆轨迹预测方法，有效提高了车辆轨迹预测模型在历史场景中的预测精度，缓解了非持续学习模型所出现的"灾难性遗忘"。

表 3-5 车辆轨迹预测模型 Vanilla Social-STGCNN（Vanilla）、GEM-Social-STGCNN（GEM）、D-GEM-Social-STGCNN（D-GEM）、JT-Social-STGCNN（JT）在 3 组连续场景中的测试结果数据（ADE/FDE）

单位：m

| 连续场景 | 测试场景 | Vanilla | JT | GEM | D-GEM |
| --- | --- | --- | --- | --- | --- |
| $S_{III} = \{d_1, d_2, d_3\}$ | 历史场景 $d_1$ | 4.82 / 11.53 | 3.15 / 7.80 | 2.55 / 6.36 | 2.67 / 6.14 |
| | 历史场景 $d_2$ | 5.29 / 12.15 | 2.69 / 6.43 | 2.96 / 6.84 | 3.05 / 6.91 |
| | 当前场景 $d_3$ | 0.73 / 1.62 | 1.23 / 2.54 | 0.80 / 1.74 | 0.90 / 1.97 |
| | （均值） | (3.61 / 8.43) | (2.36 / 5.59) | (2.10 / 4.98) | (2.21 / 5.01) |

续表

| 连续场景 | 测试场景 | Vanilla | JT | GEM | D-GEM |
|---|---|---|---|---|---|
| $S_{IV} = \{d_1, d_2, d_3, d_4\}$ | 历史场景 $d_1$<br>历史场景 $d_2$<br>历史场景 $d_3$<br>当前场景 $d_4$<br>（均值） | 2.74 / 7.29<br>2.23 / 5.83<br>2.96 / 6.37<br>1.52 / 3.84<br>(2.36 / 5.83) | 3.24 / 7.09<br>3.18 / 7.32<br>1.26 / 2.58<br>2.20 / 4.97<br>(2.47 / 5.49) | 2.03 / 5.73<br>1.95 / 5.13<br>1.46 / 3.09<br>1.40 / 3.67<br>(1.71 / 4.04) | 2.01 / 5.60<br>1.86 / 4.88<br>1.23 / 2.60<br>1.44 / 3.76<br>(1.63 / 4.21) |
| $S_V = \{d_1, d_2, d_3, d_4, d_5\}$ | 历史场景 $d_1$<br>历史场景 $d_2$<br>历史场景 $d_3$<br>历史场景 $d_4$<br>当前场景 $d_5$<br>（均值） | 2.58 / 6.83<br>2.23 / 5.93<br>3.61 / 7.86<br>1.83 / 4.56<br>0.34 / 0.67<br>(2.12 / 5.17) | 1.80 / 5.00<br>1.63 / 4.19<br>1.16 / 2.70<br>1.47 / 3.88<br>0.27 / 0.58<br>(1.27 / 3.27) | 2.30 / 6.31<br>1.99 / 5.52<br>1.35 / 3.40<br>1.69 / 4.46<br>0.36 / 0.79<br>(1.54 / 4.10) | 2.31 / 6.35<br>2.19 / 5.88<br>1.46 / 3.32<br>1.64 / 4.18<br>0.45 / 0.96<br>(1.61 / 4.13) |

进一步地，本实验同时对比了本书案例所介绍可持续学习车辆轨迹预测两种方案 GEM-Social-STGCNN 模型与 D-GEM-Social-STGCNN 模型。二者的主要区别在于记忆数据使用量方面，其中 D-GEM-Social-STGCNN 模型基于交通场景差异性度量结果为每一历史场景的损失函数计算动态地分配了不同数量的记忆数据，数量最大的记忆数据数目则与 GEM-Social-STGCNN 模型中分配给所有历史场景任务的数据数目一致，即 D-GEM-Social-STGCNN 模型总体上使用了更少的数据进行梯度场景记忆训练。为比较 D-GEM-Social-STGCNN 模型与 GEM-Social-STGCNN 模型的训练成本，本实验记录了 GEM-Social-STGCNN 模型与 D-GEM-Social-STGCNN 模型训练时间和记忆数据使用量，对比结果如图 3-10 所示。由于模型的训练时间受训练轮次以及总数据使用量的影响，为方便比较、排除干扰信息，本实验给出比例形式的对比，即将训练时间长的方案的平均训练时长 $T_{long}$ 设为 1，而将另一组方案的平均训练时长 $T_{short}$ 经比例 $T_{short}/T_{long}$ 进行换算，给出最终的比例结果。记忆数据使用量随着连续场景中的个数增多而增加，为方便对比，同理给出记忆数据使用量的比例关系对比。

由图 3-10 可以发现，在 3 组不同的连续场景中，未应用动态记忆数据分配策略的 GEM-Social-STGCNN 模型训练时间与记忆数据使用量均高于 D-GEM-Social-STGCNN 模型。在连续场景 $S_{IV} = \{d_1, d_2, d_3, d_4\}$ 与 $S_V = \{d_1, d_2, d_3,$

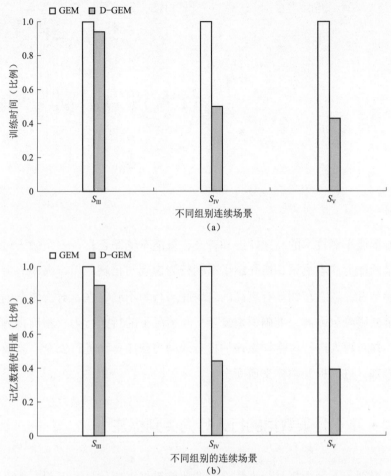

图 3-10 GEM-Social-STGCNN 模型与 D-GEM-Social-STGCNN 模型训练
时间和记忆数据使用量对比结果（比例关系对比，其中设数值
较大的为 1 作为对照组，实验组按比例进行换算）
(a) 训练时间对比；(b) 记忆数据使用量对比

$d_4$，$d_5$} 中，训练时间与记忆数据使用量均较为明显低于 GEM-Social-STGCNN 模型（训练时间与记忆数据使用量约为 GEM-Social-STGCNN 模型的 42%）。对比表 3-5 的预测误差结果，D-GEM-Social-STGCNN 模型与 GEM-Social-STGCNN 模型的预测精度略低，但较为接近，最大的平均 ADE 差距为 0.11 m，最大平均 FDE 差距为 0.17 m。可以认为，本书案例利用交通场景性差异度量设计的动态记忆分配策略兼顾了模型的预测性能与训练成本的节省，达到了该策略的设计目的。

# 第 4 章

# 行人行为识别与预测

随着智能车辆技术的高速发展和普及，智能车辆需要具备安全融入城区复杂交通场景的能力。本书第 3 章介绍了车辆行为识别与预测，而行人作为另一类重要交通参与者，较之车辆具有更高的自由度与行为不确定性，对智能车辆的行车安全有重要影响。因此，准确识别复杂交互情况下的行人行为，精确预测行人未来轨迹，并对行人进行风险等级评估将有效助力智能车辆进行安全、高效的决策及运动规划，进而提升整体交通安全。

## ■ 4.1 基于骨架数据的行人行为类别标注

准确识别行人行为将对行人危险程度评价提供重要信息，但现有大多包含行人信息的数据集并未对行人的行为进行分类与标注，这是行人行为识别研究的较大阻碍。本节将基于行人骨架数据与聚类算法，介绍行人行为类别标注方法，为行人行为识别及风险评估模型的构建提供研究基础。

### 4.1.1 基于骨架节点的行人姿态表征

行人是交通场景中的重要参与者，其动作和意图都具有较高的随机性，准确识别、预测行人的行为，并构建危险等级评估模型，将为智能车辆决策、规划模块提供重要信息。为实现行人行为的准确识别、预测，首先需要对行人动态特征进行表征，并为行人数据集标注行为类别标签，用于进一步训练的行为识别模型。本书案例引入行人骨架节点信息，对行人在空间尺度和时间尺度中的动态要素变化,以及潜在的人车交互信息进行表征。

目前常用的数据源有 RGB 图像、深度图和骨架节点信息,选用的行人特征信息为骨架信息,其具有以下优点:

(1) 数据量少。相比于其他较为复杂的特征,采用骨架信息通常只需要少数几个节点的坐标位置信息,便可以完整描述一个行人的姿态。例如 Openpose[21] 的 BODY_ 25 二维骨架和 COCO 骨架模型,骨架节点的数目分别只有 25 个和 18 个。COCO 骨架模型示意图如图 4-1 所示。这些骨架信息相较于动辄上百个向量数据的其他人体特征信息,数据量较少,方便储存并在各个系统之间传输,也降低了之后聚类特征选取的难度,同时还可以减少之后聚类模型建立时的计算量。

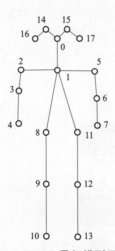

图 4-1　COCO 骨架模型示意图

(2) 可解释性强。相较于 RGB 图像的像素值-坐标信息,行人骨架可以非常直观地描述行人的行为,并且各个节点的拓扑信息也可以通过生活经验进行解释。当描述聚类特征时,这可以较好地解释该特征的实际含义。例如,当描述腿部两条连线之间的夹角时,通过生活经验可以得出,其描述的便是膝盖部分的夹角,其夹角的大小和变化幅度可以直接用来描述人体腿部运动的剧烈情况。选取骨架节点作为分析对象,可以极大提升所选特征的可解释性,从而指导对特征的进一步选择和改进。

本书案例使用的骨架信息提取软件为 Openpose。Openpose 是由美国卡内基梅隆大学开发的开源人体识别项目，其基于卷积神经网络，可以实现人体动作、面部表情、手指运动等姿态估计，是世界上首个基于深度学习的实时二维人体姿态估计应用。此外，其针对身体关键节点的检测对画面中的人体数量不敏感，在多人情况下仍具有较高的准确性。

Openpose 以 RGB 像素的彩色图像作为输入，输出为图像中每一个人关键节点的二维坐标。Openpose 通过一个双分支、多阶段的卷积神经网络处理图片，其神经网络结构图如图 4-2 所示。其中，顶部的分支用于预测置信度图，底部的分支用于预测部分关联域。首先，前馈网络同时预测一组二维的身体部位位置置信度图和一组二维的部分关联向量场，用于编码不同部分之间的关联程度。其次，利用贪心算法解析置信度图和关联域，输出图像中所有行人的二维节点信息。

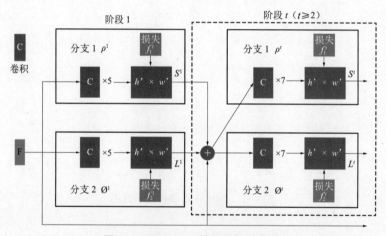

图 4-2　Openpose 神经网络结构图

Openpose 可以使用 3 种骨架识别模式：一是为 CUDA 设计的、最为准确且详细的 BODY_ 25 模型，包含 25 个节点信息；二是 COCO 模型，包含 18 个节点信息；三是 MPI 模型，其准确率一般，但通过 CPU 运行时速度较快。本书中运行 Openpose 实验时采用了 NVIDIA RTX2070 型号的 GPU，显存 8G，配备英伟达 CUDA 深度学习平台，选择 BODY_ 25 模型。

Openpose 采用 BODY_ 25 模型时能够实时给出身体 25 个节点的位置，如图

4-3 所示。这些节点可以完整地展现出人体的姿势与动作，通过这套骨架既能区分行人的各种行为状态，又能减少传输的数据量和之后数据处理时计算量的大小。Openpose 处理后的图像文件效果如图 4-4 所示。

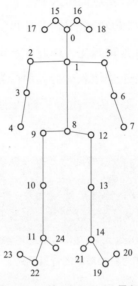

图 4-3　Openpose 的 BODY_25 骨架节点形式

图 4-4　Openpose 处理后的图像文件效果（附彩图）

## 4.1.2 基于行人姿态表征的行为类别聚类

第 4.1.1 节介绍了基于骨架信息的行人姿态表征，本节在此基础上介绍基于聚类的行人行为类别标注方法以及特征分析。在描述行人的行为时，仅仅依靠单张或者少数几张图片往往不能准确描述，因此在选定聚类特征时，也需要选取多个连续帧的节点信息才能更加准确地表征行人的行为特征。本节所展示的案例选取了连续 10 帧的行人骨架信息作为聚类分析输入的数据点。作为聚类对象的骨架序列图如图 4-5 所示。

图 4-5 作为聚类对象的骨架序列图（附彩图）

本节案例将行人行为分为 3 类，即行走、奔跑、静止。案例采用基于聚类的方法通过不同的特征分析策略对骨架节点数据进行聚类，从而实现对 3 类行人行为的识别。具体地，在选择聚类节点的基础上，需要进一步选择用于聚类分析的特征。针对行人的行为，所选择的特征应当对车辆运动状态不敏感，且具有尺度不变性、鲁棒性、可解释性。依据上述原则，最终选择了距离特征与角度特征。

1. 距离特征分析

图 4-6 展示了行走行人与静止行人的节点距离变化。经过观察可以发现，在不使用节点位移信息的条件下，判断行人是否移动的重要依据是双腿的运动状态。在静止状态下，行人两膝盖节点之间的距离和脚踝节点之间的距离几乎不会改变，而在奔跑或者行走状态时，这两个距离都会随着行人的运动产生周期性的变化。因此，衡量这两个距离变化情况的特征可以作为聚类的特征。

由此，本书选取了两个距离特征，即左右膝盖节点的距离和左右脚踝节点的距离。同时，为了保证尺度不变性，以上距离都除以行人的脊柱高度进行标准化，以减少行人与车辆的距离以及行人身高的干扰。在聚类时，采用其距离的标

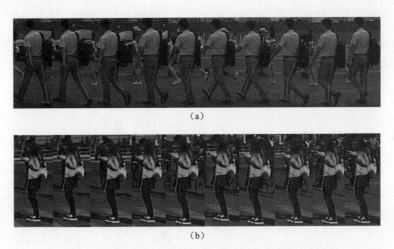

图 4-6 行走行人与静止行人的节点距离变化（附彩图）

(a) 行走行人；(b) 静止行人

准差作为最终聚类的依据，公式如下：

$$\text{dis}_1 = \frac{\sqrt{(x_{10}-x_{13})^2+(y_{10}-y_{13})^2}}{\sqrt{(x_1-x_8)^2+(y_1-y_8)^2}} \quad (4-1)$$

$$\text{dis}_2 = \frac{\sqrt{(x_{11}-x_{14})^2+(y_{11}-y_{14})^2}}{\sqrt{(x_1-x_8)^2+(y_1-y_8)^2}} \quad (4-2)$$

其中，$x_n$、$y_n$ 分别为节点 $n$ 的横纵像素坐标；$\text{dis}_1$、$\text{dis}_2$ 分别为第一、第二距离特征。

$$f_1 = 10\sqrt{\frac{1}{n}\sum_{n}^{i=1}(\text{dis}_{1,i}-\overline{\text{dis}_1})^2} \quad (4-3)$$

$$f_2 = 5\sqrt{\frac{1}{n}\sum_{n}^{i=1}(\text{dis}_{2,i}-\overline{\text{dis}_2})^2} \quad (4-4)$$

其中，$f_1$、$f_2$ 分别为聚类的第一、第二特征；$\overline{\text{dis}_1}$、$\overline{\text{dis}_2}$ 分别为第一、二距离特征的算术平均值。加入修正系数 10 和 5 使得特征与之后聚类特征保持数量级上的一致。

上述距离特征虽然可以有效区分静止与移动中的行人，但是针对奔跑和行走的行人区分度不够。图 4-7 为只有距离特征的数据点分布情况。其中，米黄色数据点为奔跑行人，黑色数据点为行走行人，红色数据点为静止行人。可以看出，静止行人可以被很好地归为一类，而奔跑和行走行人则混杂在一起，无法有效分离。

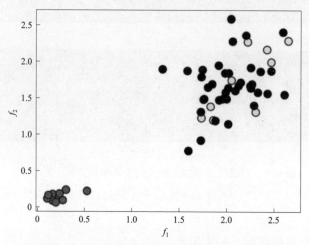

图 4-7　只有距离特征的数据点分布情况（附彩图）

2. 角度特征分析

由于单纯的距离特征无法有效区分奔跑与行走的行人，因此需要引入其他特征，以便聚类处理区分以上两种不同状态的行人。

图 4-8 展示了奔跑行人与行走行人双腿角度的区别。通过观察可以发现，行人的移动主要依靠胯部关节和膝部关节的运动完成，因此相关关节所成角度可以作为判断行人运动状态的重要特征。其中，胯部两节点距离较短，在识别过程中准确程度不如大腿和小腿。如果采用胯部关节角度信息的话，其识别准确度较差，角度误差过大，不能真正反映行人的运动情况，因此选择膝部关节所成角度作为角度特征。奔跑行人动作幅度较大，为了更好地爆发出能量，其大小腿之间的夹角会更小，并且通常小于160°；行走行人多数情况下总会有一只脚处于伸直状态，并且大小腿夹角较大，接近于180°；大多数静止行人都会保持双腿直立状态，其双腿夹角通常一直接近180°且变化幅度较小。因此，本书选取行人左右大小腿夹角作为角度特征 $\alpha_1$、$\alpha_2$，其计算方法如式（4-5）、式（4-6）所示：

$$\alpha_1 = \arcsin\left[\frac{(x_9 - x_{10})(x_{11} - x_{10}) + (y_9 - y_{10})(y_{11} - y_{10})}{d_{(9,10)} d_{(11,10)}}\right] \quad (4-5)$$

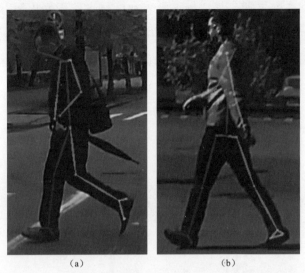

图 4-8 奔跑行人与行走行人双腿角度的区别（附彩图）

(a) 奔跑行人；(b) 行走行人

$$\alpha_2 = \arcsin\left[\frac{(x_{12}-x_{13})(x_{14}-x_{13})+(y_{14}-y_{13})(y_{14}-y_{13})}{d_{(12,13)}d_{(14,13)}}\right] \quad (4-6)$$

式中，$d_{(m,n)}$ 为 $m$、$n$ 两节点在像素坐标系下的欧氏距离。

角度特征转化为聚类特征时，一类比较直观的便是角度数值特征 $f_3$、$f_4$。它们是左右两侧大小腿夹角在 10 帧中的算术平均值，其计算公式如下所示：

$$f_3 = \frac{1}{90}\frac{1}{n}\sum_{n}^{i=1}(\alpha_1) \quad (4-7)$$

$$f_4 = \frac{1}{90}\frac{1}{n}\sum_{n}^{i=1}(\alpha_2) \quad (4-8)$$

其中，$f_3$、$f_4$ 分别为 $\alpha_1$、$\alpha_2$ 的算术平均值除以 90，而除以 90 的目的是保证各个维度的特征数量级一致，避免各个特征之间权重上的不平衡。

同时，通过观察还可以发现，奔跑行人在完成迈步的过程中，双腿基本不会出现伸直的情况，并且大小腿夹角通常集中在较小的范围内；行走行人双腿虽然有时也会较大程度弯曲，但整体角度会大于奔跑行人，同时在迈步过程中，基本上都会出现双腿伸直的情况。由此，本书进一步提出了角度数量特征 $f_5$、$f_6$。其中，$f_5$ 用于统计 $\alpha_1$、$\alpha_2$ 在 10 帧中大于 175° 的个数，可以理解为行人在 10 帧图像中，两腿伸直的次数之和，其值越大则表示该行人处于静止和行走的可能性越大；$f_6$ 用于统计 $\alpha_1$、$\alpha_2$ 在 10 帧中小于 160°的个数，可以理解为行人在 10 帧图像中，双腿弯曲程度较大的次数之和，其值越大表示该行人处于奔跑状态的可能性越大。$f_5$、$f_6$ 的计算公式如下所示：

$$f_5 = \frac{n(\alpha_1 > 175°) + n(\alpha_2 > 175°)}{10} \qquad (4-9)$$

$$f_6 = \frac{n(\alpha_1 < 160°) + n(\alpha_2 < 160°)}{10} \qquad (4-10)$$

只采用 $f_3$，$f_4$ 或只采用 $f_5$，$f_6$ 时，数据点分布情况如图 4-9 所示。

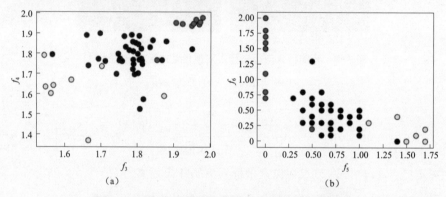

图 4-9 只有角度特征的数据点分布情况（附彩图）

(a) 角度数值特征点分布图；(b) 角度数量特征点分布图

由图 4-9 可以看出，除去少数数据点混杂的情况，角度特征可以较好地将行走和奔跑行人区分开来。在角度数值特征点图中，奔跑行人大部分都位于数据点图的左下部分，而行走行人则位于中间部分，且数据较为集中；在角度数量特征点图中，奔跑行人主要位于图像的左上角，除去少数数据点出现混杂外，与中间部分的行走行人数据分隔较为明显。数据点的整体分布与之前选定特征时的猜想吻合。

## 4.1.3　行人行为类别聚类结果分析

由于本节案例预定义的行人行为种类为 3 类，即行走、静止和奔跑，因此选择的聚类方法应当可以指定聚类完成之后的簇数目，保证最后的聚类结果标签种类与实际标签种类一致。由于类似于 DBSCAN 的基于密度的聚类算法需要在聚类过程中不断调整相关参数,才能保证得到的聚类标签与实际种类相同,因此本书不采用类似的聚类方法。

在目前主流的聚类算法中,需要提前指定簇个数的聚类算法主要有以下几种:K-means++聚类算法、层次聚类算法、高斯混合模型聚类。在本节中,聚类结果采用调整兰德系数(ARI)、轮廓系数(SC)与混淆矩阵作为评价指标来量化评价标准。

首先定义兰德系数。对于给定的实际行为标签集 $C$ 和通过聚类算法得到的标签集 $K$,定义 $a$ 和 $b$:

$a$:在 $C$ 中被划为同一类,同时在 $K$ 中也被划为同一类的点对数目。

$b$:在 $C$ 中被划为不同类,同时在 $K$ 中也被划为不同类的点对数目。

则兰德系数 RI 计算公式如式(4-11)所示:

$$\mathrm{RI} = \frac{a+b}{C_n^2} \tag{4-11}$$

其中,$C_n^2$ 表示点对的总对数。显然,$0 < \mathrm{RI} < 1$,且 RI 越大,意味着聚类的效果越好。

兰德系数的优点在于,并不需要保证聚类的簇与原始标签集的一一对应,也能得到同样的评价指标。但是当聚类是完全随机的结果时,RI 并不趋近于 0,为了解决这一问题,便提出了调整兰德系数 ARI,其计算公式如式(4-12)所示:

$$\mathrm{ARI} = \frac{\mathrm{RI} - E[\mathrm{RI}]}{\max(\mathrm{RI}) - E[\mathrm{RI}]} \tag{4-12}$$

如表 4-1 与表 4-2 所示,随着特征维数的增加,K-means++与高斯混合模型的聚类效果得到大幅优化。当使用 6 维特征时,两种算法的 ARI 都达到了 0.78 以上,远高于 4 维特征和 2 维特征时的数据。同时通过混淆矩阵可以看出,4 维特征聚类结果在 2 维特征基础上,能够更加有效的区分行走行人,行人标签正确率分别由 52% 和 57% 提升到 81% 和 86%。而 6 维特征在 4 维特征的基础上,实现了对奔跑行人的有效聚类,标签准确率由 44% 和 56% 提升到了 89%。在采用 6 维特征时,采用 K-means++和高斯混合模型进行聚类的最终标签正确率都达到 90% 以上,分别为 93% 和 95%,说明在选用合适聚类方法的前提下,所选特征组合能够区分奔跑、行走、静止状态的行人。

表 4-1 ARI 与 SC 统计表

| ARI 与 SC | K-means++ | 高斯混合模型 | 层次聚类 |
|---|---|---|---|
| 2 维特征 | ARI=0.307 3<br>SC=0.449 6 | ARI=0.320 0<br>SC=0.441 3 | ARI=0.472 8<br>SC=0.524 2 |
| 4 维特征 | ARI=0.472 8<br>SC=0.557 6 | ARI=0.536 1<br>SC=0.555 4 | ARI=0.472 8<br>SC=0.557 6 |
| 6 维特征 | ARI=0.784 1<br>SC=0.476 5 | ARI=0.784 6<br>SC=0.514 0 | ARI=0.306 2<br>SC=0.310 3 |

表 4-2 混淆矩阵统计表

| 混淆矩阵 | K-means++ | 高斯混合模型 | 层次聚类 |
|---|---|---|---|
| 2 维特征 | $\begin{bmatrix} 10 & 0 & 0 \\ 0 & 20 & 18 \\ 0 & 4 & 5 \end{bmatrix}$ | $\begin{bmatrix} 10 & 0 & 0 \\ 0 & 22 & 16 \\ 0 & 4 & 5 \end{bmatrix}$ | $\begin{bmatrix} 10 & 0 & 0 \\ 0 & 31 & 7 \\ 0 & 4 & 5 \end{bmatrix}$ |
| 4 维特征 | $\begin{bmatrix} 10 & 0 & 0 \\ 0 & 31 & 7 \\ 0 & 5 & 4 \end{bmatrix}$ | $\begin{bmatrix} 10 & 0 & 0 \\ 0 & 33 & 5 \\ 0 & 4 & 5 \end{bmatrix}$ | $\begin{bmatrix} 10 & 0 & 0 \\ 0 & 31 & 7 \\ 0 & 5 & 4 \end{bmatrix}$ |
| 6 维特征 | $\begin{bmatrix} 10 & 0 & 0 \\ 0 & 35 & 3 \\ 0 & 1 & 8 \end{bmatrix}$ | $\begin{bmatrix} 10 & 0 & 0 \\ 0 & 36 & 2 \\ 0 & 1 & 8 \end{bmatrix}$ | $\begin{bmatrix} 10 & 0 & 0 \\ 0 & 24 & 14 \\ 0 & 9 & 0 \end{bmatrix}$ |

通过选择合适的聚类方法和特征，本节案例最终得到了一个较为适合针对行人行为的聚类模型，其使用 6 维特征和高斯混合模型聚类方法。实际标签与理想聚类模型生成的标签的对比如图 4-10 所示。可以看出，除去在簇边界上两个数据点将行走和奔跑标签混淆，聚类模型能够十分准确地对其他数据点给予正确的标签，取得了较好的聚类效果。

第 4 章 行人行为识别与预测    73

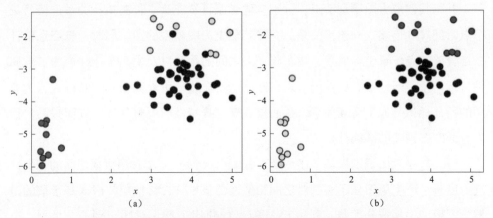

图 4-10 实际标签与理想聚类模型生成的标签对比（附彩图）

(a) 实际标签；(b) 理想聚类模型生成的标签

## 4.2 基于图表示的行人行为识别

第 4.1 节给出了行人骨架数据行为类别的标签标注方法，本节在包含类别标签的行人骨架数据集的基础上，以识别行人过街意图为例（此案例行人行为定义为"过街"与"不过街"两类），介绍基于图表示的行人行为识别方法。基于图表示的行人行为意图识别方法框架如图 4-11 所示，主要包含基于图表示的行人时空图模型构建模块与基于 SVM 的行人行为意图识别分类模块。

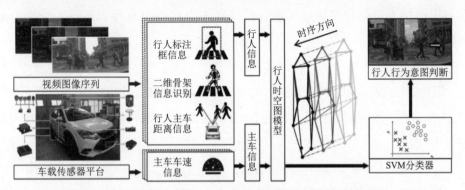

图 4-11 基于图表示的行人行为意图识别方法框架（附彩图）

下面介绍行人时空图构建。该模块从骨架节点中选取用于动作表征的关键点,并将其建模为图模型节点,分别构建骨骼自然连接、骨骼拓扑关系连接及关节点时间尺度连接3种连接关系,并将其建模为图模型的边。同时,将姿态估计二维骨架节点位置坐标信息、主车与行人之间的距离以及主车车速建模为节点属性特征向量。通过具有属性的节点和连接边的形式,可表征用于判断行人行为意图的特征标识与人车交互关系,从而提高模型真实性与可解释性,进而提高对行人行为意图判断的准确性。

行人行为意图识别模块基于图核(graph kernel)方法对图数据之间的相似性进行度量,产生用于显示实例对之间相似性的核矩阵,将核矩阵嵌入基于核的机器学习模型中构造分类器,利用SVM模型构建用于行人意图识别的分类器,分类器最终输出行为类别标签,完成行人过街行为意图判断。在行人行为意图识别方法框架中,对行人及其交互行为的特征分析提取是获得准确行为识别的重要基础,因此下面将对关键模块——基于图表示的行人时空图模型构建进行详细介绍,并分析案例实验结果。

### 4.2.1 基于图表示的行人行为特征建模

在构建基于图表示的行人时空图模型过程中,首先需要基于图表示方法对行人行为特征建模。通过构建图模型,将行人在空间尺度和时间尺度中的动态要素变化,以及潜在的人车交互信息进行融合。采用骨架节点信息对目标行人的动作进行表征。引入人体姿态估计算法 PifPaf[22],逐帧对视频图像序列中的行人进行骨架信息提取,所提取的当前帧所有可识别行人骨架节点结果为

$$P_t = \{p_1^t, p_2^t, \cdots, p_i^t, \cdots, p_n^t\} \tag{4-13}$$

其中,$t$ 表示当前时刻;$n$ 为当前帧图像中可实现姿态识别行人总数;$p$ 为包含17个节点二维像素坐标系坐标的34维向量,第 $i$ 个行人的节点坐标向量可以表示为

$$p_i^t = \{x_{i1}^t, y_{i1}^t, x_{i2}^t, y_{i2}^t, \cdots, x_{i17}^t, y_{i17}^t\} \tag{4-14}$$

将所获取的行人骨架节点像素位置坐标向量进行重新整理获取坐标元组向量序列结构为

$$p_i^t = \{[x_{i1}^t, y_{i1}^t], [x_{i2}^t, y_{i2}^t], \cdots, [x_{i17}^t, y_{i17}^t]\} \tag{4-15}$$

以便后续形成序列时提取节点坐标特征。

为简化基于图表示的行人模型，降低计算复杂度，本案例进一步对姿态识别结果进行关键点选取。由于动态特性及局部遮挡关系不同，不同的人体骨架节点的识别稳定性与定位准确性存在明显差异，因此可以对全部节点识别置信度进行统计，选取平均置信度高、稳定性好，且与人体姿态及意图判断的关联性强的节点作为后续构建图模型的关键节点，行人骨架关键节点选取如图 4-12（a）所示。其中，髋关节、膝关节与踝关节的坐标变化可以标志意图运动的起始与终止，鼻、肩关节与膝关节的坐标变化可以标志人体朝向与实际运动方向。

基于上述骨架信息，利用采样长度为 $T$ 帧、关键节点总数为 $N$ 的目标行人骨架信息所形成的序列定义无向 $G = (V, E)$ 图，构建行人时空图模型。其中，$V = \{v_{ti} \mid t = 1, \cdots, T, i = 1, \cdots, N\}$ 为图中节点集合，包含长度为 $T$ 的骨架信息序列中的全部节点，$E$ 为图中边集合，两节点之间具有边连接表示节点之间存在联系，这里对行人时空图模型中边的定义分层次进行，如图 4-12（b）所示。

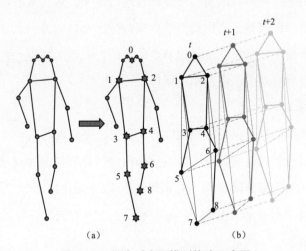

图 4-12　行人时空图模型构建示意图

（a）行人骨架关键节点选取；（b）行人基本时空图模型构建

若第 $t$ 帧第 $i$ 个和第 $t'$ 帧第 $j$ 个节点之间存在边，记该边为 $e = (v_{ti}, v_{t'j})$。首先，将同一帧图像内目标行人的全部骨架关键节点按照人体自然骨骼连接情况进行连接以建立边,如图 4-12(b)中边 ($v_{t1}$, $v_{t2}$);其次,在具有运动拓扑关联的骨架关键节点之间建立边,如图 4-12(b)中边 ($v_{t5}$, $v_{t6}$);最后,对同一目标行人对象在连续帧图像中具有相同节点名的骨架关键节点进行连接以建立边,如图 4-12(b)中边 ($v_{t1}$, $v_{(t+1)1}$)。

综上所述,行人时空图模型边集合 $E$ 由两个子集构成:一是边两端节点在同一帧图像中的边构成一个子集 $E_I = \{(v_{ti}, v_{tj}) \mid (i, j) \in P_I\}$,其中 $P_I$ 表示同一帧内全部人体自然骨骼连接对以及具有运动拓扑关联骨架关键节点对的集合;二是边两端节点同名并在连续两帧内的边构成一个子集 $E_E = \{(v_{ti}, v_{(t+1)i})\}$,该集合内的边可以表示相应节点在所定义时间序列内的位置变化情况,包含了所选关键节点的轨迹信息。

### 4.2.2 行人时空图模型特征序列构建

行人时空图模型构建的关键技术在于观测特征的选取,即对图模型中节点进行标签或属性分配,以更直观地表述节点之间的联系,使模型对行人行为意图识别精度更高。上述过程可以由属性分配函数进行定义,从离散的属性集合中为图模型的不同节点分配属性。记图模型节点属性分配函数为 $f: V \cup E \to \mathbb{R}^D$,其主要包括以下 3 个模块:基于二维骨架节点信息的行人运动属性、行人与主车距离属性和行人运动瞬时对应的主车车速属性。

**1. 行人运动属性**

通过视频图像信息可以清晰地观察行人姿态,是判断行人行为意图的重要途径。行人运动属性通过连续帧行人姿态信息构成的骨架信息序列进行表征,可以获取每一个身体结构部分随时间变化而产生的轨迹变化情况。对式(4-16)中像素坐标位置向量 $p_i^t$,首先提取表 4-3 所示已选出的关键节点的位置坐标,得到新的坐标向量为

$$p_{i,\text{keyjoint}}^t = \{[x_{i0}^t, y_{i0}^t], [x_{i1}^t, y_{i1}^t], \cdots, [x_{i8}^t, y_{i8}^t]\} \tag{4-16}$$

然后对逐帧提取的坐标向量基于行人 ID 进行重整,则基于骨架序列对应节点的像素坐标形成特征序列可以表示为

$$P_i = \{p_{i,\text{keyjoint}}^{t-T}, p_{i,\text{keyjoint}}^{t-T+1}, \cdots, p_{i,\text{keyjoint}}^t\} \tag{4-17}$$

表 4-3 行人骨架关键节点定义表

| 节点编号 | 原始编号 | 节点名称 | 置信度 |
|---|---|---|---|
| 0 | 1 | 鼻 | 34% |
| 1 | 6 | 左侧肩关节 | 79% |
| 2 | 7 | 右侧肩关节 | 77% |
| 3 | 12 | 左侧髋关节 | 81% |
| 4 | 13 | 右侧髋关节 | 81% |
| 5 | 14 | 左侧膝关节 | 78% |
| 6 | 15 | 右侧膝关节 | 77% |
| 7 | 16 | 左侧踝关节 | 73% |
| 8 | 17 | 右侧踝关节 | 70% |

2. 行人与主车距离属性

行人对自身与前方运动车辆之间的距离感知是影响行人行为意图的重要因素。主车第一视角下，行人与主车的距离可以通过行人与主车在主车第一视角下的像素距离直接进行表征。像素距离特征序列可以表示为 $\boldsymbol{D}_i = \{d_i^{t-T}, d_i^{t-T+1}, \cdots, d_i^t\}$，其中 $d_i^t$ 表示 $t$ 时刻行人与主车之间的距离。记图像下边沿中心位置坐标 $(x_{\text{veh}}^t, y_{\text{veh}}^t)$ 为 $t$ 时刻主车的位置坐标，第 $i$ 个行人头部坐标 $(x_{i0}^t, y_{i0}^t)$ 为 $t$ 时刻行人在图上的位置坐标，则

$$d_i^t = \sqrt{(x_{\text{veh}}^t - x_{i0}^t)^2 + (y_{\text{veh}}^t - y_{i0}^t)^2} \tag{4-18}$$

3. 行人运动瞬时对应的主车车速属性

主车的运动对行人的行为与意图决策将产生重大影响。例如，当主车靠近目标行人并意识到可能产生碰撞的情况下，交汇双方会显式或隐式地改变运动速度甚至于运动方向。选择车载传感器测得的主车车速作为主车运动表征，对第 $i$ 个行人，记 $t$ 时刻主车车速为 $s_i^t$，则车速特征序列可以表示为

$$\boldsymbol{S}_i = \{s_i^{t-T}, s_i^{t-T+1}, \cdots, s_i^t\} \tag{4-19}$$

### 4.2.3 行人行为识别实验与结果分析

为评价模型中不同信息的作用，比较不同节点属性特征选择策略对行人行为意图识别效果的影响，以及分析图核选择对行人行为意图识别效果的影响，需要在 PIE 数据集上开展行人行为意图识别实验。通过设置不同节点属性特征组合，

开展消融实验（ablation study），本节共设置了以下 3 组节点属性特征组合：

(1) 仅节点像素坐标系位置坐标 $(x, y)$。

(2) 节点像素坐标系位置坐标及主车行驶速度 $(x, y, \text{veh\_OBD\_speed})$。

(3) 节点像素坐标系位置坐标、以行人头部节点位置为基准计算主车视角下的人车相对距离以及主车行驶速度 $(x, y, \text{veh\_OBD\_speed}, d)$。

对于每组节点特征属性组合策略，分别使用 3 种可以对具有连续节点属性的图模型进行处理与相似性验证的图核进行高级特征提取。

在设置消融实验的基础上，选用传播图核、多维放缩拉普拉斯图核以及图跳跃图核进行对比测试。传播图核（propagation kernels，PK）利用选定传播方案的早期分布来捕获节点标签、属性以及边标签中蕴含的结构信息，是一种可以高效度量图结构数据相似性的图核框架；多维放缩拉普拉斯图核（multiscale laplacian kernel，ML）通过构建嵌套子图的层次结构来考虑不同规模范围内的图的结构，并用特征空间拉普拉斯图核对子图进行比较，将定义在两子图节点之间的内核转变为图本身之间的内核，可以处理具有连续节点属性的图；图跳跃图核（graph hopper kernel，GH）同时考虑路径长度和在最短路径上"跳跃"时遇到的顶点，通过比较两个图的顶点对之间的最短路径对图数据之间的相似性进行度量。

对所获取的全部样本，以 5 折交叉验证的方式确定训练集与测试集，采样长度设置为 $T=18$。实验以 $p$ 表示利用姿态识别算法获取的行人骨架信息，$d$ 表示利用原始图像与标注框信息定义的图上行人与主车的像素距离信息，veh_s 表示车载传感器所获取的主车速度信息。以 GH、PK 以及 ML 分别表示图跳跃图核、传播图核以及多维放缩拉普拉斯图核。基于图表示方法的行人行为意图识别模型消融实验结果如表 4-4 所示。

表 4-4 基于图表示方法的行人行为意图识别模型消融实验结果

| 特征 | | | 准确率/% | | | F1 分数/% | | | 精确度/% | | |
|---|---|---|---|---|---|---|---|---|---|---|---|
| $p$ | veh_s | $d$ | GH | PK | ML | GH | PK | ML | GH | PK | ML |
| ✓ | | | 63.24 | 72.38 | 84.38 | 62.31 | 70.00 | 82.67 | 62.31 | 71.00 | 83.00 |
| ✓ | ✓ | | 71.62 | 73.14 | 87.62 | 71.33 | 70.67 | 86.33 | 71.33 | 74.33 | 86.33 |
| ✓ | ✓ | ✓ | 71.43 | 89.71 | 90.29 | 70.67 | 88.67 | 89.33 | 70.67 | 89.30 | 89.33 |

续表

| 特征 | | | 回召率/% | | | 平均值/% | | | 时间/s | | |
| --- | --- | --- | --- | --- | --- | --- | --- | --- | --- | --- | --- |
| $p$ | veh_s | $d$ | GH | PK | ML | GH | PK | ML | GH | PK | ML |
| ✓ | | | 63.33 | 69.67 | 82.33 | 62.80 | 70.76 | 83.10 | 35 957 | 100 | 25 671 |
| ✓ | ✓ | | 71.67 | 70.00 | 86.33 | 71.49 | 72.03 | 86.65 | 35 340 | 98 | 25 182 |
| ✓ | ✓ | ✓ | 71.00 | 88.33 | 89.00 | 70.94 | 89.00 | 89.48 | 35 134 | 121 | 25 691 |

由表4-4中实验结果可知，当只采用骨架节点坐标特征作为分类依据时，基于图跳跃图核、传播图核以及多维放缩拉普拉斯图核的图分类器所得行人行为意图的识别准确率分别为63.24%、72.38%及84.38%。其中，基于多维放缩拉普拉斯图核的图分类器所得识别结果准确率最高仍不足85%。识别准确率较低的可能原因为单一特征通常在分类识别任务中所呈现的一定程度的不稳定性。在基于行人姿态对行人行为意图进行识别的基础上，通过增加图模型节点特征，结合主车行为及人车距离进一步分析，评价不同信息的作用。以基于多维放缩拉普拉斯图核的图分类器为例，通过添加主车车速特征，行人行为意图识别准确率提升至87.62%；通过综合行人姿态、主车车速特征以及行人与主车在图像中的像素距离特征，行人行为意图的识别准确率进一步提升至90.29%。可以看出，行人的行为动作为判断行人行为意图提供主要信息。同时，处在行人周边环境中的主车车速及主车与行人之间的距离特征可以作为对行人行为意图判断的重要补充，与使用单一特征参数相比，能够在一定程度上提高识别结果的准确性。

选取PIE数据集中的6组行人样本，3组行人具有过街意图并通过，2组行人无过街意图，1组行人具有过街意图但未通过。在观察采样时间内，行人骨架姿态识别结果如图4-13所示；行人在主车第一视角下的位置与尺度变化及过街意图识别结果如图4-14所示。

在姿态识别算法中，骨架节点检测结果受人车距离、交通环境光线、遮挡、尺度变化、目标对象运动状态等因素的影响，存在误检或漏检的情况。图4-13中以矩形框标示出骨架节点检测失败案例。在多人场景及目标对象产生明显动作变

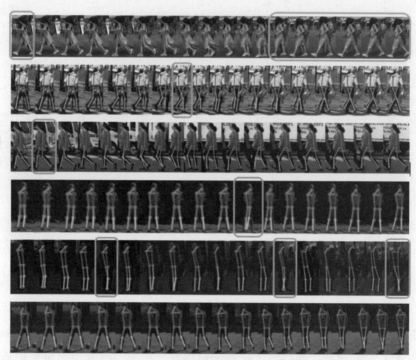

图 4-13　行人骨架姿态识别结果（附彩图）

化的场景中，由于行人间遮挡与自身肢体运动交错的影响，无法准确地检测骨架节点，可能对行人过街意图判断结果产生影响。在图 4-14 中，图像为相应行人动作序列的最后一帧所对应场景。通过姿态识别结果序列对图结构数据中的节点与边要素进行可视化，构成采样时间内行人在主车视角下的姿态变化轨迹。

图 4-14 中具有过街意图并通过的行人、无过街意图的行人及具有过街意图但未通过的行人的姿态轨迹分别以红色、绿色和蓝色表示，颜色由浅至深表示行人随时间变化相对于主车的运动方向。橙黄色箭头表示主车行驶方向，黄色箭头表示具有过街意图并通过的行人的实际运动方向。由图可见，当行人在一个完整动作序列中始终具有明显腿部动作变化或在垂直于主车行驶方向有明显位移时，行人表现为具有过街意图且正在穿越；当行人行为在接近动作序列结尾时趋于不变，行人表现为等待车辆通过。

第 4 章 行人行为识别与预测　81

(a)

(b)

图 4-14　行人在主车第一视角下的位置与尺度变化及过街意图识别结果（附彩图）

(a) 行人在主车第一视角下的位置与尺度变化；(b) 行人过街意图识别结果

## 4.3　行人轨迹预测模型

当前行人风险预测的工作中部分研究是基于行人轨迹预测与分析，如通过判断目标车辆周围行人未来轨迹与目标车辆所规划的轨迹是否存在前向碰撞风险来识别与行人交互的潜在风险。作为行人风险等级预测模型的重要输入信息，本节以行人轨迹预测为重点，论述基于机器学习的行人预测轨迹模型。

### 4.3.1 行人数据特征提取

本节案例在使用车载计算平台进行足够多次的数据采集后，得到的原始数据以 .txt 及 .png 格式存储。经过对原始数据（图 4-15）的观察，发现原始数据存在以下 3 个问题：首先，在行车过程中录取视频的时间点较随机，录入了大量不存在人车交互的交通场景，如图 4-15（a）所示；其次，由第 2 章可知，每次录制的数据以时间顺序梳理，每帧数据包含了本车在该时刻识别出的所有行人、车辆的 ID、坐标、边界框等信息，但并未直接给出某个具体 ID 在时间序列下位置、边界框的变化，无法直接进行建模；最后，原始数据均为单独的数据点和图像，在画面中无检测标记，如图 4-15（b）所示，因此无法直观验证其数据准确性，也无法得知检测结果具体对应画面中的哪个行人，不利于后期的筛选工作。

（a） （b）

图 4-15 原始数据

（a）本车仍在车道内，不存在人车交互；（b）原始画面中无边界框等识别标记

因此，针对以上 3 个问题，设计了如图 4-16 所示的数据提取流程。

首先，为了去除原始数据中不存在人车交互的交通场景，需要对原始数据进行节选，筛选出有效场景帧，给出有效帧数范围。

其次，为了得到每个行人在录制过程中随时间变化的特征数值信息（XY 坐标、速度和边界框等），需要把所有帧中具有相同 ID 行人的位置、速度、边界框信息提取并合并，并记录每帧信息所在的帧数，以结构体（struct）的格式存储。每个行人结构体具有 ID、position、velocity、bbx、frame 五种特征，其中 position、velocity、bbx 分别存储了在该视频中检测到的行人 XY 坐标位置、速度和边界框的坐标随时间变化的信息，ID 和 frame 分别表示所追踪行人的编码和其出现在视频中的具体帧数。提取到的行人特征时序档案如图 4-17 所示。

# 第 4 章 行人行为识别与预测

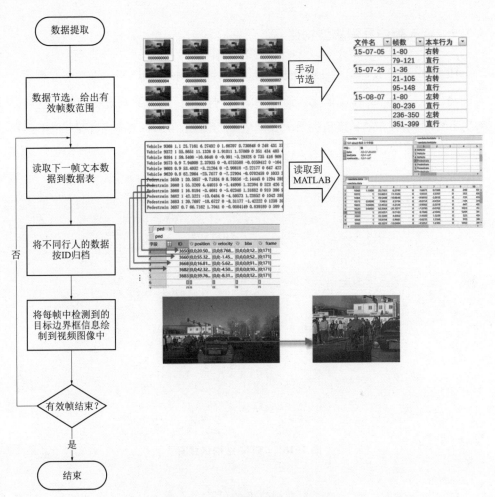

图 4-16 数据提取流程（附彩图）

| 字段 | | ID | position | velocity | bbx | frame |
|---|---|---|---|---|---|---|
| 1 | | 3650 | 9x2 double | 9x2 double | 9x4 double | [0;171;17... |
| 2 | | 3660 | 52x2 dou... | 52x2 dou... | 52x4 dou... | 52x1 dou... |
| 3 | | 3668 | 68x2 dou... | 68x2 dou... | 68x4 dou... | 68x1 dou... |
| 4 | | 3682 | 11x2 dou... | 11x2 dou... | 11x4 dou... | 11x1 dou... |
| 5 | | 3683 | [0,0;39.76... | [0,0;-8.31... | 4x4 double | [0;171;17... |
| 6 | | 3687 | 44x2 dou... | 44x2 dou... | 44x4 dou... | 44x1 dou... |
| 7 | | 3690 | 41x2 dou... | 41x2 dou... | 41x4 dou... | 41x1 dou... |
| 8 | | 3692 | 69x2 dou... | 69x2 dou... | 69x4 dou... | 69x1 dou... |
| 9 | | 3697 | 16x2 dou... | 16x2 dou... | 16x4 dou... | 16x1 dou... |
| 10 | | 3700 | 23x2 dou... | 23x2 dou... | 23x4 dou... | 23x1 dou... |

图 4-17 提取得到的行人特征时序档案

### 4.3.2 行人轨迹预测模型构建

Hochreiter 等人提出的 LSTM 模型是递归神经网络（RNN）的一个变种[23]。它构建了专门的记忆存储单元，通过时间反向传播算法对数据进行训练。它可以解决 RNN 网络存在的梯度消失及无长期依赖的问题。LSTM 结构示意图如图 4-18 所示。

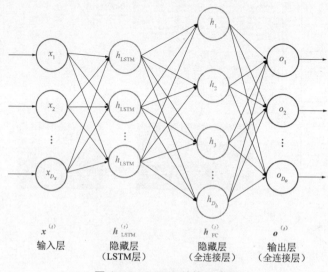

图 4-18  LSTM 结构示意图

在对与车辆发生交互的行人进行建模的过程中，将 $t$ 时刻观察到的行人特征记为 $\boldsymbol{x}^{(t)}=(x_1^{(t)}, x_2^{(t)}, \cdots, x_n^{(t)})^T$，其中 $n$ 代表观察到的特征维度数；将需要预测的 $t+1$ 时刻的目标向量记为 $\boldsymbol{y}^{(t+1)} = (\hat{p}_x^{(t+1)}, \hat{p}_y^{(t+1)})^T$，其中 $\hat{p}_x^{(t+1)}$ 表示 $t+1$ 时刻行人 X 方向位置坐标，$\hat{p}_y^{(t+1)}$ 表示 $t+1$ 时刻 Y 方向位置坐标。此处的建模任务可概括为，对于特定场景下某给定行人，输入该行人从 1 到 $t$ 时刻的观察特征 $(\boldsymbol{x}^{(1)}, \boldsymbol{x}^{(2)}, \cdots, \boldsymbol{x}^{(t)})$，可输出 $t+1$ 时刻下的位置和速度向量 $\boldsymbol{y}^{(t+1)}$，所求基于 LSTM 的行人轨迹预测模型可表示为

$$\boldsymbol{y}^{(t+1)} = f(\boldsymbol{x}^{(1)}, \boldsymbol{x}^{(2)}, \cdots, \boldsymbol{x}^{(t)}) \tag{4-20}$$

在本节所分析的城市十字路口交通场景下，要对行人的轨迹进行预测，首先要对已知的数据进行分析和讨论。第 4.3.1 节对每个场景进行行人数据的提取和

预处理，得到了具有不同时间长度的行人特征数据，每个行人的特征都包含 ID、出现的视频帧数、距离和位置、速度、边界框信息。除 ID 外，其余的特征数据均为时序数据，具体含义及形式如表 4-5 所示。

表 4-5 已知行人信息具体含义及形式

| 名称 | 具体含义 | 形式 |
| --- | --- | --- |
| 视频帧数 | 时间戳，不包含特定的行人信息 | frame |
| 位置 | 表示行人的空间轨迹，以位于车辆坐标系下的坐标值给出 | $(p_x, p_y)$ |
| 速度 | 表示速度随时间的变化，以车辆坐标系下向量形式给出 | $(v_x, v_y)$ |
| 边界框 | 表示在二维视频画面中检测到的行人剪影位置变化，以左上和右下两点在图像坐标系下的坐标值给出 | $(l_x, l_y, r_x, r_y)$ |
| 距离 | 由位置序列的 $(x, y)$ 坐标点计算得来，表示该行人距本车的距离变化 | dist |

在已开展的行人轨迹预测工作中可以发现，大多数用于学习和预测的原始行人轨迹数据均为静止大地坐标系下的行人轨迹。这种轨迹直观、简洁、易于分析，但在解决交互问题时，往往需要通过建立复杂的网络结构关系或使用某些聚类方法才能对行人的行为规律作出判断。

与过去的行人轨迹预测工作所不同的是，在本书案例的这些数据中，观察到的行人位置（position）等特征始终为本车第一视角下观察到的相对特征，所在的相对坐标系中本车位置始终位于原点，意味着当本车相对大地坐标系位置和速度发生变化时，在车辆坐标系中观察到的行人位置和速度也会随本车运动而发生变化。

图 4-19 为某右转场景下遇过街行人的检测数据。图中显示了本车在右转场景下遇纵向过街行人（前文中定义为 B-b 类冲突场景）时，某一 ID 为 4619 的行人在车辆坐标系下观测到的位置轨迹。图中右下角显示了该行人初次被检测到时的画面，此时本车已经开始右转，而该行人正处于人行道中间的位置，很可能会与右转时经过人行道的本车发生碰撞。随着本车不断向右方移动，该行人逐渐加快脚步，在本车视野中移动到更接近画面中央的位置，可看出此时该行人具有较大的概率抢先穿越路口。在这一时刻，本车的速度开始放缓，意图给予行人通行权，行人领会到车速放缓后继续快速行走，并很快通过路口，最后从本车视野中消失。

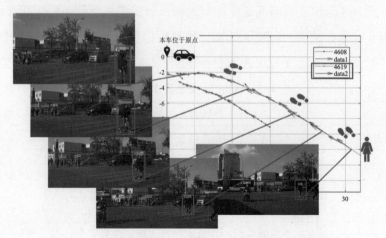

图 4-19 某右转场景下遇过街行人的检测数据（附彩图）

从上述典型的人车交互过程中可以看出，在特定的交通场景下，所观察到的行人相对位置本身就反映了人车交互下的时空关系变化，而不同的人车交互行为也将对应着不同的观测轨迹，因此这类轨迹在某种程度上已内在地隐含了人车交互下行人的行动规律。在这种情况下，对这类相对位置轨迹进行预测，本质上就是在对人车交互影响下的行人活动轨迹进行建模。

对于轨迹预测模型网络搭建，一种很自然的思路为直接输入前一段时间的行人轨迹，预测后一时刻行人的位置。此时任意 $t$ 时刻下的输入特征向量为

$$\boldsymbol{x}_\mathrm{p}^{(t)} = (p_x^{(t)}, p_y^{(t)})^\mathrm{T} \tag{4-21}$$

而模型的输出为

$$\boldsymbol{y}^{(t+1)} = (\hat{p}_x^{(t+1)}, \hat{p}_y^{(t+1)})^\mathrm{T} = \hat{\boldsymbol{x}}_\mathrm{p}^{(t+1)} \tag{4-22}$$

可见，此时模型输入目标特征前一段时间的值，预测其自身后一时刻的可能值，模型可记作：

$$\boldsymbol{y}^{(t+1)} = \hat{\boldsymbol{x}}_\mathrm{p}^{(t+1)} = f_\mathrm{p}(\boldsymbol{x}_\mathrm{p}^{(1)}, \boldsymbol{x}_\mathrm{p}^{(2)}, \cdots, \boldsymbol{x}_\mathrm{p}^{(t)}) \tag{4-23}$$

然而，位置（position）信息作为目标向量，除了能利用自身之前时刻的信息预测下一时刻的状态外，还可以通过其余有可能隐含了行人在相对坐标系下的空间位置和行为模式的信息作为输入进行预测，如已知的速度序列（velocity）、边界框序列（bbx）和距离序列（distance）。

值得一提的是，在实际数据采集过程中，行人位置的估计需要融合多传感器

信息进行复杂的运算来得到，运算成本也比较高，但行人的边界框和到本车的距离信息却可以通过单独的摄像头或雷达来得到，检测速度快、成本低、技术成熟，且某种程度上隐含着行人的位置和速度信息。可见，使用边界框序列或距离序列作为输入的轨迹预测模型具有更强的普适性，对这类模型进行研究具有更深远的意义。因此，边界框序列和距离序列同样可以作为轨迹预测模型的输入，并且可对不同组合输入下轨迹预测模型的建模效果进行探讨。

此时，模型的输出不变，即所要预测的仍然是行人的位置，但将其中任意 $t$ 时刻下的输入特征向量设定为边界框序列和距离序列输入的不同组合，分别为单独的边界框序列输入、距离序列输入，以及边界框序列和距离序列的组合输入。模型依次可记作：

$$y^{(t+1)} = f_b(x_b^{(1)}, x_b^{(2)}, \cdots, x_b^{(t)}) \tag{4-24}$$

$$y^{(t+1)} = f_d(x_d^{(1)}, x_d^{(2)}, \cdots, x_d^{(t)}) \tag{4-25}$$

$$y^{(t+1)} = f_{bd}(x_{bd}^{(1)}, x_{bd}^{(2)}, \cdots, x_{bd}^{(t)}) \tag{4-26}$$

综上所述，本节拟对 4 种基于 LSTM 的轨迹预测模型进行模型搭建试验，分别为 $f_p$、$f_b$、$f_d$、$f_{bd}$，模型数据结构如图 4-20 所示。

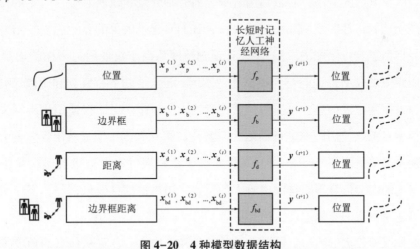

图 4-20  4 种模型数据结构

选用平均偏移误差（average differential error，ADE）作为评价指标来刻画预测轨迹的准确性，如式（4-27）所示，该指标单位与原始数据单位保持一致（米）。ADE 值越低，准确性越高。

$$\text{ADE} = \frac{1}{n}\sum_{i=1}^{n}\frac{1}{\tau-1}\sum_{t=2}^{\tau}\sqrt{(x_i^t - \hat{x}_i^t)^2 + (y_i^t - \hat{y}_i^t)^2} \qquad (4-27)$$

### 4.3.3 行人轨迹预测实验结果分析

对不同场景下的 4 种模型进行参数微调。得到恰当的模型参数后，对每个模型进行 10 次重复训练，取各模型在测试集中的预测误差平均值，如表 4-6 所示。

表 4-6 测试集预测误差

| 地点 | 场景 | 样本数 | $f_p$ | $f_b$ | $f_d$ | $f_{bd}$ | $f_p$ 和 $f_{bd}$ 平均值 |
| --- | --- | --- | --- | --- | --- | --- | --- |
| 校园内路口 | A | 33 | 0.159 9 | 0.541 4 | 3.534 7 | 0.211 4 | 0.185 7 |
| | B | 32 | 0.223 1 | 0.698 2 | 2.519 6 | 0.306 3 | 0.264 7 |
| 城市道路路口 | A-a | 18 | 0.496 1 | 1.183 6 | 3.364 4 | 0.600 2 | 0.534 7 |
| | B-b | 46 | 0.175 7 | 1.412 6 | 2.060 8 | 0.677 0 | 0.426 4 |
| 平均 | | | 0.263 7 | 0.958 9 | 2.869 9 | 0.448 7 | 0.352 9 |

由表中 4 种模型在所有场景下的预测误差平均值可以看出，预测精度 $f_p > f_{bd} > f_b > f_d$。其中，$f_p$ 模型精度最高，表示利用自身之前时刻的位置轨迹对下一时刻的位置进行预测能达到最佳的预测效果，这也符合我们对建模效果的直观感受。结合距离和边界框信息进行预测的模型 $f_{bd}$，其预测精度均高于仅使用边界框的模型 $f_b$ 或仅使用距离的模型 $f_d$，且与 $f_p$ 模型相差不远，证实了边界框序列和距离序列可能隐含行人空间位置信息，可作为位置预测输入的猜想。对于仅使用边界框进行预测的模型 $f_b$ 或仅使用距离进行预测的模型 $f_d$，可从数据中明显看出误差偏大，且 $f_d$ 的预测误差达到了 2.5 m 以上，损失函数在建模过程中难以收敛。从中可看出，单纯的距离信息很难推测出行人的位置，边界框信息效果稍好，但二者结合起来可达到更好的效果。

去掉误差较大的 $f_d$、$f_b$ 数据，对误差计算平均值后，可从地点的角度来分析模型误差。根据表格最后一行数据，可发现校园内路口各场景的预测误差均高于城市道路路口。校园内路口所采集到的行人数据为人车交互较为单一的数据，而城市道路路口的数据为人车交互情况较为复杂的数据。当数据所涵盖的人车交互情形种类越多，数据复杂度就越高，模型建立难度也会相应加大，误差也会相应较大。因此，对于不同路口数据间误差不同的情况，可认为是由采集的数据本身复杂度引起的。

从整体上来看，$f_p$、$f_{bd}$的平均预测误差为 0.352 9 m，查标准《中国成年人人体尺寸》（GB/T 10000—2023），可知普通成年男子的最大肩宽平均值为 0.427 m，即估计误差小于一人肩宽量。分别来看，$f_p$ 的误差范围为 0.159 9~0.496 1 m，$f_{bd}$ 的误差范围为 0.211 4~0.677 0 m，最大均不超过两个行人肩宽量，达到了较好的预测水平。

为了更加直观地分析此模型对行人轨迹的预测能力，以样本数目最多、人车交互情景最复杂的城市道路路口 B-b 类场景预测数据为例，将测试集中的原行人轨迹与 4 种模型的预测轨迹绘制到图表，如图 4-21 所示。

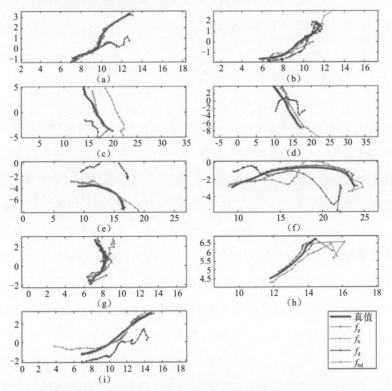

图 4-21　城市道路路口 B-b 类场景测试数据（附彩图）

(a) 测试观察 1；(b) 测试观察 2；(c) 测试观察 3；(d) 测试观察 4；
(e) 测试观察 5；(f) 测试观察 6；(g) 测试观察 7；(h) 测试观察 8；(i) 测试观察 9

由图 4-21 可以观察到，红色与绿色点线代表的 $f_p$、$f_{bd}$ 预测轨迹在各个测试样本中都非常接近蓝色粗线代表的真实轨迹，而黄色点线所代表的 $f_b$ 轨迹和紫色点线代表的 $f_d$ 轨迹则具有较大误差，验证了表 4-6 中数据所述预测模型的准确性。

在这些样本中，不同行人的走向、行走速度、活动范围各不相同，代表了行车过程中的各类行人与本车产生了许多不同类型的交互，但由 $f_p$、$f_{bd}$ 给出的预测轨迹均能很好地适应这些变化，给出符合真实情况的预测轨迹。

综上所述，本节建立了两种有效行人轨迹预测模型，分别为 $f_p$ 和 $f_{bd}$ 模型。其中，$f_p$ 为根据之前时刻的轨迹来预测下一时刻位置的模型；$f_{bd}$ 为根据之前时刻传感器数据来预测下一时刻位置的模型。该 $f_p$、$f_{bd}$ 行人轨迹预测模型能够有效地对特定交通场景下行车过程中所遇到的行人进行观测，并根据在训练集中学习的人车交互模式，对新输入的行人轨迹进行合理预测，并将误差限制在两个成人肩宽范围之内，达到了较好的预测精度。

## 4.4 行人风险等级预测模型

在准确识别行人行为后，对行人风险等级进行评价能够增强智能车辆对关键场景的理解，并提供有预见性的驾驶风险警告。在第 4.3 节中，通过数据驱动的方法对车辆视角行人轨迹进行学习、预测。为了进一步利用预测轨迹辅助智能驾驶系统进行场景理解和决策，本节建立了基于车辆视角数据的行人轨迹和风险等级评价模型。

利用车辆视角行人数据包含丰富行人和本车动态信息的特点，对行人特征状态进行了聚类分析。当基于聚类得出的数据类别，使用支持向量机（SVM）训练风险等级识别器，可以对新观测的车载视角行人数据进行分类，提供风险标签，实现行人危险等级评价。基于车辆视角数据的行人轨迹和风险等级评价模型如图 4-22 所示。

首先，模块一、二为前面小节介绍的内容，即基于车载传感器，采集车辆视角行人轨迹数据并进行预处理。其次，使用采集的车辆视角行人轨迹训练 LSTM 神经网络，进行行人轨迹预测。最后，模块三是本节重点，即应用核主成分分析 K-Means 聚类法（KPCA-KMC）分析观察到的行人特征，将其分为具有不同风险

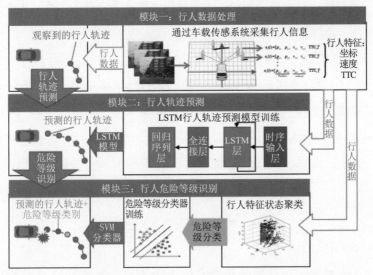

图 4-22 基于车辆视角数据的行人轨迹和风险等级评价模型（附彩图）

标签的类群。利用 KPCA-KMC 的标签，训练一个风险等级分类器。该风险等级分类器将对 LSTM 预测的行人轨迹进行风险等级识别，从而实现基于车载视角行人数据的轨迹及风险等级评价。

在本节中，符号表示如下所示。在任意时刻 $t$，本车观察到的行人 $i$ 由在一个相对坐标系中的特征位置 $\boldsymbol{p}_i^{(t)} = (x_i^{(t)}, y_i^{(t)})$ 来表示。车辆从时间 1 到 $T_{obs}$ 观察到的行人 $i$ 的特征 $\boldsymbol{X}_i^{(T_{obs})}$，包含相对位置 $\boldsymbol{p}_i^{(t)}$ 等特征，如下所示：

$$\boldsymbol{X}_i^{(T_{obs})} = [\boldsymbol{p}_i^{(1)}, \boldsymbol{p}_i^{(2)}, \cdots, \boldsymbol{p}_i^{(T_{obs})}]^T \tag{4-28}$$

通过观察 $\boldsymbol{X}_i^{(T_{obs})}$，行人轨迹模型将输出行人从时间 $T_{obs+1}$ 到 $T_{pred}$ 的未来轨迹 $\boldsymbol{Y}_i^{(T_{obs})}$，而风险水平识别器负责识别预测轨迹中每个位置的风险水平，表现为风险水平标签 $\boldsymbol{L}_i^{(T_{obs})}$，输出结果如下所示：

$$\boldsymbol{Y}_i^{(T_{obs})} = [\boldsymbol{p}_i^{(T_{obs+1})}, \boldsymbol{p}_i^{(T_{obs+2})}, \cdots, \boldsymbol{p}_i^{(T_{pred})}]^T \tag{4-29}$$

$$\boldsymbol{L}_i^{(T_{obs})} = [l_i^{(T_{obs+1})}, l_i^{(T_{obs+2})}, \cdots l_i^{(T_{pred})}]^T \tag{4-30}$$

### 4.4.1 行人数据风险等级标签聚类

将具有相似风险水平的行人观察结果聚类，需要从车辆视角数据中提取能够代表碰撞风险的特征。基于本书案例已采集数据，提取了以下 3 个特征用于聚类：

（1）行人 $i$ 在 $t$ 时刻的相对位置 $\boldsymbol{p}_i^{(t)}$。

（2）相对速度 $v_i^{(t)}$。

（3）基于相对位置和速度估算的碰撞时间（time-to-collision，TTC）。

其中，相对位置 $\boldsymbol{p}_i^{(t)} = (x_i^{(t)}, y_i^{(t)})$ 由数据集中直接获取，代表了本车和行人之间的空间关系。相对速度 $v_i^{(t)} = (v_x^{(t)}, v_y^{(t)})$ 反映本车和行人是在互相靠近还是远离。$v_i^{(t)}$ 通过以下方式计算：

$$v_x^{(t)} = (x_i^{(t)} - x_i^{(t-1)}) \cdot f \quad (4-31)$$

$$v_y^{(t)} = (y_i^{(t)} - y_i^{(t-1)}) \cdot f \quad (4-32)$$

式中，$f$ 为数据采集的帧率。

此外，TTC 作为广泛使用的碰撞安全指标[24]，本案例同样使用 TTC 来捕捉行人的危险因素。TTC 的计算遵循如下公式[25]：

$$\text{TTC} = \frac{\sqrt{x_i^{(t)2} + y_i^{(t)2}}}{\boldsymbol{v}_i^{(t)} \times \boldsymbol{p}_i^{(t)}} \quad (4-33)$$

其中，$\sqrt{x_i^{(t)2} + y_i^{(t)2}}$ 表示行人和本车之间的欧氏距离；$\boldsymbol{v}_i^{(t)} \times \boldsymbol{p}_i^{(t)}$ 表示 $\boldsymbol{v}_i^{(t)}$ 在 $\boldsymbol{p}_i^{(t)}$ 方向上的投影，即行人在靠近本车方向上的速度分量。因此，行人 $i$ 在 $t$ 时刻用于聚类的特征向量可以用以下向量表示：

$$\boldsymbol{s}_i^{(t)} = [x_i^{(t)}, y_i^{(t)}, v_x^{(t)}, v_y^{(t)}, \text{TTC}]^\text{T} \quad (4-34)$$

聚类算法的输入矩阵为

$$\boldsymbol{S} = [\boldsymbol{s}_1^{(1)}, \cdots, \boldsymbol{s}_1^{(T_1)}, \cdots, \boldsymbol{s}_i^{(t)}, \cdots, \boldsymbol{s}_i^{(T_i)}, \cdots] \quad (4-35)$$

式中，$T_i$ 代表行人 $i$ 的轨迹长度（帧数）。

获得行人特征数据后，采用 KPCA-KMC 对行人数据进行聚类。其中，KPCA 能够将原始数据映射到另一个特征空间，并提取主成分向量，探索数据隐含的内在联系，使其变得线性可分，且能够帮助确定聚类的数量[26]。在 KPCA 降维后，KMC 作为一种经典的聚类方法，将式（4-36）观测值划分到指定的 $K$ 个类群 $C = \{c_1, c_2, \cdots, c_k\}$ 中，目标函数如下所示：

$$\underset{C}{\text{argmin}} \sum_{k=1}^{K} \sum_{\hat{z}_i \in c_k} \| \hat{s}_i - \mu_k \|^2 \quad (4-36)$$

其中，$\mu_k$ 是 $k_{th}$ 集群的中心点。KMC 通过不断优化聚类中心点，最小化类群内部点到中心点的平方和，从而将具有相似特征的点划分为同种类群。在将行人特征数据聚类为不同的类群后，观察不同类群在各类特征上的分布，便可确定不同类群的行人相对本车的风险程度。

聚类结果通过残差平方和（RSS）和赤池信息准则（AIC）度量进行评价。RSS 的计算公式为

$$\text{RSS} = \sum_{k=1}^{K} \sum_{x_i \in c_k} |x_i - \mu_k|^2 \tag{4-37}$$

其中，$\mu_k$ 是 $k_{th}$ 类别的中心点。AIC 指标是一个最大似然度量，AIC 曲线的最小值保证了可靠的聚类结果和相对较低的聚类复杂性。AIC 的计算方式如下：

$$\text{AIC}_{\text{RSS}} = \text{RSS} + 2KN \tag{4-38}$$

式中，$K$ 是集群的总数量；$N$ 是维度的数量。

如图 4-23 所示，对于城市道路路口和校园路口数据集，使用 KPCA-KMC 的 RSS 和 AIC 值明显低于 KMC，表明 KPCA-KMC 能够获得更佳的聚类效果。同时，KPCA-KMC 方法下，两类数据的 AIC 值均在 $K = 4$ 附近处取得最低，则确定最佳的类群数 $K = 4$。

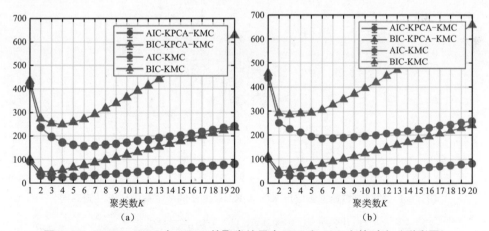

图 4-23　KPCA-KMC 与 KMC 的聚类结果在 RSS 和 AIC 上的对比（附彩图）

（a）城市道路路口数据集；（b）校园路口数据集

校园路口和城市道路路口数据集应用 KPCA-KMC 方法的特征聚类结果分别如图 4-24、图 4-25 所示。为了更好地展示聚类结果，本书案例将五个维度的数

据放置于两种特征坐标系中:$Pos_x$-$Pos_y$-TTC 坐标系和 $Vel_x$-$Vel_y$-TTC 坐标系。其中,$Pos_x$、$Pos_y$ 代表 $x$、$y$ 方向上行人的相对位置,$Vel_x$、$Vel_y$ 表示相对速度。在相对坐标系中,本车始终静止在原点,在图 4-24 和图 4-25 中使用红色三角形来表示。

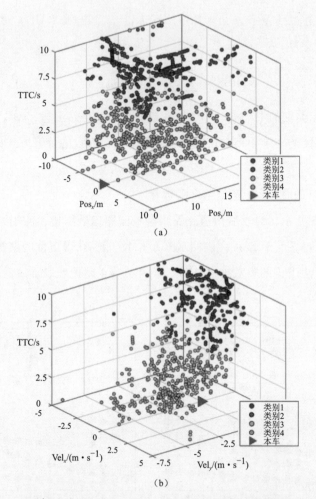

**图 4-24 校园路口数据集应用 KPCA-KMC 方法的特征聚类结果(附彩图)**

(a) $Pos_x$-$Pos_y$-TTC 坐标系;(b) $Vel_x$-$Vel_y$-TTC 坐标系

在校园路口数据的聚类结果中,数据主要分为以下 4 类:

(1)类别 1(紫色)。该类 TTC 较大,与本车的纵向距离相对较长,纵向速度较低;横向位置多分布在车辆左侧,整体上有继续向左移动并与本车渐行渐远的趋势,说明这类行人与车辆之间目前没有明显的冲突。因此,将此状态定义为

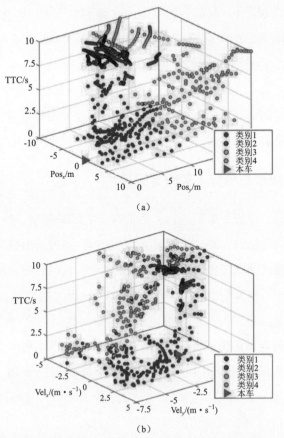

图 4-25 城市道路路口数据集应用 KPCA-KMC 方法的特征聚类结果（附彩图）

(a) $Pos_x$-$Pos_y$-TTC 坐标系；(b) $Vel_x$-$Vel_y$-TTC 坐标系

未接触的安全状态。

(2) 类别 2（红色）。该类 TTC 较大，纵向位置接近车辆，而横向位置从左到右分布广泛；纵向速度较低。此时，虽然行人离本车较近，但行人和车辆都没有对对方构成威胁。这说明在路权分配达成了一致的情况下，行人在本车前方安全通过。在这种情况下，车辆只需保持当前的操作即可，如停车等待。因此，将此状态定义为握手安全状态。

(3) 类别 3（蓝色）。该类 TTC 较小，纵向距离在所有类别中距本车最近，横向位置分布偏左，且接近速度较高，说明有行人（多来自左侧）正在向本车接近，发生冲突可能性较高，需要车辆保持高度警惕，随时准备向右侧避让或直接刹车，以避免可能的左侧碰撞。因此，将此状态定义为危险状态。

(4) 类别 4（绿色）。与第 3 类类似，该类 TTC 较小，与本车纵向距离同样较近，接近速度较高，但大部分行人位于右侧，需要本车对从右前方驶来的行人保持警惕。因此，将此状态定义为警戒状态。

对于城市道路路口的聚类结果，与校园路口数据类似，也可将数据划分为以下 4 类：类别 1（紫色）为未接触的安全状态；类别 2（红色）为握手安全状态；类别 3（蓝色）为危险状态；类别 4（绿色）为警戒状态。

### 4.4.2 基于轨迹预测的行人风险等级评估

通过聚类方式，可以获得不同行人数据对应的风险程度，便可以以此为依据，训练一个行人风险等级识别器。首先预测行人轨迹，通过预测得到的轨迹提取相应的行人特征，并输入到训练好的风险等级识别器中，便可以确定行人未来的风险等级。在本书案例中，SVM 作为一种典型的分类器，通过迭代寻找能够最大化区分不同种类数据的最佳超平面，从而可以用来对新的数据点进行分类[27]。与 KPCA 类似，SVM 中同样可以运用核技巧使得非线性数据转化为线性可分离数据。

为了实现行人风险等级识别，本书案例训练核 SVM 分类器，它将观测值 $S = [S_1, \cdots, S_n]$ 及其风险标签 $L = [l_1, \cdots, l_n]$ 作为输入，最终训练得到风险等级分类器，能够用以识别新观测值的风险等级类别。

通过 KPCA-KMC 获得行人的风险等级标签后，本实验的目的是使用行人特征数据 $S$ 及其对应标签 $L$ 训练风险等级识别器，即 SVM 模型，并使用该模型进行行人风险等级评价。本书案例训练对比了线性核、二次核和高斯核的 SVM，使用 5 倍交叉验证法对其性能进行评估。不同 SVM 在两个数据集上的分类表现如表 4-7 所示。最终，高斯核分类器的 SVM 在分类准确率和分类速度上都有更好的表现。

表 4-7 不同 SVM 在两个数据集上的分类表现

| 核类别 | 校园路口数据集 | | 城市道路路口数据集 | |
| --- | --- | --- | --- | --- |
| | 分类准确率 | 分类速度/(obs·s$^{-1}$) | 分类准确率 | 分类速度/(obs·s$^{-1}$) |
| 线性核 | 95.3% | ~6 900 | 97.7% | ~5 500 |
| 二次核 | 98.2% | ~8 000 | 97.9% | ~7 000 |
| 三次核 | 95.7% | ~5 000 | 98.6% | ~7 900 |
| 高斯核 | 96.5% | ~7 700 | 98.8% | ~8 500 |

为了测试该分类器对行人风险等级的预测准确率,首先将所有行人轨迹进行风险等级识别,作为真实值;其次使用 LSTM 模型对行人轨迹进行预测,对预测轨迹进行风险等级识别,作为实验值;最后对比真实值和实验值,得出分类器的识别准确率。

如图 4-26 所示的行人风险等级预测模型的混淆矩阵,校园路口数据集的整体准确率达到 82.0%,城市道路路口数据集的准确率达到 86.8%,在行人风险等级识别准确率方面表现良好。

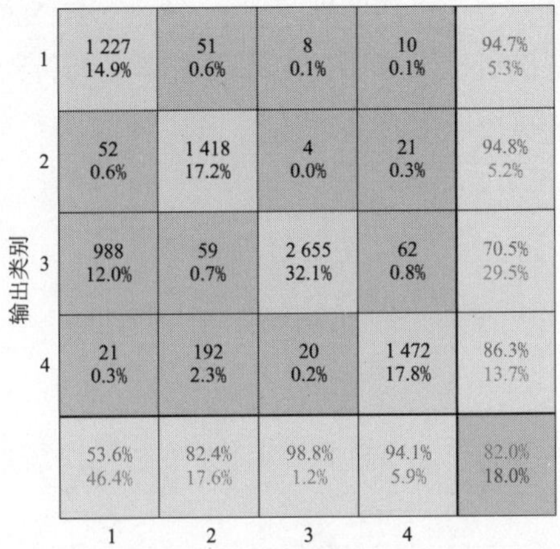

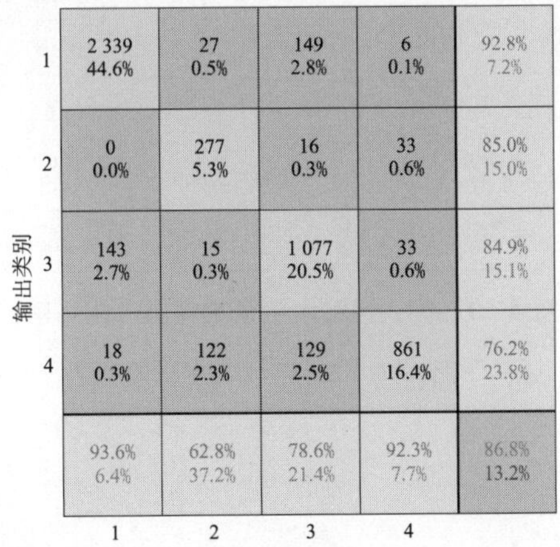

图 4-26 行人风险等级预测模型的混淆矩阵(附彩图)

(a)校园路口数据预测结果;(b)城市道路路口数据预测结果

图 4-27 显示了一个校园路口数据集中行人风险水平预测的例子。在以本车为原点的相对坐标系中，预测轨迹（紫色线）风险等级用不同颜色的圆点表示，每一种不同的颜色对应不同的风险等级。图 4-27 第 3~16 帧展示了本车右转时，观察行人、接近和让行的过程。预测的轨迹显示 LSTM 模型能够良好估计车辆视角行人相对位置，表明该模型能够较好地估计车辆和行人的移动趋势。在第 6 帧时，该模型预测行人在接下来的几帧中可能会从安全状态转为警戒状态。这表明在目前的情况下，本车应该减速并优先考虑行人，否则风险等级会转为更高。在第 13 帧和第 16 帧，由于本车仍在向前行驶，风险水平从警戒状态转换为危险状态。可以看出，本书案例所提出模型的结果符合车辆与行人相互作用下的实际情况，表明其具有良好的风险水平评价能力。

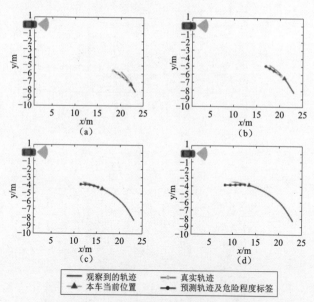

图 4-27 行人风险水平预测实例（附彩图）

(a) $T=3$；(b) $T=6$；(c) $T=13$；(d) $T=16$

# 第 5 章

# 骑行者行为识别与预测

骑行者是除了车辆和行人外的重要交通参与者，往往也是受交通影响及城市地区事故影响较大、极易产生交通事故的弱势道路使用者。针对骑行者的行为识别工作和针对行人的行为识别与预测有异曲同工之处，本节以自行车骑行者为例介绍骑行者行为识别问题。

## ■ 5.1 骑行者行为特征构建与时空特征提取

骑行者特征提取自原始骑行者数据，将被基于机器学习的骑行者行为识别、预测模型作为输入。因此，提取信息丰富、相关程度高、可解释性强的特征是建模和解决问题的基础。在特征选择与提取过程中，重构技术和深度挖掘技术可以提高后续模型的可解释性和可靠性。

本节基于构建考虑骑行者行为的风险评价指标的需求，将详细介绍骑行者特征的选择原因与提取方法。本节选择并提取了两组骑行者特征，分别为基于图表示的骑行者行为特征和考虑碰撞风险分析的骑行者时空特征。所提取的特征将在后续用于构建骑行者风险评估模型，生成从安全到危险不同的风险等级标签，用来表示智能车辆评估场景中骑行者的风险水平。

### 5.1.1 基于图表示的骑行者行为特征提取

由于骑行者与行人在交通参与者特性层面具有较强相似性，类似行人行为识别所用方法，本书案例选择骑行者骨架信息作为骑行者行为的基本表征量。骑行者骨架姿态特征的提取通过人体姿态估计算法来实现。该算法的主要思路是以节点识别置信度为标准,利用计算的置信度图获得每个节点识别的置信度信息,通过计算数据集中所有节点的平均置信度,选择置信度高且在行为理解任务中代表性强的节点作为特征点。

在提取骑行者骨架姿态特征后,可基于图表示方法从骨架姿态特征中进一步提取骑行者行为表征量,用以编码骑行者行为。基于图表示的骑行者行为特征方法思路及流程与第4.2.1节所述的图表示方法基本一致,均为将骨架关键节点建模为图表示模型的节点,并基于具有运动拓扑关联的骨架关键节点之间建立边以表征节点之间的联系。具体内容读者可参见第4章相关内容,本节不再赘述。

## 5.1.2 基于碰撞风险分析的骑行者时空特征提取

在多交通参与者混行的复杂交通场景中,骑行者经常做出灵活的转向或速度调整行为。由于这些行为有极强的随机性,因此是引发交通事故的高风险因素[28]。为全面研究骑行者在智能车辆行驶过程中引起的风险,使ADAS能够为驾驶员提供周边骑行者的风险程度估计,需要选取智能车辆和骑行者之间潜在风险关系相关的特征,从而生成统一的骑行者风险评价标准。在特征选取时,为了尽可能避免单一指标带来的代表性差与风险识别准确率低等问题,考虑使用多维度的特征来构建风险指标。本小节将介绍从时间维度、空间维度直接反映碰撞风险的骑行者时空特征提取。

具体地,由于骑行者与智能车辆间的相对位置信息只能表示空间维度的特征,不足以估计骑行者个体的风险水平,必须在研究中加入对时间维度特征的考虑。在常见的碰撞缓冲系统中,TTC作为综合考虑时空特征的风险指标,已经被成功地用于评估自动驾驶车辆与目标对象之间的碰撞可能性。

在自动驾驶场景中,TTC阈值的典型范围为1.5~4.0 s。传统TTC指标计算假设运动个体的相对速度恒定且交互对象将会发生碰撞,而对城市机非混行道路中更常见的"近碰撞"(未发生实际碰撞,但交通参与者间距极小,极易引发实际碰撞)事件的风险评估缺少考虑,因此依靠传统定义的TTC指标,也不足以应对城市机非混行交通中的各种机非交互状况。本案例将未及发生碰撞的近况同样纳入风险考虑,选择考虑最小安全间隙（minimum safety margin, MSM）碰撞时间作为同时考虑时空信息的特征作为风险指标特征。根据我国 2021 年发布的《机动车驾驶人安全文明操作规范 第 2 部分:小型汽车驾驶》（GA/T 1773.2—2001）,机动车行驶过程中与前方车辆纵向安全距离宜大于车辆 3 s 内驶过的距离。同向行驶时,与侧方车辆及 VRU 横向安全距离遵循以下规则:车辆与侧方交通参与者行驶方向相反时,横向安全距离应大于 1 m;行驶方向相同时,横向安全距离应大于 1.5 m。与 MSM 相统一的 TTC 被用于保证自动驾驶车辆在单车道或多车道上行驶时,可以通过测量本车与近邻骑行者之间的潜在风险,从而避免碰撞。为计算 TTC-M($t$) 的值,首先需要计算相对速度特征,计算公式如下:

$$v(t) = [d(t) - d(t-1)]/\Delta \tag{5-1}$$

基于位置特征 $d(t)$ 和计算得到的速度特征 $v(t)$ 计算 TTC-M($t$) 的公式如下:

$$\text{TTC-M}(t) = \begin{cases} \dfrac{d(t)}{\|v'(t)\|} = \dfrac{\|d(t)\|}{\|v(t) \times d(t)\|}, & \dfrac{d(t)}{\|v'(t)\|} > 0 \text{ 且 } d(t) > \text{MSM} \\ 0, & d(t) \leq \text{MSM} \\ +\infty, & \text{其他} \end{cases} \tag{5-2}$$

其中,$d(t)$ 是目标骑行者和自动驾驶车辆之间的欧氏距离,$\|v'(t)\|$ 表示相对速度 $v(t)$。当 $d(t) > \text{MSM}$ 时,假设骑行者与本车之间的相对速度恒定,且碰撞点位于相对位置坐标系的原点,即车辆前轴的中心点,按照式 TTC-M($t$) 进行近似计算。当 $d(t) \leq \text{MSM}$ 时,说明近邻骑行者已经进入本车的最小安全区域,为了及时警示驾驶员潜在的危险,令 TTC-M($t$) 的值为 0,其他情况则令 TTC-M($t$) 取无穷大。

在完成骑行者位置特征、速度特征和 TTC-M($t$) 特征的提取后,对所提取的时空特征结果进行整合,将特征集记作 $X_u = \{x_u^t \mid 1 \leq t \leq T\}$,该特征集合可以被表示为一个特征矩阵 $X_u \in \mathbb{R}^{C_u \times T}$,其中 $x_u^t = X_u[:, t] \in \mathbb{R}^{C_u}$。骑行者时空特征提取结果如图 5-1 所示。

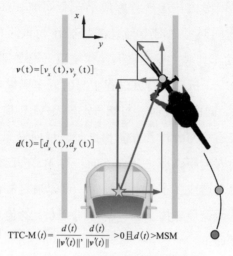

图 5-1　骑行者时空特征提取结果

## 5.2　基于图神经网络的骑行者穿行意图识别

在完成骑行者行为特征提取的基础上,本节提出一种面向多交通参与者混行场景的骑行者行为识别方法。该方法基于时空图卷积和特征融合,主要思路如下:首先,改进图表示特征数据结构,通过构建包含关键节点层与肢体部件层的双层图,深入挖掘骑行者行为特征;其次,基于时空图卷积神经网络分别对关键节点层与肢体部件层提取单层图模型的时空特征;最后,在层间进行节点特征融合,由部件运动特征引导节点特征更新,实现骑行者行为高级特征提取,并构建基于多层感知机的分类器对骑行者行为意图进行判断。

本节将详细介绍基于图神经网络与特征融合的骑行者行为识别方法,并在方法介绍的基础上,以骑行者穿行意图识别为例,进行实验案例分析。

### 5.2.1　图神经网络与特征融合的行为识别

**1. 分层图构建与节点特征生成**

1) 分层图构建

为了进一步探索骑行者模型中节点之间的关系,更深入地了解自行车骑行者的行为模式，在骑行者图表示模型的基础上，将原有图模型拓展为具有分层结构的时空图模型。从具有分层结构的时空图模型中可以提取出不同维度的特征，这使得模型具有直接反映不同感受野中交互信息的优势。此外，这种分层结构模型可在多个维度上进行同步训练，较之单层结构模型提高了模型学习效率。

由于骑行者可以视作以人作为感知、决策和控制单元，以非机动车为执行单元的人机整体，所以为了区别于面向行人行为识别的分析，针对骑行者的行为分析应当同时考虑到两部分的视觉特征信息。因此，为了增强骑行者图表示模型的表达能力，在人体骨架节点基础上，使用 Labelme 标注工具为骑行者个体增加非机动车关键节点，以对骑行者所乘交通工具的位姿进行表征，从而准确表征骑行者"人机单元"的姿态信息[29]。此外，较之基于图核的相似性度量方法[30]，基于图卷积神经网络[31]的算法具有更强的数据处理能力，能够以更快的计算速度完成更大体量的计算。因此，采用了图卷积神经网络算法的方法选取全部骨架节点与非机动车关键节点进行骑行者图表示模型的构建，依然能够保证模型足够高的训练效率。

基于更新后的骨架信息重新构建骑行者分层图表示模型 $G = (V, E)$，采样长度为 $T$ 帧。首先构建节点集，对分层图表示模型的节点进行初始化。在分层图表示模型中，较低层次图中的节点集合包括所有直接通过人体姿势识别算法获得的 $N_1$ 个骨架节点，称为关键节点层，全部节点集合记作 $V_1$；较高层次图中的节点集合由根据特定规则汇聚较低层次节点得到的 $N_2$ 个超节点组成，称为肢体部件层，全部节点集合记作 $V_2$。所述节点集合可表示为

$$\begin{cases} V_1 = \{v_{t,i} \mid t, i \in \mathbb{Z}, 1 \leq t \leq T, 1 \leq i \leq N_1\} \\ V_2 = \{v_{t,i} \mid t, i \in \mathbb{Z}, 1 \leq t \leq T, 1 \leq i \leq N_2\} \\ V = V_1 \cup V_2 \end{cases} \quad (5-3)$$

进一步将节点聚合生成包含高层次信息的超节点，节点的聚合可以基于运动关联的人体肢体结构的先验知识，或结合可解释的拓扑关系实现。在本书案例中，选择根据人体结构先验知识对骑行者分层图表示模型进行节点初始化，将属于同一肢体组件的相邻空间节点聚合为高层次的单个超节点。聚合节点的从属关系如表 5-1 所示。从表 5-1 中可以看出，在构建较高层次的图时，较低层次的节

点可能会贡献给不同的节点。例如，节点 5 代表的左侧肩部节点，既属于左臂部分，又属于躯干部分。通过聚合生成分层图模型不同层内的节点集合，将分层图的关键节点层和肢体部件层分别记作 $L_1$ 和 $L_2$。

表 5-1 聚合节点的从属关系

| $L_2$ 层超节点编号 | $L_2$ 层超节点名称 | 包含 $L_1$ 层节点名称 |
| --- | --- | --- |
| 0 | 头部 | [0, 1, 2, 3, 4] |
| 1 | 左臂 | [5, 7, 9] |
| 2 | 右臂 | [6, 8, 10] |
| 3 | 躯干 | [5, 6, 11, 12] |
| 4 | 左腿 | [11, 13, 15] |
| 5 | 右腿 | [12, 14, 16] |
| 6 | 非机动车 | [17, 18, 19] |

下面构建边集，对分层图表示模型的连接边进行初始化，形成分层图全部边的集合 $E$，且 $E = E_1 \cup E_2$。对每层图结构单独建模，对第 $l$ 层图模型利用采样长度为 $T$ 帧、关键节点总数为 $N_l$ 的骑行者骨架信息所形成的序列，定义无向图 $G_l = (V_l, E_l)$。基于节点集合 $V_l$ 构建 $L_l$ 层中全部连接边的集合 $E_l$。边集合 $E_l$ 包含两个部分，即空间边集合 $E_{s,l}$ 和时间边集合 $E_{t,l}$。所述边集合可表示为

$$\begin{cases} E_{t,l} = \{(v_{t,i}, v_{t+1,i}) \mid v \in V_l, t, i \in \mathbb{Z}, 1 \leq t \leq T, 1 \leq i \leq N_l\} \\ E_{s,l} = \{(v_{t,i}, v_{t,j}) \mid v \in V_l, t, i, j \in \mathbb{Z}, 1 \leq t \leq T, 1 \leq i, j \leq N_l\} \\ E_l = E_{t,l} \cup E_{s,l} \end{cases} \quad (5-4)$$

其中，空间边又包含全部人体自然骨骼连接对以及具有运动拓扑关联骨架关键节点对两种类型。给定一个骑行者在 $t$ 时刻的第 $l$ 层图结构的空间边集合 $E_{(s,l)t}$，对应边连接可以利用邻接矩阵进行数学表示。所述邻接矩阵可以表示为 $A \in \mathbb{R}^{N_l \times N_l}$，其中邻接矩阵的元素 $A_{i,j} \in \{0, 1\}$ 反映了在初始状态下的节点 $v_i$ 和节点 $v_j$ 之间的相关性强度。由于所构建的骑行者图表示模型是无向图，因此邻接矩阵 $A$ 具有对称性，即 $A_{i,j} = A_{j,i}$。至此，已经完成骑行者分层图表示模型的节点集合 $V$ 与边集合 $E$ 定义，完整图表示模型 $G = (V, E)$ 的构建流程与结构如图 5-2 所示（时域边连接未绘制在示意图中）。

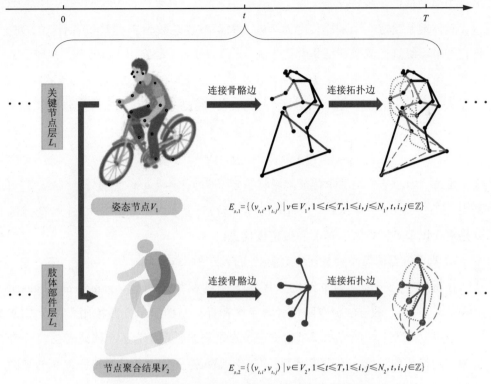

图 5-2 单个骑行者的多层图结构示意图（附彩图）

2）骑行者节点特征生成

在分层图所获得的图表示模型数据基础上，图神经网络利用深度学习原理对图表示模型数据进行学习。为实现此目的，在构建基本图结构的基础上，需要进一步为图表示模型的节点或边赋予相应的属性，以增强图表示模型的表达能力。本书案例关注基于骨架姿态信息的骑行者行为识别问题。由于构成骨架姿态节点的运动学属性与骑行者行为密切相关，因此节点的速度信息与加速度信息可以直观反映每个节点当下所表征的运动状态和即将具有的运动趋势。同时，由于骑行者的运动是由时间上连续的骨架序列构成，骨架序列所展示的动态骑行者行为具有时间上的连贯性，而识别一段连续运动序列的行为标签与识别一帧静态骨架所表征的静态行为不同。因此，针对连续骨架序列的特殊性，使用差分法（difference methods，DM）对节点进行运动学特征提取。差分法使用差分算子对原始观测序列中节点的位置信息作向后差分运算，得出每个节点的多阶差分结果，为模型提供冗余特征。

具体地，给定一个采样长度为 $T$ 帧、关键节点总数为 $N$ 的骑行者骨架序列，将它的节点级别运动学特征集合记作 $X = \{x_{t,i} \mid 1 \leqslant t \leqslant T, 1 \leqslant i \leqslant N\}$，利用矩阵理论可以将该特征集表示为矩阵 $X \in \mathbb{R}^{C \times T \times N}$，其中 $x_{t,i} = X[:, t, i] \in \mathbb{R}^C$ 为节点 $v_{t,i}$ 的具有 $C$ 个通道的节点特征向量。在 $t$ 时刻，节点 $v$ 的 $n$ 阶差分被定义为

$$\Delta^n x^{(t)} = \begin{cases} \Delta^n x^{(t)}, & n = 0 \\ \Delta^{n-1} x^{(t)} - \Delta^{n-1} x^{(t-1)}, & 其他 \end{cases} \quad (5-5)$$

由此，节点 $v$ 的运动学特征向量将被定义为 $x_{t,i} = [\Delta^0 x^{(t)}, \Delta^1 x^{(t)}, \Delta^2 x^{(t)}]$。其中，$\Delta^0 x^{(t)}$、$\Delta^1 x^{(t)}$ 和 $\Delta^2 x^{(t)}$ 分别由式（5-5）计算多阶差分得出，3 个特征分量分别对应该节点的位置、速度和加速度信息。

**2. 基于时空图卷积神经网络的骑行者时空图特征提取**

在得到节点特征后，本案例采用基于图卷积神经网络（graph convolutional networks，GCN）的方法提取骑行者时空图特征。与图表示方法相比，基于 GCN 的方法可以高效学习图表示模型数据中节点之间的联系。为了在同时考虑骑行者行为空间特征和时域特征的基础上，进一步深入挖掘骑行者行为特征，本书案例基于时空图卷积神经网络（spatio-temporal graph convolutional networks，ST-GCN）[32] 对骑行者的行为特征进行提取。

为了捕获时间和空间两方面的信息，ST-GCN 使用独立模块分别学习空间信息和时间信息。由于视频图像中人的分布位置变化很大，因此 ST-GCN 首先在时间和空间维度下对输入图数据进行归一化，即将一个关节在不同帧数时的位置特征 $(x, y)$ 进行归一化，减少算法无法收敛的风险。然后模型基于注意力机制（attention mechanism）对肢体不同部分进行了加权，接着将图分割，并为每个节点生成权重向量。对带有权重的图，先使用 GCN 模块学习空间中相邻关节的局部特征，GCN 的核心是利用边连接信息对节点信息进行聚合，从而生成新的节点特征。模型使用拉普拉斯矩阵表示图结构，实现对称归一化的加权平均法对节点 $i$ 的特征进行更新的图卷积操作的表达式如下：

$$\begin{aligned} \text{aggregate}(X_i) &= \hat{D}^{-\frac{1}{2}} \hat{A} \hat{D}^{-\frac{1}{2}} X \\ &= \sum_{k=1}^{N} \hat{D}_{ik}^{-\frac{1}{2}} \sum_{j=1}^{N} \hat{A}_{ij} X_j \sum_{l=1}^{N} \hat{D}_{il}^{-\frac{1}{2}} \end{aligned}$$

$$= \sum_{j=1}^{N} \hat{D}_{ii}^{-\frac{1}{2}} \hat{A}_{ij} X_j \hat{D}_{jj}^{-\frac{1}{2}}$$

$$= \sum_{j=1}^{N} \frac{1}{\hat{D}_{ii}^{\frac{1}{2}}} A_{ij} \frac{1}{\hat{D}_{jj}^{\frac{1}{2}}} X_j$$

$$= \sum_{j=1}^{N} \frac{\hat{A}_{ij}}{\sqrt{\hat{D}_{ii}\hat{D}_{jj}}} X_j \tag{5-6}$$

式中，$N$ 表示节点个数；$X_i$ 表示节点 $i$ 的特征；$\hat{A} = A + I$ 表示邻接矩阵，使用 $\hat{A}$ 而不是直接使用 $A$ 是为了不丢失节点的自身特征，通过添加自环将节点自身的特征添加回来；$\hat{A}_{ij}$ 表示两节点之间的权值；$\hat{D}$ 表示 $\hat{A}$ 的度矩阵；$\sqrt{\hat{D}_{ii}\hat{D}_{jj}}$ 表示聚合节点 $i$ 的度 $\hat{D}_{ii}$ 和被聚合节点 $j$ 的度 $\hat{D}_{jj}$ 的几何平均数。

之后，使用处理时间维度数据的卷积神经网络 TCN 模块[33] 学习关节时序变化的局部特征，通过交替使用 GCN 和 TCN 实现行为特征的提取。最后利用平均池化层汇总节点特征用以表示图级别特征，并使用全连接层对特征进行分类。本案例中的 ST-GCN 基本模型框架如图 5-3 所示。

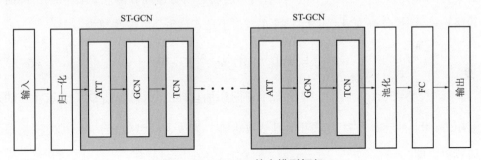

图 5-3　ST-GCN 基本模型框架

为了在单层图中建模节点级交互的时空特征，本书案例基于 ST-GCN 网络的基本结构提出了层内时空特征提取模块。通过交替使用 GCN 模块与 TCN 模块结构完成特征提取，提取过程分为如下两个步骤：

步骤一，提取空间特征。利用 GCN 在图结构数据建模中的灵活性，从节点连接中提取空间特征。根据第 5.2.1 节对分层图表示模型的定义，骑行者分层图表示模型的第 $l$ 层图表示模型中节点间的空间连接边可以表示为邻接矩阵 $A_l \in$

$\mathbb{R}^{N_l \times N_l}$,其中 $N_l$ 表示第 $l$ 层图中节点的总数。基于选定策略初始化邻接矩阵 $A_l$,本案例基于骨架自然生理连接与运动关系拓扑连接对邻接矩阵进行初始化。给定输入骨架序列 $X_{l,\text{in}} \in \mathbb{R}^{C_{\text{in}} \times T_{\text{in}} \times N_l}$,其中 $C_{\text{in}}$ 表示输入特征通道数,$T_{\text{in}}$ 表示观测序列时长。在模型训练前,先对输入特征与输出特征进行维度调整。其中,输入特征被组织为 $X_{l,\text{in}} \in \mathbb{R}^{N_l \times d_{\text{in}}}$,输出特征被组织为 $X_{l,\text{out}} \in \mathbb{R}^{N_l \times d_{\text{out}}}$,$d_{\text{in}} = C_{\text{in}} \cdot T_{\text{in}}$ 和 $d_{\text{out}} = C_{\text{out}} \cdot T_{\text{out}}$ 分别是网络输入和输出特征通道的个数。基于式(5-6)定义的 GCN 过程,对单层图节点之间的空间依赖关系建模,节点更新特征 $X_{l,\text{out}}$ 的表达式如下:

$$X_{l,\text{out}} = \Phi(X_{l,\text{in}}) = \hat{D}_l^{-\frac{1}{2}} \hat{A}_l \hat{D}_l^{-\frac{1}{2}} X_{l,\text{in}} W_l \tag{5-7}$$

其中,$\Phi(\cdot)$ 表示空间图卷积操作;$\hat{A}_l = A_l + I$ 为添加自环的邻接矩阵,单位矩阵 $I$ 为节点自连接;$\hat{D}_l$ 表示 $\hat{A}_l$ 的度矩阵;$W_l \in \mathbb{R}^{N_l \times d_{\text{out}}}$ 表示可学习参数矩阵。由于人体运动具有规律特性,Yan 等人提出将姿态图模型划分为多个子图对动作识别任务进行研究。令 $S$ 为图划分策略生成的子集个数,本书案例根据运动分析研究将图划分为 3 个子图,分别表示向心运动、离心运动和静止动作特征,同时邻接矩阵 $\hat{A}_l$ 被分解为 $\hat{A}_{l,1}$、$\hat{A}_{l,2}$ 和 $\hat{A}_{l,3}$,于是式(5-7)被改写为

$$X_{l,\text{out}} = \sum_{s=1}^{S} \hat{D}_{l,s}^{-\frac{1}{2}} \hat{A}_{l,s} \hat{D}_{l,s}^{-\frac{1}{2}} X_{l,\text{in}} W_{l,s} \tag{5-8}$$

其中,$S = 3$;$\hat{A}_{l,s} = A_{l,s} + I$ 为每个子图添加自环的邻接矩阵;$\hat{D}_{l,s}$ 表示 $\hat{A}_{l,s}$ 的度矩阵;$W_{l,s} \in \mathbb{R}^{N_l \times d_{\text{out}}}$ 表示可学习参数矩阵。为改善模型效果,向 GCN 模块添加残差,即

$$\begin{aligned} X_{l,\text{out}} &= \Phi(X_{l,\text{in}}) + X_{l,\text{in}} \\ &= \Big( \sum_{s=1}^{S} \hat{D}_{l,s}^{-\frac{1}{2}} \hat{A}_{l,s} \hat{D}_{l,s}^{-\frac{1}{2}} X_{l,\text{in}} W_{l,s} \Big) + X_{l,\text{in}} \end{aligned} \tag{5-9}$$

步骤二,提取时间特征。相对于空间结构特征而言,时域内的数据是有序的。为了将空间 GCN 扩展至时空域,基于 TCN 模块对输入 $X_{l,\text{in}} \in \mathbb{R}^{C_{\text{in}} \times T_{\text{in}} \times N_l}$ 应用 $K_{\text{TCN}} \times 1$ 的二维卷积操作实现跨时间步的时域特征提取,其中 $K_{\text{TCN}}$ 为时间核大小。TCN 模块的基本结构如图 5-4 所示,包括膨胀因果卷积、权重归一化、激活函数和残差连接 4 个主要组成部分。最终,层内时空特征提取模块生成的交互特

征被建模为

$$X_{l,\text{out}}^{\text{intra}} = \Psi_{K_{\text{TCN}}}\left[\Phi(X_{l,\text{in}}) + X_{l,\text{in}}\right] + X_{l,\text{in}} \tag{5-10}$$

式中，$\Psi_{K_{\text{TCN}}}(\cdot)$ 表示时间核为 $K_{\text{TCN}}$ 的时域卷积操作。

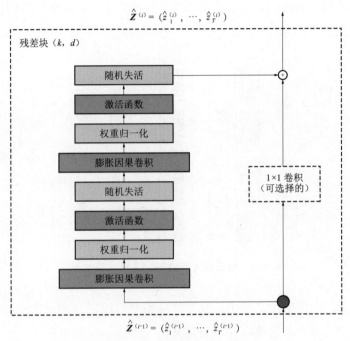

图 5-4 TCN 模块的基本结构

**3. 基于分层图表示的骑行者特征融合**

直至目前，本案例已经通过使用一系列层内时空特征提取模块完成了对单层图中交互特征的提取，实现了对图表示模型中节点所蕴含的丰富动态信息的学习。为了进一步探究骑行者的运动模型，本案例提出了基于分层图表示的骑行者特征融合机制。分层图结构的特征融合分为两个组成部分，即人车单元交互特征融合与分层图交互特征融合。首先通过对人体姿态节点与非机动车关键节点之间的关系进行建模，初步探索人体控制单元和非机动车执行单元之间的交互。其次对关键节点和肢体部件之间的交互关系进行建模，通过探索分层图结构中不同层节点之间的特征融合方法，建立基于融合特征指导的节点特征更新策略，进一步挖掘节点之间的交互关系。

## 1) 分层图交互特征融合

为了建模关键节点和肢体部件之间的交互关系，本书案例提出了一种分层时空特征融合（multi-layer feature fusion，MLFF）模块，以层与层之间的交互知识为指导，实现层与层之间的信息共享和节点特征的更新。特征融合模块 MLFF 技术路线图如图 5-5 所示。

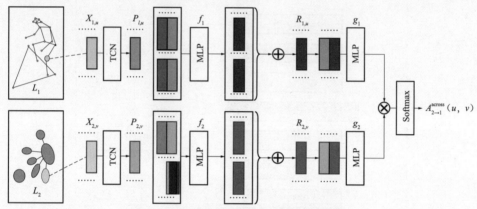

图 5-5 特征融合模块 MLFF 技术路线图

建立一个二分图模型。其中，全部节点集合可以划分为两个不相交的部分，分别为关键节点集合和肢体部件节点集合；二分图中的每条边 $(v_{1,i}, v_{2,j})$ 所关联的两个顶点分别属于这两个不同的集合。这些跨层的边连接被用于表示关键节点层中的节点与肢体部件层中的节点之间的关系。下面以肢体部件特征指导的关键节点特征更新的过程为例，说明分层图交互特征融合的方法。首先，构建 $L_2$ 层到 $L_1$ 层之间二分图的邻接矩阵为 $A_{2\to1}^{\text{across}} \in [0, 1]^{N_1 \times N_2}$。为了充分利用时域信息，将所提取的第 $l$ 层图中节点 $v_m$ 的特征 $X_{l,m} \in \mathbb{R}^{T \times C}$，经过时域卷积处理为向量化的输入 $p_{l,m}$，其表达式为

$$p_{l,m} = \Psi_{l,k,\mu}(X_{l,m}) \tag{5-11}$$

其中，$\Psi_{l,k,\mu}(\cdot)$ 表示对第 $l$ 层图模型内的节点特征向量作时间核为 $k$、步长为 $\mu$ 的时域卷积操作。对于所提取的各个节点运动学特征，通过以下两个步骤进行层内特征提取：

第一步，计算每一个特征在节点 $v_m$ 与所有当前层级中剩余节点该特征之间的相对值，生成特征矩阵 $R_{l,m}$，即

$$R_{l,m} = \sum_{n=1}^{N_l} f_l[(p_{l,m}, p_{l,n} - p_{l,m})] \tag{5-12}$$

其中，$f_l(\cdot)$ 表示多层感知机（MLPs）。

第二步，将节点自身的特征向量与相对特征向量进行拼接，并生成新的特征矩阵 $H_{l,m}$，即

$$H_{l,m} = g_l[(p_{l,m}, R_{l,m})] \tag{5-13}$$

其中，$g_l[\cdot]$ 表示 MLPs；$(\cdot, \cdot)$ 表示特征向量连接。接着进行层间特征融合，推断 $L_1$ 层中的节点 $v_i$ 和 $L_2$ 层中的节点 $v_j$ 之间的边权重，即

$$A_{2\to1}^{\text{across}}(i,j) = \text{Softmax}(H_{1,i}^{\mathrm{T}} \cdot H_{2,j}) \tag{5-14}$$

其中，$A_{2\to1}^{\text{across}}(i,j) \in [0,1]$；$\text{Softmax}(\cdot)$ 表示 Softmax 算子。基于层间特征融合的节点特征更新公式为

$$X_1^{\text{across}} \leftarrow A_{2\to1}^{\text{across}} X_2 W_{\text{fusion},2} + X_1 \tag{5-15}$$

其中，$X_1$ 和 $X_2$ 分别表示 $L_1$ 和 $L_2$ 层输入到 MLFF 模块的输入特征；$W_{\text{fusion},2}$ 表示可学习的融合特征参数；$X_1^{\text{across}}$ 表示在融合特征 $A_{2\to1}^{\text{across}}$ 指导下，$L_1$ 层节点特征 $X_1$ 的更新结果。

2）人车单元交互特征融合

为了建模人车单元内部的交互关系，本书案例提出了一种人车单元交互特征融合（human-vehicle feature fusion，HVFF）模块，以人体与非机动车交互知识为指导，实现人车单元内部的信息共享和节点特征的更新。HVFF 模块的基本架构与 MLFF 模块相同。下面以非机动车部分指导的人体关节点特征更新的过程为例，说明人车单元交互特征融合的方法。记非机动车相关节点和内部边连接构成的子图为 $G_v$，人体相关节点和内部连接构成的子图为 $G_h$。首先构建 $G_v$ 到 $G_h$ 之间的二分图，并将两个部分之间的边连接对应的邻接矩阵表示为 $A_{v\to h}^{\text{across}} \in [0,1]^{N_v \times N_h}$。与分层交互特征融合类似，首先对任意节点 $v_m$ 分别进行时域卷积，生成向量化的节点自身特征，即

$$\begin{cases} p_{v,m} = \Psi_{v,k,\mu}(X_{v,m}) \\ p_{h,m} = \Psi_{h,k,\mu}(X_{h,m}) \end{cases} \tag{5-16}$$

其次构建节点相对特征，即

$$\begin{cases} \boldsymbol{R}_{v,m} = \sum_{n=1}^{N_v} f_v\big[(\boldsymbol{p}_{v,m}, \boldsymbol{p}_{v,n} - \boldsymbol{p}_{v,m})\big] \\ \boldsymbol{R}_{h,m} = \sum_{n=1}^{N_h} f_h\big[(\boldsymbol{p}_{h,m}, \boldsymbol{p}_{h,n} - \boldsymbol{p}_{h,m})\big] \end{cases} \quad (5-17)$$

最后生成综合节点自身特征与相对特征的完整节点特征，即

$$\begin{cases} \boldsymbol{H}_{v,m} = g_v\big[(\boldsymbol{p}_{v,m}, \boldsymbol{R}_{v,m})\big] \\ \boldsymbol{H}_{h,m} = g_h\big[(\boldsymbol{p}_{h,m}, \boldsymbol{R}_{h,m})\big] \end{cases} \quad (5-18)$$

基于生成的特征进行人车单元之间的特征融合，推断 $G_v$ 中的节点 $v_i$ 和 $G_h$ 中的节点 $v_j$ 之间的边权重，即

$$\boldsymbol{A}_{v \to h}^{\text{across}}(i,j) = \text{Softmax}(\boldsymbol{H}_{h,i}^{\mathrm{T}} \cdot \boldsymbol{H}_{v,j}) \quad (5-19)$$

其中，$\boldsymbol{A}_{v \to h}^{\text{across}}(i,j) \in [0,1]$。基于人车单元之间特征融合的节点特征更新公式为

$$\boldsymbol{X}_h^{\text{cross}} \leftarrow \boldsymbol{A}_{v \to h}^{\text{across}} \boldsymbol{X}_v \boldsymbol{W}_{\text{fusion},v} + \boldsymbol{X}_h \quad (5-20)$$

其中，$\boldsymbol{X}_h$ 和 $\boldsymbol{X}_v$ 分别表示 $G_v$ 和 $G_h$ 输入到 HVFF 模块的输入特征；$\boldsymbol{W}_{\text{fusion},v}$ 表示可学习的融合特征参数；$\boldsymbol{X}_h^{\text{cross}}$ 表示在融合特征 $\boldsymbol{A}_{v \to h}^{\text{across}}$ 指导下，$G_h$ 中节点特征 $\boldsymbol{X}_h$ 的更新结果。

4. 模型损失函数设计

经过时空图卷积神经网络的骑行者时空特征提取，与基于分层图表示的骑行者特征融合，将最终分层图表示模型 $L_1$ 和 $L_2$ 层对应的输出特征 $\boldsymbol{X}_1^{\text{out}}$ 和 $\boldsymbol{X}_2^{\text{out}}$ 进行叠加，即

$$\boldsymbol{H} = \boldsymbol{X}_1^{\text{out}} + \omega \boldsymbol{X}_2^{\text{out}} \quad (5-21)$$

其中，$\boldsymbol{H}$ 为基于时空图神经网络与特征融合的行为识别模型最后生成的高级图嵌入特征，并且在识别任务中将以 $\boldsymbol{H}$ 为输入特征训练骑行者行为分类器。

交叉熵函数是分类领域使用最广泛的损失函数之一[34]。因此，为了对骑行者行为识别模型进行训练，本书案例使用交叉熵函数作为损失函数来评估模型的识别结果，即

$$\text{Loss} = \text{CrossEntropy}(\boldsymbol{H}, \boldsymbol{L}) \quad (5-22)$$

其中，$\boldsymbol{L}$ 是实际骑行者行为标签。交叉熵与自信息、香农熵以及 KL 散度有关。

## 5.2.2 骑行者穿行意图识别实验

本节以骑行者穿行意图识别为例，通过实验及结果分析，验证基于不同特征融合方法的有效性。案例实验利用 OpenPose 工具逐帧对视频图像序列中的所有无显著遮挡的骑行者进行了姿态估计，并提取了所有关键节点在像素坐标系中的坐标。为构建特定观测时长 $T$ 的行为特征输入数据，从视频图像序列中截取目标骑行者从出现到消失的完整序列，依据采样长度 $T$ 对序列进行裁剪。由于数据集存在的骑行者样本数量较少的问题，在截取视频序列后，对其以 1 帧为间隔在时域上连续采样。经过处理，针对骑行者穿行行为分类标签，获取 $T=18$ 的骑行者样本共 697 条，其中穿行样本总数 249 条，非穿行样本总数 36 条，有穿行意图但没有穿行样本总数 412 条。

完成模型参数设置后，基于所采集的城区混合交通骑行者行为特征数据集训练基于图神经网络与特征融合的行为识别模型。对于输入数据而言，本案例采用基于人车单元的完整骨架节点信息进行建模的方法，以及只考虑人体部分关键节点进行建模的方法。为了验证增加的非机动车节点在骑行者行为识别任务中的作用，按照是否包含非机动车节点设置骑行者行为识别效果对比实验。此外，本书案例所提出的基于时空图卷积神经网络与特征融合的模型具有以下两种特征融合方式，即分层图交互特征融合和人车单元交互特征融合，并将这两种特征融模块分别记作 MLFF 和 HVFF。为了验证提出的特征融合模块有效性，分别在包含非机动车节点和不包含非机动车节点两种实验条件下探究分层图特征融合机制和人车单元交互融合机制的可用性，共设置 5 组网络结构对比实验。

对于不包含非机动车节点的骑行者行为数据，由于骑行者图表示模型中不包含非机动车节点，所以无法应用 HVFF 模块，则该组输入数据设置以下两种网络结构：一是采用不包含非机动车节点的行为表征，不使用特征融合模块；二是采用不包含非机动车节点的行为表征，使用 MLFF 模块。对于包含非机动车节点的骑行者行为数据，根据 MLFF 模块和 HVFF 模块的使用情况，对该组输入数据设置 3 种网络结构：一是采用包含非机动车节点的行为表征，使用 MLFF 模块，不使用 HVFF 模块；二是采用包含非机动车节点的行为表征，使用 HVFF 模块，不使用 MLFF 模块；三是采用包含非机动车节点的行为表征，使用 MLFF 模块与 HVFF 模块。针对模型在行为识别任务中的表现，使用识别准确率、F1 得分、精确率指标对结果进行了评估。图神经网络与特征融合模型的输入特征与融合机制对比实验结果如表 5-2 所示，其中模型的最好表现用粗体突出显示。

表 5-2　图神经网络与特征融合模型的输入特征与融合机制对比实验结果

| 序号 | 模型设置 | | | 模型评价指标 | | | |
|---|---|---|---|---|---|---|---|
| | 非机动车节点 | MLFF | HVFF | 准确率 | F1 得分 | 精确率 | 平均值 |
| 1 | × | × | - | 81.82% | 81.21% | 83.29% | 82.11% |
| 2 | × | √ | - | 81.81% | 81.30% | 84.68% | 81.60% |
| 3 | √ | √ | × | 92.93% | 93.10% | 94.42% | 93.48% |
| 4 | √ | × | √ | 87.88% | 87.73% | 88.25% | 87.95% |
| 5 | √ | √ | √ | **93.94%** | **93.86%** | **95.22%** | **94.34%** |

对比第 1 组实验与第 2 组实验，发现对于不包含自行车节点的输入数据，即使进行了分层图特征融合操作，模型评价指标均实现了提升，其中 F1 得分和精确率分别提高了 0.09% 和 1.39%，验证了分层图交互特征融合的有效性。然而该应用 MLFF 模块对模型评价指标的提升效果有限，这可能是因为本书案例所考虑的骑行者包括依靠人力的自行车以及依靠助力的非机动机车。对于后者而言，骑行者在行驶过程中，肢体动作不会发生较大幅度的变化，人体关键节点之间的相对位置关系没有显著动态特征，肢体的运动模式不能为关键节点的特征更新起到很好的指导效果。

对比第 2 组和第 3 组实验，在都应用了 MLFF 模块的条件下，添加非机动车节点的第 3 组实验展现了显著的骑行者行为识别效果的提升。其中，准确率、F1 得分和精确率分别提高 11.12%、11.80% 和 9.74%。这可能是由于骑行者的运动受到非机动车结构的限制，其运动轨迹潜在包含单车运动模型，通过增加非机动车节点，可以将车身的运动直观地建模到骑行者的行为表征中，从而使得学习到的骑行者行为特征包含了非机动车在道路上的运动特性，增强了骑行者图表示模型的表达能力，从而实现了骑行者行为识别模型性能的提升，验证了非机动车节点在骑行者行为识别任务中的有用性。

对比第 3、4 和 5 组实验，对单独使用特征融合模块 MLFF 或 HVFF 的骑行者行为识别效果和同时使用两种特征融合模块的效果进行对比。实验结果表明，单独使用 MLFF 模块和 HVFF 模块都在一定程度上提高了骑行者行为识别的效果，但是对 HVFF 模块而言，没有应用 MLFF 模块所带来的性能提升显著。这可能是因为骑行者关键节点与肢体部件之间存在天然的所属关系。由于肢体部件的运动与关键节点的运动密切相关，从而使得基于肢体部件与关键节点之间的特征交互，可以更有效地建模骑行者的行为。由于非机动车与人体之间不存在绝对的物理连接，人体的运动与非机动车的运动具有相对性，人体行为表达骑行者的运动目标，是骑行者行为的控制器，而骑行者的真实行为轨迹则通过非机动车作为执行器执行，两者之间相互关联又彼此独立，因此基于非机动车节点与人体姿态节点之间的交互关联更加复杂，对于本书案例所使用的模型训练数据规模而言，可能不足以充分学习其中的交互模式。从实验 5 的结果可以看出，基于人车交互特征融合机制，仍然可以在应用了 MLFF 模块的基础上，继续提升骑行者行为识别模型的性能，从而证明了人车单元交互特征融合的有效性。

## 5.3 基于行为识别的骑行者风险评估预测

由于数据采集系统所收集的骑行者数据集没有关于风险水平的基本事实标签，因此为了获得统一标准的骑行者风险评估度量，本书案例使用谱聚类算法（spectral clustering）[35] 的风险分级方法，深入挖掘骑行者在主车视角下的特征状态以及其中蕴含的行为模式和风险模式，划分车辆行驶过程中周边骑行者的风险等级。在获得了骑行者的风险等级评价标签后，需要进一步选择合适的分类模型来构建骑行者风险识别分类器。本节针对第 5.2 节提出的基于图神经网络与特征融合方法获得的高级行为特征，基于多层感知机原理构建骑行者风险等级分类器，最终实现对骑行者风险等级的预测。

### 5.3.1 基于聚类的骑行者风险等级标签聚类

在谱聚类方法中，对于一组数据点 $x_1, x_2, \cdots, x_n$，通常使用相似性图

$G = (V, E)$ 的形式来表示数据。

首先,构建邻接图。建立一个有 $M$ 个节点的邻接图以及一组连接相邻点的边。如果 $s_i$ 是 $s_j$ 的 $k$ 个最近邻,则在第 $i$ 个和第 $j$ 个节点之间放置一条边。在欧氏距离 $s_i$-$s_j$ 下选择 $k$ 个最近邻,然后计算相似度矩阵,即使用高斯核作为相似性度量来计算图的相似度矩阵 $A \in \mathbb{R}^{M \times M}$,且 $A_{ij} = e^{\frac{s_i - s_j^2}{2\sigma^2}}$。

其次,选择使用 KNN 算法[36]或高斯核方法构建邻接图并生成相似度矩阵。获得相似度矩阵后,构造拉普拉斯特征映射:给定 $A$,我们可以构造对角加权矩阵 $D$,其元素为 $S$ 的列和,即 $D_{ij} = \sum_j X_{ji}$。然后计算拉普拉斯矩阵 $L = D - A$,并求解以下广义特征值问题:

$$\begin{cases} Le = \lambda De \\ (I - D^{-1}A)e = \lambda e \end{cases} \tag{5-23}$$

最后,对特征向量排序 $0 = \lambda_0 \leq \lambda_1 \leq \cdots \leq \lambda_M$,即 $U = [e^0, e^1, \cdots, e^M]$,其中 $e^i \in \mathbb{R}^{p \times M}$。通过选择前 $p$ 个特征向量,就可以构造出一个数据的 $p$ 维流形嵌入表示 $Y = [e^1, \cdots, e^p]^T$,其中 $Y \in \mathbb{R}^{p \times M}$。获得了数据的拉普拉斯映射 $Y$ 后,就能够通过挑选合适的 $K$ 值,对 $Y$ 进行 K-means 聚类运算。

基于第 5.1 节建立的骑行者时空图模型,将基于碰撞风险分析选取的骑行者时空特征作为图表示模型的节点属性建模到骑行者时空图模型中,形成骑行者风险图模型。使用基于图核的图相似性度量方法,将骑行者风险图之间的内积向高维空间映射,生成矩阵 $K \in \mathbb{R}^{N \times N}$ 作为相似性度量矩阵。谱聚类算法等依赖相似度度量的无监督机器学习方法可以直接处理相似性度量矩阵,将其作为输入进行聚类。

### 5.3.2 骑行者风险等级预测方法

在获取骑行者风险等级聚类标签后,本案例基于多层感知机采用监督学习的方法对骑行者数据样本进行风险等级分类,实现骑行者风险等级预测。多层感知机是最基本的机器学习分类器之一。最典型的 MLP 包括以下 3 层,即输入层、隐藏层和输出层。MLP 神经网络不同层之间是全连接的,也就是常见的全连接层,即上一层的任何一个神经元与下一层的所有神经元都有连接。MLP 主要有 3 个基本要素,即权重 $w$、偏置 $b$ 和激活函数。其中,权重表示神经元之间的连接强度,权重的大小表示可能性的大小;偏置的设置是为了正确分类样本,是模型中一个重要的参数,使得利用输入特征计算的输出结果被激活是有条件的;激活函数一般为非线性函数,其可将神经元的输出幅度限制在一定范围内,一般限制在 $(-1,1)$ 或 $(0,1)$ 之间。常用的激活函数包括 Sigmoid 函数和 ReLU 函数,他们可以将 $(-\infty,+\infty)$ 的数映射到 $(0,1)$ 的范围内。MLP 的一般结构如图 5-6 所示。

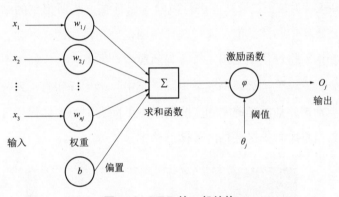

图 5-6　MLP 的一般结构

对于给定的训练数据集,感知机根据输入特征向量进行分类的线性模型为

$$f(\boldsymbol{x}) = \mathrm{sign}(\boldsymbol{w} \cdot \boldsymbol{x} + b) \tag{5-24}$$

其中,$w$ 和 $b$ 为待定参数,$\mathrm{sign}(\cdot)$ 为激活函数。模型通过最小化损失函数 $L(\boldsymbol{w},b)$ 进行参数学习,损失函数对应误分类实例点到分离超平面的距离总和为

$$\min L(\boldsymbol{w},b) = -\sum_{x_i \in M} y_i(\boldsymbol{w} \cdot x_i + b) \tag{5-25}$$

### 5.3.3　骑行者风险等级预测实验

本案例的研究目的是对城区混行场景下的骑行者风险等级进行评估。为了更好地适应不断变化的复杂骑行者行为,骑行者风险等级评估框架首先对骑行者的行为图表示进行高级行为特征提取,其次对提取出的特征状态进行风险等级评估,最终识别出当前骑行者所处的风险等级状态。本小节在所构建的骑行者数据

集上搭建骑行者风险等级评估框架并开展实验验证，同时分析其评估准确率和实际评估效果。

1. 骑行者风险等级评估准确率分析

为了验证骑行者风险等级评估框架对骑行者行为特征的风险评估准确率。首先，对于所采集的骑行者数据，依据本章介绍的特征提取与聚类方案，对数据集中所有骑行者数据构建风险指标特征集，并对该特征集内所有骑行者特征进行风险等级识别，将所得到的风险等级标签作为真实值，对分布不均衡数据应用数据过采样算法生成各类均衡的数据集；其次，利用风险等级评估模型对重采样数据集中所有骑行者进行高级行为特征提取，并进行风险等级评估，将所得到的结果作为测试值；最后对比真实值与测试值，通过统计预测正确和错误的样本数，得出评估框架的识别准确率。将评估结果用 4 行 4 列的混淆矩阵来表示，如图 5-7 所示的机非混行场景骑行者风险等级识别混淆矩阵。其中，第 4 行和第 4 列分别展示了真实值中不同类别被评估的准确率和实验结果中不同类别的整体评估准确率，右下角数值为该数据集风险等级评估的整体准确率。

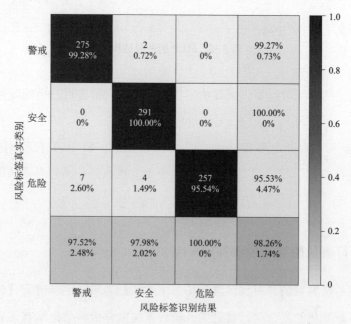

图 5-7　机非混行场景骑行者风险等级识别混淆矩阵（附彩图）

由图 5-7 所示实验结果可知，基于行为的骑行者风险等级评估框架的整体准确率可以达到 98.26%。对每项类别的分类误差进行具体分析，数据集中的主要评估误差来自危险状态和警戒状态的混淆，而危险状态和警戒状态之间主要存在位置远近的区别，并且这两类数据在特征分布上存在一定交叉，因此在识别任务中可能出现误分类的现象。但在实际应用中，安全预警系统一旦接收到预警信息就开始调整本车运动，因此上述风险状态误识别所产生的误差在可接受范围内。

2. 骑行者风险评估实例分析

下面以骑行者自车近邻行驶场景为例。该场景的真实情况为车辆在起步过程中，本车辆右侧有骑行者出现并超越车辆，随着车辆继续向前直行，车速逐渐增加，车辆又逐渐接近前方尚未离开车辆近邻区域的骑行者。所提出的基于行为的骑行者风险评估模型对上述近邻行驶的骑行者风险识别结果进行分析如图 5-8 所示。对于图中的风险评估结果，以红色虚线框表示危险状态，蓝色虚线框表示警戒状态，绿色虚线框表示安全状态。从图 5-8 中可以看到，在 $T=0$ 时，骑行者开始出现在本车的视野范围，在初始阶段，车辆起步过程车速较低，骑行者以较高速度远离车辆，表现出安全状态。在 $T=10$ 时，模型短暂将骑行者识别为预警状态，这可能是因为车辆速度增加引起与骑行者之间的相对速度变化，并达到了

图 5-8 近邻行驶的骑行者风险识别结果（附彩图）

的警戒状态的特征范围，之后本车采取减速措施避让使特征状态转变为安全。随着车辆继续直行通过路口，两者之间距离呈现快速缩减的趋势，特征状态从安全状态转变为危险状态，说明此时骑行者与车辆之间可能会存在碰撞风险，车辆需要减速注意。

  从以上风险等级评估实际效果来看，模型能够在不同的情况下有效对当前骑行者的行为模型进行捕捉，并能够根据骑行者和车辆之间的时空关系变化以及骑行者所处的行为状态，识别当前骑行者所处的风险等级，与实际发生的情况基本一致，起到了有效的风险预警作用。综上，实验结果表明，本书案例提出的风险等级评估框架能够充分地学习当前骑行者的潜在行为模式，并准确地评估其风险等级。

# 第 6 章

# 场景理解与风险评估

在复杂交通环境中多类交通参与者之间存在复杂交互行为，智能车辆与周围交通参与者之间存在潜在碰撞风险。为保障智能车辆行车安全，智能车辆需要对所处动态行驶场景中的交互行为进行分析、理解，并对场景的风险程度进行评估，从而为智能车辆决策提供参考依据。在介绍完面向包括车辆、行人、骑行者在内的个体交通参与者行为识别及风险预测后，本章主要介绍基于风险评估的智能车辆场景理解技术。

## ■ 6.1 行驶场景动静态特征提取与建模

动态行驶环境下每一帧场景中交通参与者数量以及参与者之间交互关系不断变化，同时行驶数据具有维数高而信息密度低的问题。为了对所采集数据中危险行驶场景进行提取与表征，本节首先提出基于流形学习的危险相关特征场景识别方法，初步提取出与危险行驶场景最为相关的驾驶行驶数据。其次引入了基于图表示方法的驾驶行驶场景建模方法，通过将场景动态因素与静态因素作为节点，并将不同动态因素与静态因素间的交互关系作为图的节点，实现了行驶场景基于图表示的高效表征，并突出了环境中不同要素的交互特性，进而能够更为准确地构建危险识别模型。

### 6.1.1 基于关键换道交互行为的行驶场景建模

不安全的换道行为主要为不开启转向灯的突然换道。如参考文献［37］所述，只有66%的换道行为开启了转向灯，并且在约50%的换道案例中，转向灯是在换道开始后才开启的。因此，对于关键换道交互行为行驶场景建模的前置工作，首先需要构建一个可靠的周围车辆换道识别系统，能够精确地识别周围车辆中驾驶员的换道行为。现有的换道识别模型研究，主要分为基于多传感器信息融合方法和基于计算机视觉的方法。基于多传感器信息融合方法首先从原始传感器数据中得到周围车辆的运动轨迹，然后利用预测模型预测车辆的未来运动。虽然该方法取得了优异的性能表现，但要为车辆配备不同种类的传感器需要大量的资金支持。为了降低资金成本，基于端到端计算机视觉的方法开始飞速发展。例如，在 Kim J 介绍的工作中，采集了 3 个摄像头的时间戳视频和人类驾驶员的驾驶数据（方向盘转角）来训练一个 CNN 网络。该系统以每秒 30 帧（FPS）的速度运行，大幅降低了传感器的成本，为开发低成本的识别系统提供了一种可能的途径。然而，这些端到端学习系统很难解释，而类似像素这样的高维数据输入到系统中，也具有可视化较难、可解释性低的缺点。另一个缺点是无论在训练阶段还是测试阶段，预测算法在处理高维度数据时的效率均会受到极大影响。基于此，本书案例采用基于关键换道交互行为的行驶场景建模整体框架，如图 6-1 所示。首先，基于机器视觉检测周围车辆的高维特征；其次基于流形学习方法对高维特征降维与可视化；最后对识别出的关键换道交互行为进行场景建模。

1. 基于视觉的周围车辆换道行为特征识别

对周围车辆的驾驶行为进行建模的第一步是找到一种适当的方法来量化它们。本书案例通过 YOLO v3 生成二维边界框来识别和标注数据集中的周围车辆[38]，将边界框的左上角和右下角的坐标作为识别模型输入，并将周围车辆的状态（换道前、换道中和换道后）作为输出。换道车辆的相对状态可以用一个 4 元素的状态向量来模拟，如式（6-1）所示：

$$s_{1,i} = [\Delta x_{1,i}, \Delta y_{1,i}, \Delta x_{2,i}, \Delta y_{2,i}]^T \tag{6-1}$$

式中，$i$ 是时间指数；$\Delta x_1$ 表示车辆 1 的标注框的左上角点的 $x$ 轴像素坐标；$\Delta y_1$ 表示车辆 1 的标注框的左上角点的 $y$ 轴像素坐标；$\Delta x_2$、$\Delta y_2$ 表示车辆 1 标注框的右下角的 $x$ 轴坐标和 $y$ 轴坐标。

因此，从各周围车辆换道场景片段图像中提取出的车辆状态矩阵可以表示为

$$S_1 = [s_{1,1}, s_{1,2}, \cdots, s_{1,n}] \tag{6-2}$$

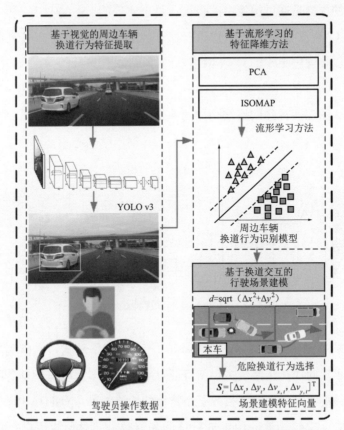

图 6-1 基于关键换道交互行为的行驶场景建模整体框架

因为这些图像是由主车上的摄像头拍摄的,所以可以认为换道车辆和主车之间的相对位置关系能够通过隐含在图像的像素坐标和标注框大小得到。因此,主车的驾驶员行为信息就同样被隐含在了我们提取出的状态向量中。本案例设置了一个含有 6 个元素的变量组与具有 4 个元素的状态向量作对比实验。

$$s_{2,i} = [\Delta x_{1,i}, \Delta y_{1,i}, \Delta x_{2,i}, \Delta y_{2,i}, \Delta v_i, \Delta \delta_i]^T \tag{6-3}$$

式中,$\Delta v_i$ 表示主车的速度;$\Delta \delta_i$ 表示主车驾驶员操作的方向盘角度,度。扩展特征的矩阵如式(6-4)所示:

$$S_2 = [s_{2,1}, s_{2,2}, \cdots, s_{2,n}] \tag{6-4}$$

YOLO v3 是一种经典的实时检测器算法,它具有快速识别速度、高准确率和强泛化能力。它通过输入的图像来检测物体的位置和类型。与其他基于分类器的视觉检测器相比,YOLO v3 模型有以下几个优点:一是由于在应用时观察整个图像,所以它的预测是通过图像中的全局背景来实现的;二是与 R-CNN 等系统不同的是,R-CNN 需要对单张图像进行数千次的预测才能得到满意的结果,而 YOLO v3 只需要通过单一的 CNN 网络就能进行预测;三是它的运行速度非常快,实验证明 YOLO v3 的检测速度快于 R-CNN 1 000 多倍,快于 Fast R-CNN 100 倍。

YOLO v3 的深度神经网络结构如图 6-2 所示。

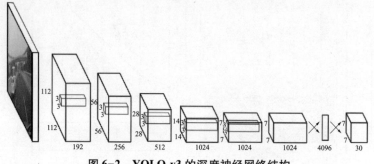

图 6-2　YOLO v3 的深度神经网络结构

本案例采用含有 53 个卷积层的 Darknet-53 的网络结构。它借鉴了残差网络结构,利用了层间快捷链路、多尺度特征对象检测、多尺度先验框等技术,提高了各类别物体的检测精度,更提升了小物体的检测效果。YOLO v3 训练深度神经网络时,对画面中检测框的位置进行预测和分类,并对预测值进行损失函数优化,其损失函数主要由以下几个分量组成:边框中心点的预测误差,边框的宽度、高度预测误差,边框内有对象的置信度误差,边框内无对象的置信度误差,对象的分类误差。总的来说,在 YOLO v3 网络的训练中,图像中的物体位置和类别的预测输出,与给定样本标签各项真值的误差平方和被作为一个样本的整体误差。通过各种精巧特征捕捉的网络设计和对象先验的引入,YOLO v3 能够达到工业级别图像目标检测和分类的效果,因此它适用于本书涉及的周围车辆换道识别要求。

在采集了换道场景的视频数据后,首先通过 YOLO v3 深度神经网络识别出行驶场景中的高维车辆特征,包括它所属的类别和边界框的坐标。得到高维的特征数据后,本书案例使用流形学习方法对车辆特征进行降维和可视化,得到换道行为识别模型的训练数据。

## 2. 基于流形学习的特征降维方法

流形学习是一种从高维原始数据中提取嵌入式流形的方法,这些数据通常需要两到三个维度来表示。当原始数据由于其高维度而难以解释时,流形学习技术可以通过学习从高维空间到低维空间的映射来实现降维,从而得到数据的流形。如果流形的维度足够低,数据就可以在低维空间中被可视化。

为了显示流形学习在处理高维换道数据时的优势,另一种著名的降维方法——主成分分析被用于对比实验。为了方便展示数据降维的计算过程,下面使用由矢量 $s_i$ 组成的状态矩阵 $S$ 来代替上文中提取的状态向量 $s_{1,i}$ 和 $s_{2,i}$ 构成的状态矩阵 $S_1$ 和 $S_2$。

### 1) 主成分分析 (PCA)

通常来说,简单的、较小的数据集更容易探索和可视化,这使得机器学习算法在没有无关变量干扰的情况能够更加稳定和高效地分析数据。主成分分析法作为一种数据降维方法,通常用于降低大型数据集的维数,将大型变量集转化为小型变量集,同时保证小型变量集仍然包含大型数据集中的大部分信息。其方法因为减少了数据集中变量的数量,会导致准确性上的牺牲,但是其思想直观并且操作简单,从而得到了广泛使用。

为了提取数据的主要特征成分,主成分分析通过使用正交变换将一组可能相关的变量转换成一组线性不相关的变量[39]。本书案例使用 PCA 方法对周围车辆的状态向量进行预处理,这有助于降低数据的维度,便于后期训练的分类器模型获得更高的模型预测精度,其过程如下所示。

首先,将状态向量置于维度为 $n×d$ 的矩阵 $S$ 中。其中,$n$ 为从周围车辆换道场景的 $n$ 帧图像中提取的状态向量的数量;$d$ 为状态向量中包含的元素数量。其次,计算矩阵 $S$ 的协方差矩阵。计算公式如式 (6-5)、式 (6-6) 和式 (6-7) 所示:

$$u_j = \frac{1}{n} \sum_{i=1}^{n} S_{ij}, j = 1,\cdots,d \qquad (6\text{-}5)$$

$$B = S - hu^{\mathrm{T}} \qquad (6\text{-}6)$$

$$C = \frac{1}{n-1} B * B \qquad (6\text{-}7)$$

式中,$j$ 是列数;$u_j$ 是每一列的经验平均值;$B$ 是与平均值的偏差;$h$ 是 $n×1$ 列向量；$C$ 是由矩阵 $B$ 计算出的协方差矩阵。

为了找到高维数据中最重要的成分，我们计算协方差矩阵的特征向量和特征值，然后按照特征值递减的顺序重新排列，选择前 $d'$ 项成分作为高维数据降维得到的基本向量，该降维后向量能够最大程度表示原始的高维数据。计算公式如式（6-8）和式（6-9）所示：

$$V^{-1}CV = D \qquad (6\text{-}8)$$

$$\hat{S} = Z \cdot W = \mathbb{KLT}\{S\} \qquad (6\text{-}9)$$

式中，$V$ 是由 $C$ 的所有特征向量集合组成的矩阵；$D$ 是由 $C$ 沿其主对角线的所有特征值集合组成的对角线矩阵；$W$ 是基向量矩阵；$\hat{S}$ 是还原数据矩阵。

2）等距特征映射（Isomap）

Isomap 算法是 Josh T 等人提出的一种非线性降维技术。这是因为在对具有非线性结构的数据集进行降维处理时，经典的 PCA 和多维缩放算法的效果不明显[40]。这是由于具有非线性结构的数据集不能用线性表达，而且数据的点与点之间的距离不能用欧氏距离来衡量，因此提出 Isomap 算法来解决这个问题。为了测量流形上的几何距离，Isomap 算法用测地距离取代了多维缩放算法中的欧氏距离，并使用 $k$ 临近距离来构建每个点的数据邻域，该邻域定义了数据点的邻域和连接权重。该 $k$ 值最优化结果可以由实验来确定。随着数据点的邻域数据被识别，下一步是计算邻域点 $s_i$ 和 $s_j$ 之间的连接权重，如式（6-10）所示：

$$\text{dist}(s_i, s_j) = s_i - s_j \qquad (6\text{-}10)$$

式中，$s_i$ 和 $s_j$ 是矩阵 $S$ 的状态向量。

流形上的邻接矩阵是通过计算邻域上任意两点之间的最短路径来近似的。根据邻接矩阵，经典的多维缩放算法被用来构建 $D$ 维空间中数据的嵌入式坐标表示。需要最小化的成本函数如式（6-11）所示：

$$\min \Phi(D) = \sum_{i=1}^{n}\sum_{j=1}^{n}(\text{dist}_{ij}^{G} - \dot{s}_i - \dot{s}_j)^2 \qquad (6\text{-}11)$$

式中，$G$ 是邻域图；$\Phi(D)$ 表示 $D$ 维空间的流形嵌入；$\dot{s}_i$ 和 $\dot{s}_j$ 是低维空间中的两个嵌入向量。

通过设定坐标向量 $s_i$ 为邻接矩阵距离的前 $D$ 个特征值所对应的特征向量，可以得到上式的全局最优解。

基于降维后的车辆特征训练数据与周围车辆换道阶段的人工标签,训练换道行为识别分类器,实现对行驶场景中换道车辆及其换道阶段的识别。

3. 基于换道交互的行驶场景建模

通过上文确定行驶场景中的换道行为车辆后,就可以根据场景中的所有换道行为车辆进行行驶场景建模。首先提取该车辆的状态特征相对本车的 $x$、$y$ 方向的距离和速度,如式(6-12)所示:

$$s_t = [\Delta x_t, \Delta y_t, \Delta v_{x,t}, \Delta v_{y,t}]^T \quad (6-12)$$

式中,$\Delta x_t$ 和 $\Delta y_t$ 分别为换道车辆与本车在 $x$ 方向和 $y$ 方向上的相对距离;$\Delta v_{x,t}$ 和 $\Delta v_{y,t}$ 分别为换道车辆与本车在 $x$ 方向和 $y$ 方向上的相对速度。

由于复杂城市行驶环境下,有可能会有多辆周围车辆同时换道,因此为了选择最可能会对本车造成直接危险的关键换道交互行为,本书案例以行驶环境中换道车辆与本车的欧氏距离 $d$ 作为选择标准,如式(6-13)所示。周边换道车辆与本车的欧式距离越小,则说明该车辆与本车在行驶环境中越接近,与本车的换道交互行为发生危险的可能性越大。

$$d = \sqrt{\Delta x_t^2 + \Delta y_t^2} \quad (6-13)$$

## 6.1.2 基于图模型的行驶场景建模

除了关注关键换道交互行为对本车的直接危险外,还需要表征行驶场景中众多交通参与者的复杂交互行为对本车造成的间接危险,因此需要对驾驶员视野范围内的行驶场景进行建模。为了对场景中所有交通参与者的特征信息进行提取分析,应对动态行驶环境下每一帧场景中交通参与者数量(驾驶员视野范围内的交通参与者)以及参与者之间交互关系不断变化的问题。本书案例选择图结构数据作为行驶场景特征的表达方式,本节首先介绍图表示方法并说明该方法相对于特征向量表示法的优点,其次描述使用图方法对场景要素的抽象过程。基于图模型的行驶场景建模方法如图 6-3 所示。

将行驶场景抽象为图模型,需要将行驶场景中的动、静态要素与图模型中的定义特征找到对应关系。由前文所述可知,一个图表示模型的定义包含:图的节点及节点标签;节点之间的边连接以及边的标签。由第 2 章的行驶场景分析可

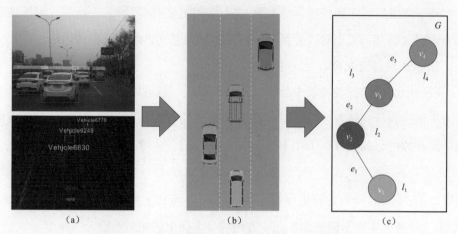

图 6-3 基于图模型的行驶场景建模方法（附彩图）
(a) 真实场景数据；(b) 鸟瞰图；(c) 图结构数据

知，行驶场景中的要素分为动态要素和静态要素。动态要素为行驶场景中的机动车辆，而静态要素则包含城市道路环境的几何信息和交通标识信息，如车道线和车道数量等。因此，基于图模型表示的行驶场景特征提取包含图模型节点定义、图模型节点标签定义和图模型边定义与边标签生成。最终实现基于图表示方法的行驶场景建模。

1. 行驶场景图模型节点定义

在城市结构化道路中，路面限定了车辆的通行区域并且通过车道线将路面划分为多条车道。同时，交通规则规定，机动车除了换道行为外只可以在车道内行驶，因此车辆在城市道路环境下的行驶轨迹也是结构化的，不会出现如野外环境下车辆轨迹复杂交叉以及不规则的现象。因此，从城市道路鸟瞰图来看，车辆本身可以自然地定义为图模型中的节点。

本案例所使用的数据集为基于车载传感系统采集的城市驾驶数据集，因此在预处理步骤中，首先将该数据集转换为以数据采集车为坐标系的城市道路鸟瞰图。由于数据集中的视频数据为前挡风玻璃下的单目摄像头采集，因此限定了生成的鸟瞰图范围为采集车的前视方向，而鸟瞰图的面积由数据采集车搭载传感器的检测范围决定。另外，在危险场景建模问题下，需要研究驾驶员所操作的车辆（数据采集车）与其他车辆的交互关系，而本车也是图模型中的一个节点，鸟瞰图由数据采集车采集,因此本车始终处于鸟瞰图的下方居中位置,并且鸟瞰图的生成范围随着数据采集车的移动而不断发生变化。

2. 行驶场景图模型节点标签定义

车道线在城市道路环境中起着引导车辆和划分路面的作用,因此将车道线作为一个行驶场景静态要素引入模型是非常重要的。如图6-4所示,由于在正常行驶过程中车辆之间的碰撞一般是发生在相邻的两个车道之间,所以我们以机器视觉检测出的车道线为基准,将每一帧鸟瞰图沿 $x$ 方向分为3条车道。车载传感器的最远检测距离为100 m,考虑到城市道路上的轿车车长一般为4 m左右,车辆之间的间隔约为5 m,因此 $y$ 方向以10 m为间隔划分为10个区域,路面最终被划分为3×10的网格。我们在网格区域内定义水平方向的 $X$ 轴和纵向方向的 $Y$ 轴。每个网格从1开始依次编码。每一帧图像中的车辆可以被视为图模型中的节点,车辆根据车辆所在的网格进行编号生成图模型的节点标签。

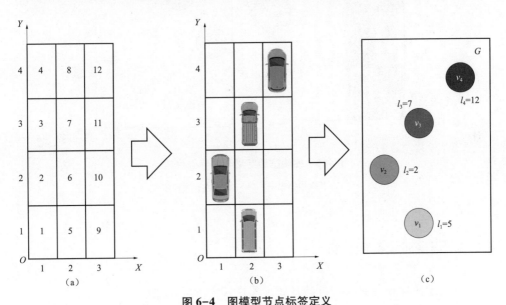

图6-4 图模型节点标签定义

(a) 路面网络划分;(b) 确定车辆所属网格;(c) 生成节点标签

3. 行驶场景图模型边定义与边标签生成

在图模型中两节点之间有边连接,则代表两节点之间存在联系,如在分子结构中存在的连接键,或者在社交网络图结构中两个人之间存在的某种社会关系。

在行驶场景图模型中，本书案例将边定义为车辆可能与周围车辆存在的潜在碰撞关系。在城市道路环境中，车辆之间最直观的度量标准是车辆之间的距离，两辆车离得越近则它们碰撞的概率越大。因此，在节点标签定义划分的网格基础上，以每辆车为中心的 3×3 网格范围内存在的车辆被认为是与中心车辆有边连接。同时，因为车辆之间的碰撞一般会发生在相邻近的两个车道之间，则被车道隔开的两辆车之间被认为没有联系。此外，由于碰撞是相对的，所以本书案例定义的边都是双向的且标签为 1，图模型边定义与边标签生成如图 6-5 所示。

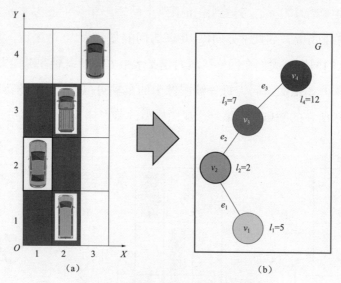

图 6-5　图模型边定义与边标签生成

（a）寻找相邻车辆；（b）生成边和边标签

## 6.1.3　场景建模实例分析

**1. 基于关键换道交互行为的行驶场景建模方法实例分析**

为了测试该算法的鲁棒性和普适性，我们选择了真实世界的数据集 Driving Behavior Net（DBNet）。DBNet 是一个用于驾驶行为研究的大规模数据集。它包括对齐的视频、点云、GPS 和驾驶员行为数据，该数据集包含了在中国厦门采集的 1 000 km 的真实驾驶数据。同时，该数据集包含真实交通中的各种场景，如城市道路、海边道路、学校区域甚至山路。该数据集记录了真实城市道路环境中大量的车辆交互场景,具体场景包含交通参与者及环境静态要素在内的对象类别和道路类型的数量,如图 6-6 所示。

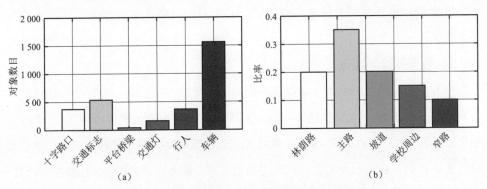

图 6-6　DBNet 数据集中的对象出现次数和场景统计

(a) 对象类别; (b) 道路类型

大多数换道行为发生在城市道路环境中。为了减少环境因素(如交通拥堵)对换道车辆的影响,我们从数据集中选择了一些发生在城市直行路段上的换道场景。包含这些场景的视频被切割成若干帧。为了检测换道车辆,YOLO v3 在每一帧上生成其二维边界框。通过这一步骤,我们可以得到上文中所讨论的车辆状态矢量,换道车辆边界框如图 6-7 所示。

图 6-7　换道车辆边界框(附彩图)

本案例定义"换道前""换道中"和"换道后"3 个阶段用以描述车辆换道过程。每一帧中的车辆换道阶段由具有 4 年驾驶经验的选定司机标记。由于

DBNet 数据集的采样频率低于预期,因此通过使用三阶 Hermite 插值的方法增加样本密度,在状态向量的每 2 个原始数据点之间插入 3 个数据点。为了消除数据中的异常值并将其转换为标量以便于计算,本案例同时也对数据进行了平滑和归一化处理。

1)数据降维可视化

第一个实验的目的是展示本案例采用的数据降维方法效果,并对比传统的降维方法 PCA 和流形学习降维方法 Isomap。具体地,将有 6 个元素的矩阵 $S_2$ 作为输入数据。如前文所述,PCA 和 Isomap 被用来降低数据维度。通过这种方式,高维数据可以被可视化,它们的分布也可以被容易地理解。图 6-8 为降维后数据的流形图。

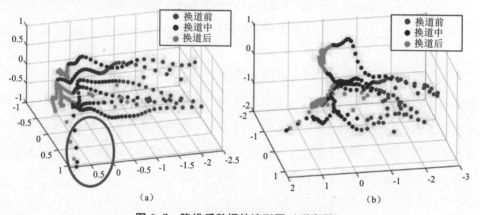

图 6-8 降维后数据的流形图(附彩图)

(a) PCA 降维后流形图;(b) Isomap 降维后流形图

降维后得到的低维数据分布在流形上。通过图 6-8 中的两张图可以看到,换道车辆的原始六维状态矩阵可以被嵌入到三维流形中,并具有清晰的视觉效果。如果没有降维,原始六维输入数据就无法被看到和理解。每组数据代表一个换道过程,由人工标注并明确分为 3 类,对应于换道过程的 3 个阶段。比较 PCA 和 Isomap 发现降维得到的流形,可以看出 PCA 处理的三维数据并不对齐,一些标记为"换道中"(蓝色标记)的数据与标记为"换道前"(红色标记)的数据混合在一起。如图 6-8 所示(红圈),一些数据点不能正确地映射到 PCA 找到的流形上,这意味着 PCA 对换道识别问题的效果并不好。

但是在这两个流形中,都存在一个问题,即"换道后"的数据点与流形中的其他动作混合在一起。这可能是由于换道车辆在完成换道行为后会加速离开主机车辆,导致"换道后"的数据比其他动作少。流形上单一场景数据的拐点可能是由换道车辆的不同轨迹造成的。总的来说,Isomap 发现的流形具有清晰的数据结构,这可以有效促进 SVM 模型的训练过程。两个流形都是线性的,这与换道车辆的边界框从主车视野采集的视频数据的左下角向中间移动并加速离开的线性过程相对应。其中一个换道场景对应于 Isomap 的降维数据点,如图 6-9 所示。

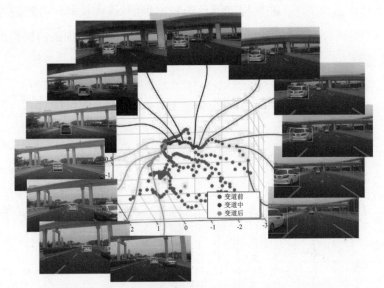

图 6-9　Isomap 降维数据点对应的换道场景(附彩图)

2)使用 SVM 进行周围车辆行为识别分类

第二个实验的目的包括两方面:一方面,为了验证数据降维在提高分类识别准确率上的优势,将没有数据降维的 SVM 分类器与进行数据降维的 SVM 分类器的换道识别准确率进行比较;另一方面,比较线性数据降维方法 PCA 和非线性流形学习方法 Isomap 的效果。

本案例选择了城市道路环境中的 6 个周围车辆换道场景。这些数据如上文所述,可以被提取并表示为两个输入矩阵 $S_1$ 和 $S_2$ 来建模。PCA 和 Isomap 被用来降低矩阵 $S_1$ 和 $S_2$ 的维度。与第一个实验类似,数据降维的目标维度数量为三维。降维后的数据和人工标注标签被用来训练 SVM 模型。

为了测试所提出方法的高准确率,采用交叉验证(cross validation)进行重复实验。本案例选择了广泛使用的五折交叉验证。每组换道数据被随机分割成大小相同的 $C$ 个子集。其中一个子集被保留为验证数据，其他 $C-1$ 个子集被用作训练数据。然后，交叉验证过程重复 $C$ 次，得到平均准确率。最后具有良好泛化能力的 SVM 模型被用作分类方法。

当使用 Isomap 方法来降低矩阵 $S_1$ 和 $S_2$ 的维度时，本案例进行了两次实验，以获得 Isomap 的参数 $k$ 最近欧氏距离的最佳值。如图 6-10 所示，我们将 $k$ 从 6 改为 23（默认值为 12），并使用降维后的数据训练 SVM 模型，得到最终的识别准确率。结果显示，当 Isomap 的参数取 $k=13$ 或 $k=17$ 时，训练的识别模型可以获得最大准确率。

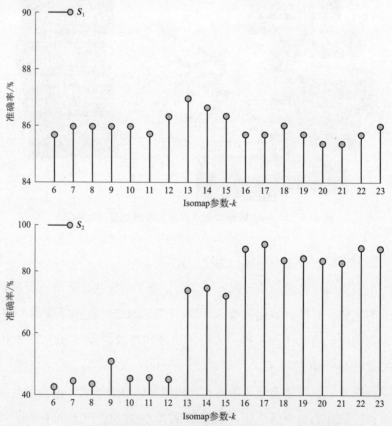

图 6-10　Isomap 降维数据后训练 SVM 的识别准确率随 $k$ 参数值的变化

第三个实验结果如图 6-11 所示，其中使用 Isomap 降维后数据的分类准确率均高于使用原始数据和 PCA 降维后的数据，证明了使用 Isomap 进行数据降维可以得到分类准确率更高的 SVM 模型。这一结果表明，流形学习对提高换道行为识别模型的准确性有积极作用。

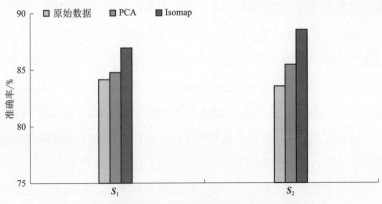

图 6-11 使用原始数据和降维数据的分类准确率结果

此外，从结果中可以看出，使用高维数据作为输入时，使用未降维数据训练 SVM 模型的准确率较低，这可能是由"维度诅咒"造成的。为了解决这个问题，本案例使用了数据降维技术（PCA 和 Isomap）。相应实验结果表明：一方面，高维数据输入在使用两种方法降维后可以获得较高的预测准确率，这说明降维方法可以有效解决"维度诅咒"的问题；另一方面，降低维度后的高维数据（包含主车信息）的预测准确率高于降低后的低维数据（不包含主车信息）的预测准确率。这表明在高维数据中隐藏着更多对训练 SVM 模型有用的信息，因为高维数据中包含了主车驾驶员的驾驶行为信息。

案例选择 Isomap 方法对 YOLO v3 识别得到的周围车辆换道状态数据和本车驾驶员操作数据进行降维，由预先训练的周围车辆换道行为识别模型得到分类结果，确定行驶场景中正处于换道状态的周围车辆，得到该车辆的行驶状态特征相对本车的 $x$、$y$ 方向的距离和速度[式（6-14）]，并以所有正在换道车辆与本车的欧氏距离作为选择标准，判断距离小于欧氏距离换道车辆，为与本车的换道交互行为发生危险可能性最大的目标车辆。将其行驶状态特征矩阵 $s_t$ 作为基于关键换道交互行为场景建模方法提取出的特征量，如式（6-14）所示。

$$s_t = [\Delta x_t, \Delta y_t, \Delta v_{x,t}, \Delta v_{y,t}]^T \tag{6-14}$$

式中，$\Delta x_t$ 和 $\Delta y_t$ 分别为换道车辆与本车在 $x$、$y$ 方向上的相对距离；$\Delta v_{x,t}$ 和 $\Delta v_{y,t}$

分别为换道车辆与本车在 $x$、$y$ 方向上的相对速度。

**2. 基于图模型的行驶场景建模实例分析**

本案例介绍基于图模型的行驶场景建模，实验使用 3 位驾驶员采集的真实场景数据，交通场景数据集中以数据采集车的前保险杠中心为坐标系原点，每一帧数据中包含了本车在 $x$ 和 $y$ 方向的速度，本车所在车道左右车道线与坐标系原点的距离以及周围车辆与本车的 $x$ 与 $y$ 方向相对位置。对本车在 $x$ 和 $y$ 方向的速度进行积分，得到样本每一帧中本车在世界坐标系中的位置，从而得到本车在每一个场景中的轨迹信息。基于本车的轨迹信息，计算车道线坐标并绘制车道，如图 6-12 所示。其中，黑色数据点为本车的坐标信息；红色数据点为左车道线坐标；蓝色数据点为右车道线坐标；绿色数据点为根据标准车道宽度拓展的两个车

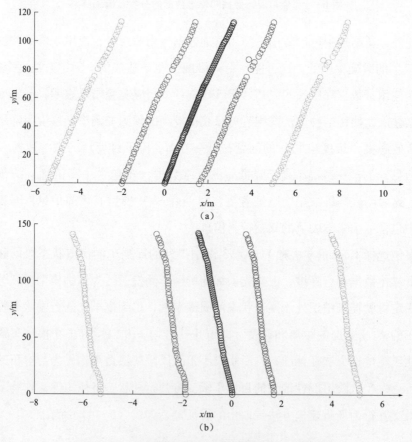

图 6-12　数据采集车轨迹与车道线绘制（附彩图）

(a) 车辆轨迹与车道线示例一；(b) 车辆轨迹与车道线示例二

道。由于车道线坐标是通过机器视觉检测得到的,因此部分检测出的车道线出现弯曲和断开的情况,如图 6-13 所示。为了防止错误信息对建模的影响,将这些检测错误的场景数据删除。对于部分车道线坐标点的突变通过插值和平滑对其进行修正。

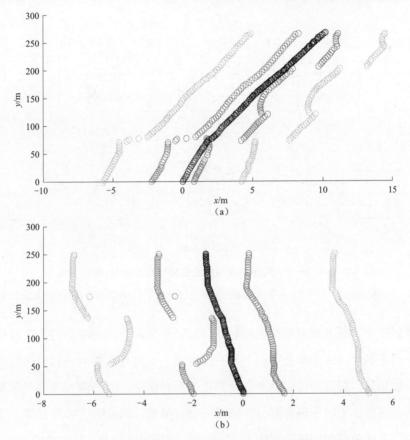

图 6-13 数据采集车轨迹与车道线绘制数据跳变筛除(附彩图)
(a)异常数据案例一;(b)异常数据案例二

完成车道线的筛选与平滑后,绘制每一帧的本车坐标信息与周围车辆相对本车的位置坐标,得到交通场景鸟瞰图。由于车载传感器的最远检测距离为 100 m,考虑到城市道路上的轿车车长一般为 4 m 左右,车辆之间的间隔约为 5 m。因此 $y$ 方向以 10 m 为间隔划分为 10 个区域,每一帧的路面最终被划分为 3×10 的网格。根据周围车辆的相对位置坐标和划分的网格区域进行对比,得到车辆节点所在对应网格的区域坐标以及对应节点标签,其中一个场景的周围车辆鸟瞰图生成与网格划分示例如图 6-14 所示。

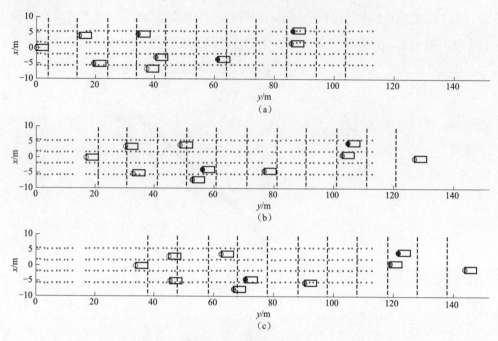

图 6-14 周围车辆鸟瞰图生成与网格划分示例

（a）鸟瞰图与网格划分示例一；（b）鸟瞰图与网格划分示例二；（c）鸟瞰图与网格划分示例三

得到每个车辆节点的网格坐标后，寻找以该车辆节点为中心的 3×3 网格范围内存在的车辆，可认为是与中心车辆有边连接。如果有车辆节点与其他所有车辆都没有边相连，则认为该车辆节点为游离节点并删除。因为该车辆与其他车辆距离太远，可以认为该车辆和其他车辆没有交互关系，因此不会导致危险。交通场景片段与提取的图数据展示如图 6-15 所示，得到行驶场景的图结构矩阵为

$$G_t = (V_t, E_t) \quad (6-15)$$

综上所述将构建得到的图结构数据 $G_t$ 作为基于图模型的行驶场景建模方法提取出的特征量。

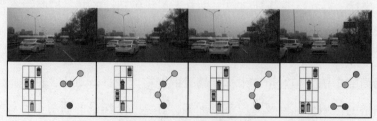

图 6-15 交通场景片段与提取的图数据展示（附彩图）

## 6.2 危险场景中驾驶员行为分析与评价

基于行驶场景动静态特征提取及建模，本节介绍危险场景中驾驶员行为分析与评价。危险行驶场景的个性化识别问题，本质上是要学习人类驾驶员对危险场景理解的不同模式，并利用这种模式训练基于行驶场景特征输入的危险等级分类器。通过探究不同驾驶员理解与评价行驶场景危险程度的内在机理，能够获得不同驾驶员对不同行驶场景危险程度的个性化理解，以此获得训练危险等级分类器的标签。因此，需要通过对驾驶员操作数据进行分析，识别驾驶员对场景危险程度的评价，以此来获得分类器训练标签。本节首先介绍传统的驾驶员危险驾驶行为分析与评价方法，并对比常用于分析的不同操作数据；其次介绍用于分析危险驾驶行为的两种聚类方法；最后介绍用于评价聚类效果的评价标准。

考虑到不同驾驶员的不同主观判断，本书案例基于聚类的驾驶员个性化危险场景评价标签生成方法，如图 6-16 所示。

### 6.2.1 驾驶员个性化危险场景评价

现有危险场景评价研究通常使用 3 种个性化危险场景评价方法，即驾驶员问卷调查、驾驶模拟器仿真以及招募志愿者为采集数据打分。上述方法的局限性：驾驶员问卷调查主观性较强，并且驾驶员不一定能准确回忆在数据采集过程中遇到危险场景时的感受；驾驶模拟器仿真使用的是仿真数据，不能真实反映城区环境复杂的交通情况；招募的志愿者在观看采集数据时，无法感受本车速度和加速度等关键信息，可能无法作出准确的判断。为了克服以上方法的缺点，本节案例提出了基于驾驶员操作数据的个性化危险场景评价方法。

在车辆的安全评估研究中，除了前文介绍的基于风险估算指标进行客观评价危险场景，以及基于驾驶员问卷调查等从驾驶员角度主观评价场景危险程度的评价方法外，还可以对驾驶员在遇到危险场景时的驾驶数据进行分析，生成驾驶员对危险场景的个性化主观评价。

在本节案例中，危险场景被定义为可能会发生车辆碰撞或其他事故的行驶场景。通常情况下，在驾驶员正常驾驶时，如果遇到危险交通场景，驾驶员主要通

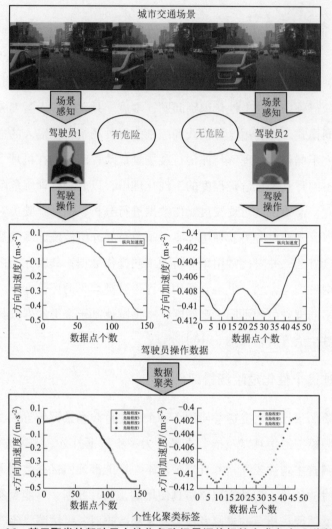

图 6-16 基于聚类的驾驶员个性化危险场景评价标签生成方法（附彩图）

过快速规避动作（即紧急制动或转向操作）来躲避危险。例如，参考文献 [41] 采用识别驾驶员的规避操作来判断车辆间发生近似碰撞的可能性，但是该方法在危险场景评价和识别等领域中应用较少。通过查阅以往事故资料和在中国交通环境中进行自然驾驶实验可以发现，几乎所有的危险行驶场景中都有较大的纵向减速，这意味着驾驶员倾向于使用快速制动的方法来避免潜在的危险，这是可以理解的。在遇到危险场景时，驾驶员如果采取转向操作规避，则可能会与占用车道的后方来车相撞，造成更大的危险事故，如图 6-17 所示。

图 6-17 转向操作规避危险导致的事故

因此，行驶场景的危险程度可以由制动过程的驾驶行为特征代表。直观地说，如果在危险场景的情况下以更大的紧迫性进行制动操作，行驶场景的危险等级就会更高。

同时，考虑到不同驾驶员在面对相同驾驶场景时，对当前的驾驶危险程度认知也会不同。驾驶员的生理和心理因素，如他们的驾驶技术、性格、态度、情绪和状态，都可能影响他们的信息接收和处理过程，进而导致驾驶员对危险程度主观衡量的差异，最后影响他们的驾驶行为。因此，在训练危险场景识别模型时，为了减少人机冲突，需要针对不同驾驶员输入对应的个性化危险场景评价标签。对不同驾驶员的驾驶行为特征分别研究，可以得到针对该驾驶员的个性化危险场景评价。

本案例通过数据聚类的方法分析 3 位驾驶员对危险场景的个性化评价。在驾驶行为特征的选择上，除了本车加速度信息和制动踏板信号，在数据采集中我们还采集了油门踏板、车轮横摆角等信息。通过对制动过程特征的聚类，本书案例提出了一种量化评价行驶场景危险程度的方法，这将在后续章节进行详细介绍。

## 6.2.2 危险场景标签生成方法

与行人、骑行者风险等级评估类似，预测评估场景风险等级首先也需要生成危险场景标签。由于驾驶员操作行为可间接反映场景危险程度（如紧急制动行为通常可反映车辆具有高碰撞风险，场景风险等级较高），因此本书采用聚类方法对驾驶员操作数据进行处理，最终生成危险场景标签。本节首先对两类经典聚类算法进行一般性介绍，接着在第 6.2.3 节中将进一步介绍个性化聚类方法的评价标准，并在第 6.2.4 节中结合具体实例对比基于不同驾驶员特征所得场景标签聚类效果,加深读者对危险场景标签生成方法的理解。

聚类是最常见的探索性数据分析技术之一,用于获得对数据结构的直观判断。聚类的原理是在数据中找到同质的子群,使每个类别中的数据点根据相似性度量(如基于欧氏距离或基于相关性距离)尽可能地相似。与监督学习不同,聚类是一种无监督的学习方法,聚类的目的是通过将数据点分成不同的子组来尝试研究数据的结构。本节介绍经典的 K-means 算法和对高维数据聚类效果较优的谱聚类方法。

1. K-means 算法

K-means 算法是一种迭代算法,它试图将数据集划分为 $K$ 个预先定义的不同的非重叠类群,每个数据点只属于一个群[42]。K-means 试图使群组内的数据点尽可能地相似,同时群组间尽可能地不同(距离尽可能远)。这种方法将数据点分配到某一个类群,使数据点与类群中心点(即属于该类群的所有数据点的算术平均值)之间的距离平方和达到最小。若在类别内的方差越小,则该类群内数据点的同质性(相似性)就越强。

对于数据集 $\boldsymbol{D} = \{\boldsymbol{s}_i \in \mathbb{R}^D\}_{i=1}^N$,其中 $\boldsymbol{s}_i \in \mathbb{R}^D$ 为 $D$ 维的驾驶员特征矢量,$N$ 为样本数量。K-means 算法的优化目标可以表示为通过寻找最佳的分类,使代价函数 $J$ 取得最小值,即

$$\arg\min J = \sum_{i=1}^{N} \sum_{k=1}^{K} \omega_{ik} \boldsymbol{s}_i - \boldsymbol{\mu}_k^2 \tag{6-16}$$

其中,对于数据点 $\boldsymbol{s}_i$,如果它属于类群 $C_k$,$\omega_{ik} = 1$;否则,$\omega_{ik} = 0$。$\boldsymbol{\mu}_k$ 为类群 $C_k$ 数据的中心点。

最小化目标函数分为两步:首先,固定 $\boldsymbol{\mu}_k$,使 $J$ 相对于 $\omega_{ik}$ 最小化;其次,固定 $\omega_{ik}$,使 $J$ 相对于 $\boldsymbol{\mu}_k$ 最小化。首先,区分 $J$ 与 $\omega_{ik}$ 的关系,并更新群集分配(步骤一)。其次,将 $J$ 相对于 $\boldsymbol{\mu}_k$ 进行微分,并在上一步的聚类分配后重新计算中心点(步骤二)。因此,步骤一为

$$\begin{cases} \dfrac{\partial J}{\partial \omega_{ik}} = \sum_{i=1}^{N} \sum_{k=1}^{K} \boldsymbol{s}_i - \boldsymbol{\mu}_k^2 \\ \omega_{ik} = \begin{cases} 1, & k = \arg\min \boldsymbol{s}_i - \boldsymbol{\mu}_j^2 \\ 0, & \text{其他} \end{cases} \end{cases} \tag{6-17}$$

换句话说，根据数据 $s_i$ 与聚类中心点的距离平方和，将其分配到最接近的类别中。步骤二为

$$\begin{cases} \dfrac{\partial J}{\partial \boldsymbol{\mu}_k} = 2\sum_{i=1}^{m} \omega_{ik}(\boldsymbol{s}_i - \boldsymbol{\mu}_k) = 0 \\ \boldsymbol{\mu}_k = \dfrac{\sum_{i=1}^{m} \omega_{ik}\boldsymbol{s}_i}{\sum_{i=1}^{m} \omega_{ik}} \end{cases} \quad (6-18)$$

即重新计算每个簇的中心点，对数据点进行重新分配。

#### 2. 谱聚类方法

谱聚类作为数据挖掘算法的一种，主要擅长将复杂的多维数据集降低为更少的维度，并且由此将数据分解成相似的数据集群。谱聚类的中心思想是将无组织的数据点根据其特征频谱的唯一性分成多个不同的数据组。谱聚类使用连通性方法进行聚类，即将连接在一起或紧邻在一起的节点（数据点）在图中标识出来，然后将节点映射到一个低维空间，以实现更精准的数据划分。谱聚类从图或数据集中导出特殊矩阵（如亲和矩阵、度矩阵和拉普拉斯矩阵），然后利用这些矩阵的特征值（频谱）信息进行聚类。谱聚类方法具有易于实现、速度快的特点，特别是针对有几千个数据的稀疏数据集。它将数据集群看作是一个图划分问题，而不需要对数据集群的形式做任何假设。

谱聚类是灵活的，并允许对非图形化的数据进行聚类。普通的聚类算法，如K-means，通常会假设分配给不同类群的点与类群中心之间的位置关系是几何球形的。这种假设虽然能够适用于大多数情况，但不同的数据不一定遵循这种关联关系。在这种情况下，谱聚类对集群的形式没有任何假设的特点可以正确地将实际上属于同一个类群、相互联系的数据点聚集起来，从而获得更精确的数据类群划分。但是，由于数据降维的原因，这种方法获得的类间距离会比其他聚类方法获得的类间距离偏离得更远，也会丢失一部分信息。

与传统基于数据点的紧凑性进行聚类的算法不同的是，应用于谱聚类算法中的数据点不必有凸边界，但应该具有相连的特性。但对于较大的数据集来说，谱聚类因为需要计算特征值和特征向量，并对这些向量进行聚类，所以计算成本仍然很高，存在复杂性增加、准确性明显下降的现象。

谱聚类算法主要步骤如下：首先是把数据用图进行表示，然后进行拉普拉斯映射，进行数据降维；其次是获得了降维后的数据映射后，对该映射数据进行聚类分析，即完成了谱聚类。

在构建相似性图时，目标是对数据点之间的局部邻域关系进行建模，常用的构图方法包括 $\varepsilon$-邻域图、k-近邻图、全连接图等。对于一组数据点 $s_1$，$s_2$，$\cdots$，$s_n$，通常使用相似性图 $G=(V, E)$ 的形式来表示数据。在所得到的相似性图中，每个顶点 $V_i$ 代表一个数据点 $s_i$。如果相应的数据点 $s_i$ 和 $s_j$ 之间的相似性 $A_{ij}$ 是正的或者大于某个阈值，那么两个顶点就会被连接起来，边缘由 $S_{ij}$ 加权。对于相似性图而言，聚类问题可以表示为找到一个图的分区，使不同组之间的边具有很低的权重（即不同聚类中的点彼此不相似），组内的边具有很高的权重（即同一聚类中的点彼此相似）。

构造拉普拉斯特征映射：给定 $A$，我们可以构造对角加权矩阵 $D$，其元素为 $S$ 的列和，即 $D_{ij} = \sum_j S_{ji}$。然后计算拉普拉斯矩阵 $L=D-A$，并求解以下广义特征值问题：

$$\begin{cases} Le = \lambda De \\ (I - D^{-1}A)e = \lambda e \end{cases} \quad (6-19)$$

最后，对特征向量排序 $0=\lambda_0 \leq \lambda_1 \leq \cdots \leq \lambda_M$，即 $U = [e^0, e^1, \cdots, e^M]$，其中 $e^i \in \mathbb{R}^{p \times M}$。通过选择前 $p$ 个特征向量，就可以构造出一个数据的 $p$ 维流形嵌入表示 $Y = [e^1, \cdots, e^p]^T$，其中 $Y \in \mathbb{R}^{p \times M}$。获得了数据的拉普拉斯映射 $Y$ 后，就能够进行后续的运算。

## 6.2.3 个性化聚类方法评价标准

在使用聚类算法的过程中数据聚类的类别数即 $K$ 值是需要人为规定的，因此需要引入聚类效果的评价标准对聚类的结果进行判断。本节主要使用残差平方和的肘部原则以及轮廓图这两个标准对聚类的类别数进行确定，以及对聚类算法的效果进行比较和选择。

1. 肘部原则

肘部原则作为一种启发式方法，主要用于确定数据集进行聚类的类别数，也

就是 $K$ 值。肘部原则的应用分两步：第一步是绘制表示模型预测误差的统计量相对于类别数 $K$ 的函数；第二步是选择曲线的"肘部"，也就是明显的弯折部位对应的 $K$ 值，作为使用的聚类类别数。

在本书案例中，使用残差平方和（residual sum of square）来估计聚类的效果，以选出最佳的聚类 $K$ 值。残差平方和是一个统计量，用于统计数据集中预测值与真实值之间的误差大小。对于数据集 $\boldsymbol{D}=\{s_i \in \mathbb{R}\}_{i=1}^{N}$ 中任意数据点 $\boldsymbol{s}_i$，RSS 的计算公式如式（6-20）所示：

$$\text{RSS} = \sum_{k=1}^{K} \sum_{s_i \in C_k} \boldsymbol{s}_i - \boldsymbol{\mu}_k^2 \tag{6-20}$$

2. 轮廓图

为了比较不同聚类方法之间的聚类结果，并确定哪种聚类方法更好，本书案例使用轮廓图（silhouette plot）进行判断。轮廓图是一种简洁的度量，它显示了一个物体与它自己的集群相比其他集群的相似程度。对于属于类群 $C_i$ 的数据点 $\boldsymbol{s}_i$，其轮廓值 $\text{Sil}(\boldsymbol{s}_i)$ 可以通过式（6-21）、式（6-22）和式（6-23）计算：

$$a(\boldsymbol{s}_i) = \frac{1}{|C_i|-1} \sum_{x^j \in C_i, i \neq j} d(\boldsymbol{s}_i, \boldsymbol{s}_j) \tag{6-21}$$

$$b(\boldsymbol{s}_i) = \min_{k \neq i} \frac{1}{|C_k|} \sum_{x^j \in C_k} d(\boldsymbol{s}_i, \boldsymbol{s}_j) \tag{6-22}$$

$$\text{Sil}(\boldsymbol{s}_i) = \frac{b(\boldsymbol{s}_i) - a(\boldsymbol{s}_i)}{\max\{a(\boldsymbol{s}_i), b(\boldsymbol{s}_i)\}} \tag{6-23}$$

式中，$a(\boldsymbol{s}_i)$ 表示数据点 $\boldsymbol{s}_i$ 与同一聚类中所有其他数据点的平均距离；$b(\boldsymbol{s}_i)$ 表示数据点与任何其他聚类中所有点的最小平均距离；$d(\boldsymbol{s}_i, \boldsymbol{s}_j)$ 是数据点 $\boldsymbol{s}_i$ 与数据点 $\boldsymbol{s}_j$ 之间的欧氏距离。从定义中可以发现，剪影值的范围应当在-1 到+1 之间。剪影值越高，说明数据点与自己的聚类越匹配。得分为 1 表示数据点 $\boldsymbol{s}_i$ 在其所属的类群内非常紧凑且远离其他类群，而-1 表示最差的聚类值。轮廓系数（silhouette coefficient，SC）为所有样本 $\text{Sil}(\boldsymbol{s}_i)$ 的均值，是判断当前聚类结果是否有效、合理的一种可靠度量。

### 6.2.4 驾驶行为评价实例分析

在采集数据中选取特定驾驶员，记为驾驶员 1，以驾驶员 1 为例，选择其驾驶时采集的 23 个危险场景数据,共 1 438 帧场景。为对比不同操作特征对聚类效果的影响,从驾驶员 1 的操作数据集中构建两种特征向量 $s_{1,t}$ 和 $s_{2,t}$,如式(6-24)和式(6-25)所示:

$$s_{1,t}=[a_{x,t}]^T \tag{6-24}$$

$$s_{2,t}=[a_{x,t},a_{y,t},\theta_t,b_t,u_t]^T \tag{6-25}$$

式中,$a_{x,t}$ 为车辆纵向加速度;$a_{y,t}$ 为车辆横向加速度;$\theta_t$ 为车辆前轮转角;$b_t$ 为制动信号;$u_t$ 为油门开度信号。

在使用所采集的数据进行实验前,由于在正常驾驶情况下,驾驶员在遇到危险场景时会采取紧急制动或转向操作来规避危险,车辆加速不会是驾驶员判断行驶场景危险后发生的行为,因此将加速度为正值的数据取出定为一类并定义为"不危险",选取纵向加速度为负值的场景进行数据聚类。根据输入特征 $s_{1,t}$ 构建的特征集矩阵 $S_1$ 中只包含车辆的纵向加速度,不需要统一数据单位,并且为了真实反映车辆的加速和制动情况,矩阵 $S_1$ 没有进行数据归一化操作。输入矩阵 $s_{2,t}$ 构建的特征集矩阵 $S_2$ 中,为了使数据样本的所有特征量有相同的权重,对每一个特征分别进行了归一化处理。本节中所进行的归一化过程是将每一个特征按照如下所示的方法转换为-1 到 1 之间,如式(6-26)所示:

$$\mathrm{norm}(s_t)=\frac{2[s_t-0.5(s^{\max}+s^{\min})]}{s^{\max}-s^{\min}} \tag{6-26}$$

式中,$s^{\max}$ 和 $s^{\min}$ 分别表示特征中的最大值和最小值。在本节接下来的实验中 norm($S_2$)用来代替 $S_2$。

本实验首先使用 K-means 聚类方法对矩阵 $S_1$ 和 norm($S_2$)分别进行聚类操作。考虑到矩阵 norm($S_2$)的数据维度较高,而 K-means 聚类方法在对高维数据聚类时效果较差的情况,因此还选用了对高维数据聚类效果较好的谱聚类方法对矩阵 norm($S_2$)进行聚类。为了确定 $K$ 值,即驾驶员对场景危险程度的个性化评价分级,对数值 $K$ 赋值 1 到 10 进行 10 次聚类,并分别计算每次聚类的残差平方和(RSS)与轮廓系数(SC)。为了对比评价聚类效果,对轮廓系数最大的两个 $K$ 值的聚类结果绘制轮廓系数图确定最终 $K$ 值。

对驾驶员 1 的纵向加速度使用 K-means 聚类的分析过程如图 6-18 所示。从图 6-18(a)中对矩阵 $S_1$ 分别选择不同的 $K$ 值计算得到的 RSS 和 SC 值进行比较可以看出，当 $K=2$ 时，矩阵 $S_{1,t}$ 小于零的数据的 RSS 值出现了明显的弯折，且 $K$ 取更大数值时没有出现明显的变化，即 $K=2$ 时出现了"肘部"。同时，$K=2$ 时的轮廓系数最大值 $SC=0.82$；$K=5$ 时，轮廓系数 $SC=0.765$。初步表明，$K=2$ 时的聚类效果优于 $K=5$ 时的聚类效果。

为了进一步验证，图 6-18（b）中绘制了 $K$ 取值为 2 和 5 时的轮廓图。从图中可以看出，当 $K=2$ 时，各分类分布均匀且没有小于零的数据（小于零的数据为错误分类到该类别中的数据），表明此时分类效果较优。但是也可以看出，当 $K=5$ 时，在第 3 类和第 5 类中有分类错误的数据，如图 6-18 蓝圈所示。因此，对于矩阵 $S_1$ 使用 K-means 聚类时选择 $K=2$，再加上加速度大于零的"无危险"类别，驾驶员 1 的纵向加速度数据共被聚类为 3 类，聚类结果如图 6-19 所示。

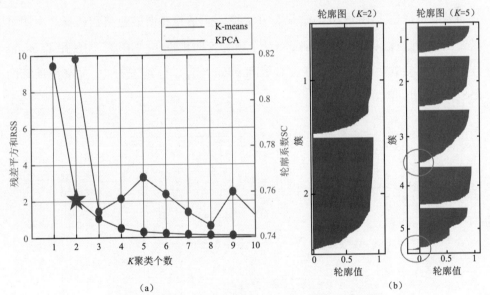

**图 6-18 驾驶员 1 纵向加速度 K-means 聚类（附彩图）**

（a）残差平方和与轮廓系数；（b）不同 $K$ 取值时的轮廓图

作为对比实验，使用 K-means 和谱聚类方法对使用了多个操作特征的矩阵 $\mathrm{norm}(S_2)$ 进行聚类。如第 3.3.2 节案例所述，本实验使用高斯核作为谱聚类方法的核函数，因此在使用谱聚类方法对矩阵 $\mathrm{norm}(S_2)$ 进行聚类前，需要选择矩阵升维后投影的特征向量个数与高斯核的超参数，选取原则为"肘部原则"。因此，在 0.5 到 10 之间选择 10 个对数间隔点作为超参数取值，计算前 20 个特

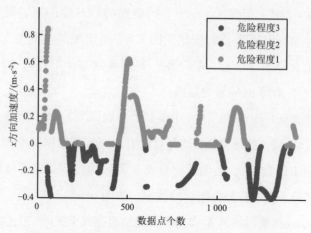

图 6-19 驾驶员 1 纵向加速度聚类结果（附彩图）

征向量的特征值。图 6-20 为谱聚类方法特征向量与高斯核超参数选择。由图可以看出，当超参数取 2.64、特征向量个数为 5 时出现了"肘部"。使用 K-means 方法和选定参数后的谱聚类方法对矩阵 norm（$S_2$）分别进行 10 次聚类计算的 RSS 和 SC 值如图 6-21 所示。

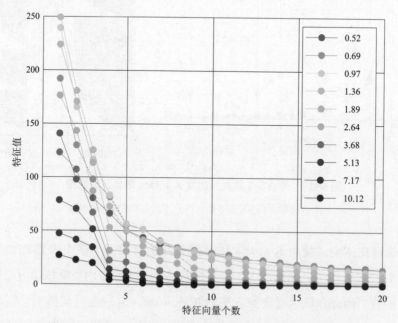

图 6-20 谱聚类方法特征向量与高斯核超参数选择（附彩图）

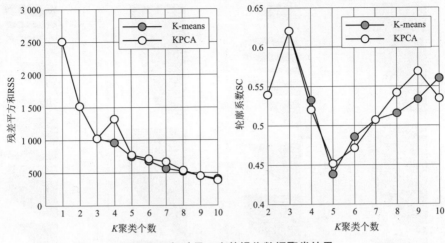

图 6-21　驾驶员 1 完整操作数据聚类结果

可以看出，随着 $K$ 值取值变化，使用两种方法计算矩阵 norm（$S_2$）的 RSS 值没有出现明显的弯折。当 $K=3$ 时两种方法的 SC 都有最大值；对于 K-means 方法，当 $K=10$ 时，SC 出现次高值；对于谱聚类方法，当 $K=9$ 时，SC 出现次高值。因此，分别绘制两种方法的数据轮廓图如图 6-22 所示。由图可以看出，两种方法当 $K=3$ 时聚类数据分布都不均匀且第 1 类和第 3 类都有聚类错误的数据；当 $K$ 取次高值时多个类别都有错误分类的情况，这说明矩阵 norm（$S_2$）的数据没有明显的类别特征，无法用 K-means 和谱聚类算法对其准确聚类并区分每个类别。

上述实验结果中 K-means 和谱聚类算法失效，可能是由于操作数据的多个维度中，一些与驾驶员对危险场景反应无关的数据对聚类学习造成了不良影响。为了分析这一现象，本实验选择了驾驶员 1 在一个危险场景中的操作数据进行绘图展示。为了消除不同维度数据单位对展示的影响，在绘图前对数据归一化操作，驾驶员操作数据展示结果如图 6-23 所示。

可以看出，当遇到危险场景时，驾驶员会松开油门踏板并踩下制动踏板。这一操作导致车辆的纵向加速度变为负值并继续减小，而在整个场景中车辆的横向加速度与前轮偏角变化不大，这说明在遇到危险场景时，驾驶员偏向于使用快速制动的方法来避免潜在的危险。这可能是由于在遇到危险时的突然转向有一定概率会导致本车与后方来车发生碰撞引发交通事故。

综上所述，使用车辆的纵向加速度作为驾驶员的操作特征数据更能表征驾驶

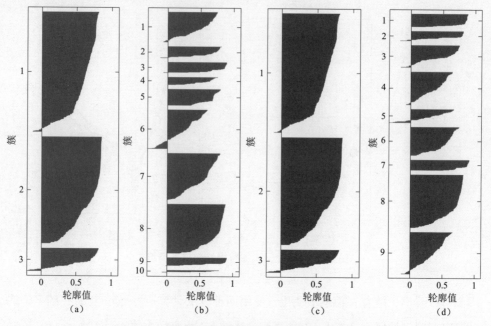

图 6-22　驾驶员 1 完整操作数据轮廓图（附彩图）

(a) K-means 轮廓图 ($K=3$)；(b) K-means 轮廓图 ($K=10$)；(c) KPCA 轮廓图 ($K=3$)；
(d) KPCA 轮廓图 ($K=9$)

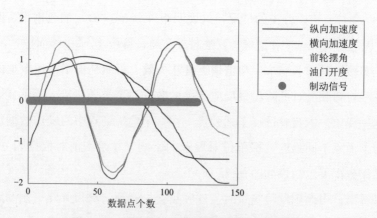

图 6-23　驾驶员操作数据展示结果（附彩图）

员对行驶场景危险程度的主观评价，并使用 K-means 聚类算法对其聚类，生成驾驶员个性化的危险场景评价标签。

## 6.3　行驶场景风险程度识别与分类

城市环境中交通情况复杂，本节以城市环境下智能车辆行驶场景为例介绍场景风险程度识别与分类。城市环境下的行驶场景风险程度识别本质上是一个分类问题。场景风险程度分类模型将分析得到的危险程度评价划分为离散的危险等级，作为训练分类器的标签；将从行驶场景中提取出的特征作为训练分类器的数据。本节针对场景风险程度识别问题，首先基于图核方法对第 6.2 节中提取出的行驶场景图特征进行相似性的建模和计算，解决了机器学习中训练分类器时的相似性度量（similarity measurement）问题；其次基于支持向量机算法，使用第 2 章中由驾驶员操作数据聚类得到的场景风险等级作为标签，建立场景风险程度识别模型，解决城市环境下行驶场景风险程度的识别问题。

### 6.3.1　基于图核的相似性度量方法

在训练危险场景识别分类器之前，首先需要解决的核心问题是图结构特征数据之间相似性的建模和计算。因为图是一种复杂的非线性结构数据，使用传统的线性 SVM 模型是无法分类的，所以本书案例使用图核方法将图的内积投影到高维希尔伯特空间中，再用线性 SVM 模型进行训练。本节首先介绍图核方法的基本数学表示和概念，其次介绍两种基于不同计算方法的图核算法，即基于路径计算的最短路径图核（shortest-path kernel）和基于邻域聚合计算的邻域哈希图核（neighborhood hash kernel）。

1. 图核方法与数学表示

如何有效地对研究特征进行数据表示，一直以来都是数据挖掘和机器学习领域的一个关键问题。在过去的几年里，图表示方法在生物或计算机领域获得了广泛的关注。这主要是由于图结构中包含节点与边连接信息的强大表征能力，使其可用于各个领域学科数据建模的数据表征。利用图结构的问题大多集中在利用数据的节点层面或图层面信息进行数据建模和学习，对应有节点分类方法、图分类方法等。本书案例所涉及的危险场景识别为图层面问题，对应图分类方法。因此，本书案例关注的图表示及图核方法都对应于图层面上的算法。

在图层面上对图进行学习，首先需要找到有意义的计算图间相似性或距离措施的方法，这同时也是后续应用在机器学习算法上的必要先决条件。在许多机器学习算法中，核心部分都需要对数据进行相似性和距离度量，如 k-nearest neighbor 分类算法和在邻域空间学习决策函数的算法等[43]。这些算法只需要将距离或相似性函数作为输入对象，因而具有非常大的可扩展性和应用性。因此，通过定义一个有意义的距离函数 $d: G \times G \to \mathbb{R}_+$，就可以立即使用上述算法之一来执行诸如图分类和图聚类的任务。然而，实际上图的比较仍然是一个非常复杂的问题，这主要是由于图本身缺乏在向量空间中进行操作的数学背景。对图本身的许多操作，尽管在概念上很简单，但要么没有明确的定义，要么计算成本上很昂贵。举例来说，要确定两个物体是否相同，在向量的情况下，可以直接比较它们的所有相应成分，因此可以在与向量大小线性相关的时间内完成。对于图上的类似操作，即计算图的同构性，到目前为止还没有发现复杂度为多项式时间的算法[44]。与向量相比，关于比较两个图对象的问题的研究要少得多。对向量来说，距离可以用欧氏距离度量来计算，但在图问题上并不存在这种直接的度量方法。图的比较，如子图同构问题和最大公子图问题是 NP 不完全的。此外，识别两个图的共同部分在计算上很难实现。例如，给定一个由 $n$ 个节点组成的图，有 $2n$ 个可能的节点子集。因此，在图的大小上有许多指数级的子集对需要考虑。因此，尽管图是对不同来源数据进行建模的一种非常直观的方式，但其有效性和灵活性计算成本和复杂度都相当高。然而，直接在图上操作的算法通常需要大量的复杂计算，计算的时间成本和运行成本都较高，在扩展到较大数据集上的能力非常有限。因此，过去很多图领域的研究主要集中在向量计算的算法上，因为向量更为标准和规范，可以进行更有效的处理。在理想情况下，图转化为特征向量应当保留完整的原始信息，不失去其表示能力，然而这样的方法并不存在，因为矢量不能保留图中编码的丰富拓扑信息。在这种情况下，直接在图上进行操作的算法能够更好地保留原始图像信息。

在图领域针对这些问题，图核方法作为一种典型的衡量图数据之间相似性的一种方法，能够有效地将图数据特征投影为机器学习方法能够处理的数据形式，近年来受到了不同领域学者的大量关注，逐渐发展成为结构化数据学习的一个快速发展的分支。目前有几十种图核方法被提出、研究和发展，不同图核针对图的不同结构属性进行学习，在计算时间复杂度上也各有不同，但已经能够成功应用在从社会网络到生物信息学等各种领域，证明图表示方法本身仍具有相当大的潜力。

本书在第4章案例中介绍了如何对行驶场景进行分析，抽象动静态要素构建图模型的方法。在目前主流的场景建模过程中，一般使用特征向量抽象建模特征。与特征向量表示方法相比，以图表示方法为框架可以抽象出行驶场景中更丰富的动静态信息和交通要素之间的联系。为了从信息丰富的图结构数据中挖掘出反映危险行驶场景信息的内容，并且有效地对其进行学习，本书案例采用图核方法对图数据进行相似性度量。

从定义上来看，图核是一个对称的、正半数的、在图空间 $G$ 上被定义的函数，这个函数可以表示为某个希尔伯特空间中的内积。具体来说，给定一个内核 $k$，存在一个映射：$G \to H$，即图空间 $G$ 到希尔伯特空间 $H$，使得对于所有 $G_1$，$G_2 \in G$，$k(G_1, G_2) = \phi(G_1), \phi(G_2)$。直观上来看，图核是衡量图之间相似性的一种方法。然而，一般的图核比较图算法也需要大量的计算时间。因此，在考虑使用图核处理图的比较问题时，既要尽可能地捕捉图中固有的语义，又要保持计算上的高效性。

目前已开展的研究图核可以分为两类：一是比较图中节点的图核；二是比较图本身的图核。根据本书案例所研究问题的特点，主要讨论了比较图本身的图核。图核作为学习图结构的数据方法，其统计特性非常优秀，主要体现在它既保留了图表示的代表性，又结合了基于核的方法的分辨能力。因此，它成了一种同时处理图形相似性和学习任务的有力工具。核方法的应用包括以下两个步骤：第一步，设计一个核函数，并在此基础上构建核矩阵；第二步，采用一种学习算法来计算特征空间中的最佳流形嵌入（如二元分类问题中的超平面）。第一步是目前成熟的基于核的分类器普遍研究的重点，主要侧重于寻找能够准确测量输入图之间相似性的表达式（即有效的图核）。这些内核或隐含或明确地将图投影到一个特征空间 $H$ 中，如图 6-24 所示。第二步通常采用支持向量机分类法等算法[45]。

2. 基于路径计算的最短路径图核

在已有的几十种图核方法中，这些对象之间建立核最流行的方法之一是将对象分解成它们的"部分"，并通过对它们应用现有的核来比较这些"部分"的所

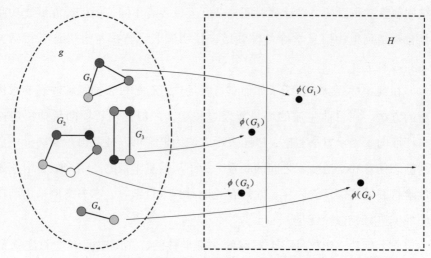

图 6-24 由图核定义的特征空间及其映射：任何在图空间 $G$ 上的核都可以表示为将图投影到一个希尔伯特空间 $H$ 中的内积

有对。基于游走（walk）、子树（subtree）和循环（cycles）的图核由于计算复杂和运行时间长，导致它们在大多数实时计算场景中无法使用。在基于路径计算的图核中，计算一个图中的所有路径和计算一个图中的最长路径都是 NP-hard 问题，而计算图结构中的最短路径可以在多项式时间内计算出来。利用它计算复杂度低的特点，Borgwardt K M 和 Kriegel H 设计出了最短路径图核，这也是目前最广泛使用的图核之一[46]。最短路径定义：图 $G$ 中从节点 $V_i$ 到节点 $V_j$ 的最短路径是指 $V_i$ 和 $V_j$ 这两个节点之间不存在其他长度更小的路径。

对于图结构数据，最短路径图核将每一张图分解为最短路径的组合，并根据每个图的最短路径长度和路径端点的节点标签在不同图结构之间进行比较。具体的分解步骤如下：将输入图转化为最短路径图，给定一个输入图 $G=(V, E)$，其中 $V$ 为输入图的节点集合，$E$ 为输入图的边集合。最短路径图核，即根据输入图结构创建一个新图 $S=(V, E_s)$（即其最短路径图），其中最短路径图 $S$ 所包含的节点集与输入图 $G$ 相同，最短路径图 $S$ 的边集是输入图 $G$ 的子集，在输入图 $G$ 中通过行走路线连接的所有节点之间都存在一条边。在新图转换过程中，该算法为最短路径图 $S$ 的所有边分配标签，每条边的标签即其在原图 $G$ 中端点之间连接路径的最短距离。该算法的数学定义如下：

给定两个图 $G$ 和 $G'$，它们对应的最短路径图分别是 $S=(V, E)$，$S'=(V', E')$。最短路径核被定义为

$$k(G,G') = \sum_{e \in E} \sum_{e' \in E'} k_{\text{walk}}^{(1)}(e,e') \qquad (6-27)$$

式中，$k_{\text{walk}}^{(1)}(e, e')$ 是长度为 1 的行走路线边的半正定核。

在有标签的图中，$k_{\text{walk}}^{(1)}(e, e')$ 核被设计用于比较对应于边 $e$ 和 $e'$ 的最短路径的长度，以及它们端点节点的标签。对于由两图中任意节点对 $v$、$u$ 和 $v'$、$u'$，以及对应的边 $e = \{v, u\}$、$e' = \{v', u'\}$，$k_{\text{walk}}^{(1)}(e, e')$ 通常被定义为

$$\begin{aligned}k_{\text{walk}}^{(1)}(e,e') = & k_v[l(v),l(v')]k_e[l(e),l(e')]k_v[l(u),l(u')] + \\ & k_v[l(v),l(v')]k_e[l(e),l(e')]k_v[l(u),l(u')]\end{aligned} \qquad (6-28)$$

式中，$k_v$ 是用于比较节点标签的核；$k_e$ 是用于比较最短路径长度的核。这两个比较核可以使用 dirac 核或者布朗桥核[47]。最短路径核的时间复杂度为 $O(n^4)$。

3. 基于邻域聚合计算的邻域哈希图核

邻域哈希图核方法是邻域聚合算法（又称消息传递算法）中的典型代表。其主要思想是每个节点接收来自其邻居节点的消息，并利用这些消息来更新其标签。例如，将每个节点的标签替换为由该节点的原始标签和其邻居的排序标签集组成的多集标签，然后将产生的多集标签压缩成一个新的短标签。这个重新贴标的过程将重复多次。因此，若两个不同输入图的结构类似，则它们的节点会有相同的多集标签。该种类算法示意图如图 6-25 所示。其中，1，2，3，…，13 为图 $G$ 和 $G'$ 的节点标签，如图 6-25（a）所示；更新后的标签为压缩（聚合）了节点领域信息的标签，如图 6-25（b）所示；在核函数中，将会同时编码原始图的信息以及其领域节点的信息，如图 6-25（c）所示。

邻域哈希图核通过更新输入图的节点标签和计算它们的共同标签数量来度量对不同图形做相似性度量。该内核用固定长度的二进制数组替换离散的节点标签，然后采用逻辑运算来更新节点标签，使其包含每个节点的邻接结构信息。领域哈希图核算法的整体详细步骤可描述如下：

令 $\ell: V \rightarrow \Sigma$ 为一个将节点集 $V$ 映射到一个离散节点标签集 $\Sigma$ 的函数，则给定一个输入图 $G$ 的节点 $v$，$\ell(v) \in \Sigma$ 为节点 $v$ 的标签。将每个离散节点标签转换为位标签，而位标签是一个由数量 $d$ 位组成的二进制数组，即

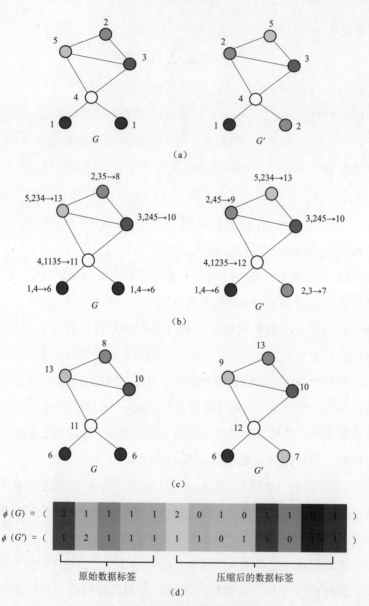

图 6-25 邻域聚合算法示意图

(a) 输入图；(b) 根据领域更新图的标签；(c) 更新标签后的新图；(d) 图的特征向量表示

$$s = (b_1, b_2, \cdots, b_d) \quad (6-29)$$

其中，常数 $d$ 满足 $2^d - 1 \geqslant |\Sigma|$，并且 $b_1, b_2, \cdots, b_d \in \{0, 1\}$。

为了生成由邻域聚合表示的新的节点标签，邻域哈希图核更新节点标签的方法可分为简单的邻域哈希运算和计数敏感的邻域哈希运算。这两种方法都需要使用以下两种常见的逻辑运算操作。

1）异或运算（exclusive OR，XOR）

令 XOR $(s_i, s_j) = s_i \oplus s_j$ 为两个位标签 $s_i$ 和 $s_j$ 之间的异或运算。如果 $s_i$ 和 $s_j$ 两个值不相同，则异或结果为 1；如果 $s_i$ 和 $s_j$ 两个值相同，则异或结果为 0。该运算输出为一个新的二进制数组，其中包含了 $s_i$ 和 $s_j$ 这两个位标签数组之间对应部分的异或值（XOR）。

2）位移运算（ROT）

输入一个位数组 $s=(b_1, b_2, \cdots, b_d)$，对其进行位移运算（$ROT_o$），即将其最后的 $o$ 位数据向左移动 $o$ 个位置，并将最初的 $o$ 位数据移动到右端：

$$ROT_o(s) = \{b_{o+1}, b_{o+2}, \cdots, b_d, b_1, \cdots, b_o\} \qquad (6-30)$$

（1）简单邻域哈希运算。给定一个有位标签的输入图 $G=(V, E)$，简单的邻域哈希更新程序使用逻辑运算 XOR 和 ROT 对节点标签进行运算，为每个输入图节点计算一个邻域哈希值。具体地，给定一个输入图节点 $v \in V$，即节点 $v$ 的领域节点有 $N(v)=\{u_1, u_2, \cdots, u_d\}$，邻域哈希图核计算邻域哈希值为

$$NH(v) = ROT_1[\ell(v)] \oplus [\ell(u_1) \oplus \ell(u_2) \oplus \cdots \oplus \ell(u_d)] \qquad (6-31)$$

因此，如果来自不同两个图的节点 $v_i$ 和 $v_j$ 具有相同标签［即 $\ell(v_i) = \ell(v_j)$］，并且它们的邻域节点的标签集也是相同的，那么它们的计算哈希值也会是相同的［即 $NH(v_i) = NH(v_j)$］。同时，由于运算操作的特性，节点的计算哈希值与邻域值的顺序无关。因此，在计算两个节点邻域标签哈希值时，无需对这两个节点的邻域标签集进行排序或匹配。图 6-26 说明了如何为一个给定的节点（图中绿色节点）计算简单邻域哈希值。该节点有 2 个邻域节点（图中红色节点）。这 3 个节点的标签互不相同，图 6-26 中展示了如何使用 XOR 和 ROT 来计算邻域哈希值。

图 6-26　计算简单邻域哈希值范例（附彩图）

(2) 计数邻域哈希运算。简单邻域哈希值在运算时由于不考虑邻域节点标签集排序问题，有可能导致哈希碰撞产生，即两个具有不同邻域点集的节点产生了相同的邻域哈希值。这会影响图核计算时的正半定自由度，从而导致图结构映射错误。为了解决这个问题，在计算节点的邻域哈希值时可以使用计数邻域哈希运算，该运算对邻域点集中每个标签的出现次数进行计数。具体地，它首先使用一种排序算法，如基数排序（radix sort）来对齐邻域节点标签集。其次提取邻域节点标签集中的特征标签，即出现过的标签种类（若有 $l$ 个特征标签，则设该节点的邻域节点特征标签集合为 $set$ $\{\ell_1, \ell_2, \cdots, \ell_l\}$），并计算每个特征标签出现的次数，并根据出现次数 $o$ 对特征标签进行位移运算（ROT），如式（6-32）所示：

$$\ell'_i = \text{ROT}_o(\ell_i \oplus o) \tag{6-32}$$

式中，$\ell_i$ 和 $\ell'_i$ 分别是初始标签和更新标签；$o$ 为该特征标签在邻域集合中出现的次数。根据出现次数对特征标签更新后可以得到该特征标签的唯一哈希数值，并用于计算节点的计数邻域哈希值，如式（6-33）所示：

$$\text{CSNH}(v) = \text{ROT}_1[\ell(v)] \oplus (\ell'_1 \oplus \ell'_2 \oplus \cdots \oplus \ell'_l) \tag{6-33}$$

图 6-27 说明了一个给定节点（图中绿色节点）的计数敏感邻域哈希的操作。给定节点有 3 个邻近节点，用红色节点来表示，其中 2 个节点具有相同的标签。图中算法演示了计算计数敏感领域哈希值的步骤。简单的邻域散列和计数敏感的邻域散列都可以被看作是根据节点的邻域节点标签分布来丰富节点标签的基本方法。节点标签更新运算可以反复应用，通过多次更新位标签，新标签可以捕捉节点之间的高阶关系。例如，如果该运算总共执行了 $h$ 次，则一个节点 $v$ 的更新标签 $\ell(v)$ 代表其 $h$ 个邻域节点的标签分布。由此可以得到，两个具有相同标签的节点 $v_i$、$v_j$ 和它们的 $r$ 个连接的邻域节点有共同的标记。

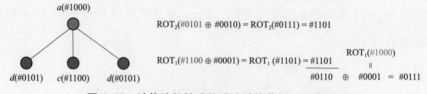

图 6-27 计算计数敏感领域哈希值范例（附彩图）

（3）图核计算。给定两个图 $G$ 和 $G'$，使用简单邻域哈希运算或计数邻域哈希运算对两个输入图的节点运算（1，2，…，$h$）次后，两个输入图的更新图分别为 $G_1$，$G_2$，…，$G_h$ 和 $G'_1$，$G'_2$，…，$G'_h$，两个输入图的距离度量计算如式（6-34）所示：

$$k(G, G') = \frac{1}{h} \sum_{i=1}^{h} \frac{c}{|V| + |V'| - c} \qquad (6-34)$$

式中，$c$ 是两个图有共同标签的数量。这个函数通常被用作离散值集合之间的相似性度量，并且已经被证明是正半定的[48]。

## 6.3.2 基于支持向量机的危险场景分类模型建模方法

在使用图核方法将图的内积投影到高维希尔伯特空间后，即可以通过计算有意义的相似性或度量距离，来解决图之间的比较问题。这种相似性和距离度量是许多机器学习算法的核心，如支持向量机。

危险场景识别模型根据输入的从行驶场景中提取的图结构特征数据给出对应的预测量。因为本书案例的危险场景识别模型基于 SVM 分类模型，因此输出的预测量为有限的离散量，即有限的类别。

由于不同驾驶员对危险场景的判断标准不同，因此根据本书案例提出的驾驶员个性化危险场景标签生成方法，对不同驾驶风格的驾驶员操作数据进行聚类时，得到的标签种类会不同。例如，对风险敏感的驾驶员 1 和对风险不敏感的驾驶员 2，在类似的行驶场景下，认为此时很危险的驾驶员 1 会采取紧急制动的策略，而认为此时不危险的驾驶员 2 会缓慢制动，则在对他们的操作数据聚类时可能会得到类别数量不同的危险场景评价标签，将得到的类别从 1 开始依次编码。最后将他们各自的危险评价标签和对应的经过图核计算的图数据输入 SVM 模型，从而得到两位驾驶员个性化的危险场景识别模型。

按照本书前文所述方法进行相应数据处理后，得到相应的行驶场景图结构数据集和对应的个性化危险程度标签，以及对照实验的数据集，分别训练对应的线性 SVM 模型，即可根据本车与周围环境的实时状态数据对行驶场景危险程度进行个性化的分类识别和准确率对比。该实验的详细过程和对比结果请见第 6.3.3 节。

### 6.3.3 风险程度识别实例分析

首先，在前面的实验中，通过对比纵向加速度和驾驶员其他操作数据的聚类结果，本书案例验证了纵向加速度表征驾驶员个性化危险场景评价的能力，并选择 K-means 作为聚类方法；其次，使用图表示方法从真实驾驶场景数据中提取了图表示数据。在本实验中，将使用从行驶场景中提取的基于关键换道交互行为的特征数据，以及基于图模型的特征数据并结合图核方法，作为分类器输入数据。结合3位驾驶员聚类生成的危险场景评价标签，训练个性化的危险场景识别模型。通过对训练出的模型的识别准确率进行比较，以证明基于图表示的危险场景识别模型的优势。根据第 5.1 节的介绍，在训练基于图表示的危险场景识别模型时，两种不同计算类型的图核方法将用于准确率对比选优。

在模型的训练数据选择上，为了比较两种行驶场景动静态特征提取与建模方法，对本章提取的两种特征数据分别训练危险场景识别模型。为了消除换道特征数据单位不同造成训练过程中数据权重的区别，对换道数据的每一个特征分别进行了归一化处理。

本实验使用3位驾驶员采集的真实场景数据与操作数据，经过筛选后剔除检测错误的数据，每位驾驶员 25 组数据，共 75 组。由于真实场景中周围车辆的换道时间不同，因此每一组数据包含的场景帧数为 80~170。3 位驾驶员共计 4 500 帧场景数据。为了生成3位驾驶员的个性化危险场景评价标签，根据第 6.2.1 节所述，使用 K-means 聚类方法分别对驾驶员的纵向加速度聚类，在确定 $K$ 取值过程即驾驶员减速度数据代表的危险场景评价划分时，计算的残差平方和（RSS）和轮廓系数（SC）如表 6-1 所示。由表 6-1 可以看出，驾驶员 1 和驾驶员 2 的 $K$ 值取 2，驾驶员 3 的 $K$ 值取 5，结合驾驶员 3 的个人信息可以得出驾驶员 3 的驾龄更短，因此在遇到危险场景时更容易采取紧急制动等操作，对场景的危险程度变化更加敏感。结合纵向加速度为正值的"不危险"类别后，驾驶员 1 的危险场景标签分为 3 类，驾驶员 2 为 3 类，驾驶员 3 为 6 类，其中驾驶员 2 与驾驶员 3 的纵向加速度聚类结果如图 6-28 所示。

表 6-1  3 位驾驶员操作数据聚类类别选择

| 驾驶员 | | $K=2$ | $K=3$ | $K=4$ | $K=5$ | $K=6$ | $K=7$ | $K=8$ | $K=9$ | $K=10$ |
|---|---|---|---|---|---|---|---|---|---|---|
| 驾驶员 1 | RSS | 7.31 | 1.06 | 0.54 | 0.21 | 0.08 | 0.06 | 0.04 | 0.02 | 0.02 |
| | SC | 0.82 | 0.75 | 0.76 | 0.77 | 0.76 | 0.75 | 0.74 | 0.76 | 0.74 |
| 驾驶员 2 | RSS | 9.67 | 0.67 | 1.13 | 0.08 | 0.19 | 0.11 | 0.07 | 0.01 | 0.07 |
| | SC | 0.86 | 0.84 | 0.81 | 0.80 | 0.78 | 0.77 | 0.78 | 0.79 | 0.78 |
| 驾驶员 3 | RSS | 11.17 | 2.14 | 0.61 | 0.57 | 0.15 | 0.09 | 0.08 | 0.02 | 0.06 |
| | SC | 0.76 | 0.75 | 0.72 | 0.78 | 0.75 | 0.74 | 0.72 | 0.73 | 0.73 |

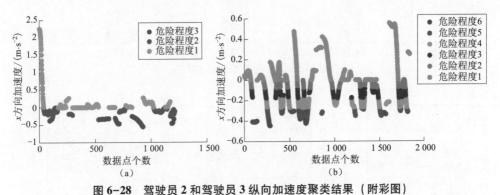

图 6-28  驾驶员 2 和驾驶员 3 纵向加速度聚类结果（附彩图）

（a）驾驶员 2；（b）驾驶员 3

当完成个性化危险场景标签生成后，可以基于标签和场景特征数据训练危险场景识别模型。本书案例提出的危险场景识别模型使用的场景特征数据是基于图表示方法从交通场景中抽象得到的，在使用该数据训练识别模型前需要基于图核方法将图从图空间 $G$ 映射到希尔伯特空间 $H$，并在该空间中训练分类器。本实验基于不同计算方式的两种图核进行对比实验，基于最短路径图核（shortest-path kernel）和邻域哈希图核（neighborhood hash kernel）训练的 SVM 模型分别命名为 SP-SVM 和 NH-SVM，使用传统场景表示方法训练的危险场景分类器命名为 SVM。

本实验选用 SVM 线性分类器进行数据分类。完成分类器训练过程后，可使用未用于训练模型的场景特征数据对训练好的分类器进行测试，从而验证本书案例提出的基于图表示方法的个性化危险场景识别模型的有效性。

对每一位驾驶员本节将分别进行 5 次重复实验，并取 5 次实验结果的平均值作为最终结果以消除偶然误差造成的影响。危险场景识别准确率如图 6-29 所示。为了更好地展现对比基于图表示方法以及基于传统特征表示的危险场景识别模型，绘制了驾驶员 1 的危险场景识别结果混淆矩阵图，如图 6-30 所示。

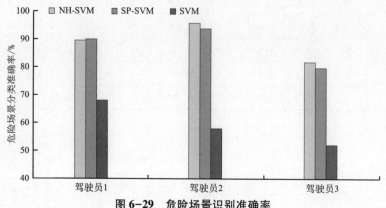

**图 6-29　危险场景识别准确率**

| (a) | 1 | 2 | 3 | |
|---|---|---|---|---|
| 1 | 278 19.3% | 33 2.3% | 12 0.8% | 86.1% 13.9% |
| 2 | 62 4.3% | 212 16.8% | 7 0.5% | 77.8% 22.2% |
| 3 | 4 0.3% | 27 1.9% | 775 53.8% | 96.2% 3.8% |
| | 80.8% 19.2% | 80.1% 19.9% | 97.6% 2.4% | 89.9% 10.1% |

| (b) | 1 | 2 | 3 | |
|---|---|---|---|---|
| 1 | 252 17.5% | 25 1.7% | 8 0.6% | 88.4% 11.6% |
| 2 | 80 5.6% | 245 17.0% | 6 0.4% | 74.0% 26.0% |
| 3 | 9 0.6% | 23 1.6% | 792 55.0% | 96.1% 3.9% |
| | 73.9% 26.1% | 83.6% 16.4% | 98.3% 1.7% | 89.5% 10.5% |

| (c) | 1 | 2 | 3 | |
|---|---|---|---|---|
| 1 | 114 7.9% | 25 1.7% | 9 0.6% | 77.0% 23.0% |
| 2 | 0 0.0% | 92 6.4% | 28 1.9% | 76.7% 23.3% |
| 3 | 209 14.5% | 188 13.1% | 773 53.8% | 66.1% 33.9% |
| | 35.3% 64.7% | 30.2% 69.8% | 95.4% 4.6% | 68.1% 31.9% |

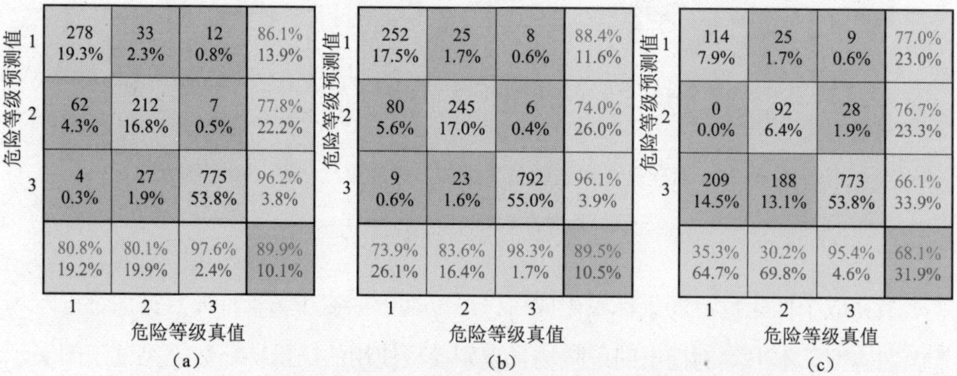

**图 6-30　驾驶员 1 的危险场景识别结果混淆矩阵图（附彩图）**

(a) SP-SVM；(b) NH-SVM；(c) SVM

从图 6-29 所示的危险场景识别准确率中可以看出，3 位驾驶员基于图表示方法的危险场景识别模型的准确率都很高，均在 82%以上。其中，驾驶员 2 的准确率更高，NH-SVM 和 SP-SVM 的准确率达到了 95. 8%和 93. 8%，驾驶员 3 的准确率相比驾驶员 1 和 2 的准确率较低，这可能是由于驾驶员 3 的危险场景分类级别较多分为了 6 个等级，已采集的数据还不足以让模型学习到每个危险类别的特征。即便如此，驾驶员 3 的 NH-SVM 和 SP-SVM 准确率也达到了 81. 8%和 80. 1%，而驾驶员 1 和 2 由于驾龄更长，对于危险场景的识别更准确，纵向加速度操作更平稳，因此危险等级评价的类别数较少，准确率更高。从驾驶员1和2的结果可以分析出，随着驾驶员3驾驶里程数增加采集的数据样本变大，NH-SVM和SP-SVM的准确率也会随之提高。

从识别准确率图和驾驶员1识别结果绘制的混淆矩阵图中可以看出，基于传统特征向量表示的危险场景识别模型的准确率较低，并且在驾驶员1的识别结果中对较危险等级1和等级2的识别准确率只有7.9%和6.4%。这是因为特征向量不能保留交通场景中丰富的拓扑信息，仅仅关注了引起周边交互关系变化的某一个动态要素，如本实验中选取的换道车辆，因此建议使用图表示方法对行驶场景进行建模。一段危险行驶场景识别结果与驾驶员操作数据对比展示效果如图6-31所示。其中，纵向加速度使用K-means算法聚类得到行驶场景危险分级；横向加速度使用聚类效果较好的谱聚类算法对矩阵norm($S_2$)聚类得到的行驶场景危险分级。由图可以看出，对于场景较为危险的视频帧，对应的驾驶员纵向加速度被聚为一类，而横向加速度没有明显的区分，各个危险等级分布不均混杂在一起，没有明显的聚类特征。该展示进一步表明了纵向加速度对于驾驶员的个性化风险评价具有较好的表征能力，且基于图表示的个性化危险场景识别模型能够准确识别出行驶环境中的危险场景。

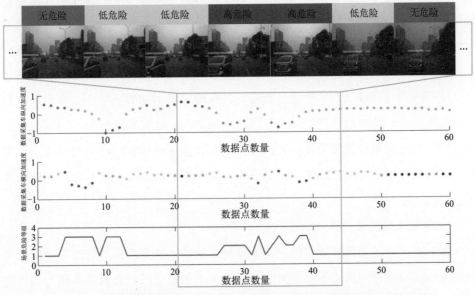

图6-31 危险行驶场景识别结果与驾驶员操作数据对比展示效果（附彩图）

由以上实验可以得出，在真实的城市环境下研究危险场景识别问题时，只关注包含主车和换道车辆的简单场景是不够的。在真实场景中，驾驶员对场景是否危险的判断不仅是观察周边是否有换道车辆，还会关注整个交通场景情况，如前方交通是否拥挤等。在这种复杂的交通场景下，图表示方法的优势在于能够表征一个场景中的多个动态要素与静态要素的结构信息以及要素之间的关系。综合以上实验结果，本书提出的个性化危险行驶场景识别框架，有望为辅助驾驶系统中行驶场景的危险识别能力提升做出进一步的贡献。

## 6.4 复杂场景风险等级评估与建模

在对本章前 3 节内容理解的基础上，本节介绍基于图模型的复杂场景风险等级评估与建模。通过评估复杂场景的风险等级，场景风险等级评估结果将为智能车辆行为决策、运动规划等模块提供重要参考信息，从而使智能车辆具备高效场景理解能力，提高行车安全与通行效率。

### 6.4.1 驾驶员特征提取与风险等级评价

在驾驶过程中，有针对性地选取驾驶车辆的特征数据对于风险等级评估过程至关重要。本书案例不同于以往对个性化驾驶员主观方面的研究，旨在通过驾驶车辆的自身特征以及与周围交通参与者的信息来对危险程度进行说明。这一过程的重点在于如何通过数据驱动的方式让智能车辆本身可以像人类驾驶员一样对场景风险等级进行理解。对于驾驶员而言，在风险等级不同的场景下会做出不同程度的驾驶操作，从而通过操作驾驶车辆改变车辆的特征数据来反映不同风险程度的场景，因而需要对驾驶员操作数据进行提取，基于此训练出在驾驶场景下以某些特征数据作为输入的风险等级评判标准，得到相应的危险程度标签作为图标签用于后续实验。

1. 驾驶员操作特征数据选取

本书案例对场景风险等级的定义为驾驶车辆与周围交通参与者发生碰撞的可能性大小，与现有的风险等级定义——碰撞概率相吻合。但是驾驶车辆与周围交通参与者实际发生碰撞的概率是一个很难直接估计的指标，因此从数据驱动的角度出发,通过驾驶员在所处场景中的操作数据变化来反映驾驶员对该场景风险等级的理解与反应,以驾驶员对周围交通参与者的规避程度来反映与其发生碰撞的可能性,同时可以使训练出来的模型更加具备人的操作特征。参考文献[22]提出了通过对驾驶员紧急避让动作行为的识别来对场景危险程度进行划分,即驾驶员本身的紧急制动或是紧急转向动作,然而以此来计算驾驶车辆与周围交通参与者发生碰撞的可能性注重参考驾驶员的主观特征,不具有智能车辆自主识别危险程度的普遍性。

基于驾驶员对于不同风险等级场景做出的反应,如紧急制动或紧急转向动作,可以寻找出驾驶车辆上的特征数据变化,从而反映出这一危险场景的危险程度。同时,通过参考文献[23]对车辆安全性问题的研究,本书案例选取驾驶车辆的直行加速度和转向加速度作为特征数据来说明驾驶员是紧急制动或是紧急转向的避让动作,从而反映所处场景的危险程度。考虑高维特征向量包含比单独考虑二者更大量的隐含信息,进而说明特征选择的可靠性。

后续是对特征向量的分析处理。聚类算法是一种典型的数据分类方法,是探索数据结构和统计数据分析中最常用的无监督学习方法,可以对大型数据进行划分,将具有相似统计特征的数据放在同一组中,进而可以获得不同统计特征所代表的危险程度标签。

**2. 基于聚类的风险等级评价方法**

K-means 聚类算法是数据挖掘领域中一种流行的聚类分析方法,可以将 $n$ 个所观测的样本按照各自所属类别划分成 $k$ 个集群,其中每个数据点都只属于一个集群,并且分类使数据点与相应的类群所有数据点的算术平均值间的距离平方和达到最小。在类别内的方差越小,该类群内的数据点相似性就越强。对于数据集 $Q = \{f_i \in \mathbb{R}^n\}_{i=1}^{N}$,其中 $f_i \in \mathbb{R}^n$ 为 $n$ 维的驾驶员特征矢量,$N$ 为样本数量。该非监督学习方法的损失函数如下:

$$\arg\min J = \sum_{i=1}^{N} \sum_{k=1}^{K} \omega_{ik} \| f_i - \mu_k \|^2 \tag{6-35}$$

其中,$\mu_k$ 为类群 $C_k$ 数据的中心点;$\omega_{ik}$ 为数据点所属类别判断。对于数据点 $f_i$,若其属于类群 $C_k$ 则 $\omega_{ik}=1$,反之则 $\omega_{ik}=0$。

另外,在对高维数据进行聚类处理的过程中,由于高维数据的非线性特征,简单线性 K-means 聚类方式很有可能会出现分类错误的现象。谱聚类则可以将高维无组织的数据点 $Q=\{f_i \in \mathbb{R}^n\}_{i=1}^N$ 按照其特征频谱的唯一性分成多个不同的数据组,即将连接在一起或紧邻在一起的数据点在相似性矩阵 $A$ 中表示,然后通过拉普拉斯映射进行数据降维;对降维后的映射数据再进行聚类分析,即根据相似性矩阵 $A$ 构造其对角加权矩阵 $D$,则有拉普拉斯矩阵 $L=D-A$,并求解以下广义特征值问题:

$$\begin{cases} Le=\lambda De \\ (I-D^{-1}A)e=\lambda e \end{cases} \quad (6-36)$$

最后,对特征向量排序 $0=\lambda_0 \leqslant \lambda_1 \leqslant \cdots \leqslant \lambda_M$,即 $U=[e^0, e^1, \cdots, e^M]$。通过选择前 $p$ 个特征向量,就可以构造出一个数据的 $p$ 维流形嵌入表示 $Y=[e^1, \cdots, e^p]^T$。获得了数据的拉普拉斯映射 $Y$ 后,就能够通过挑选合适的 $K$ 值,对 $Y$ 进行 K-means 聚类运算。

### 6.4.2 图模型节点定义及场景几何划分

在前几个章节案例中已应用的支持向量机(SVM)作为一种传统的机器学习算法,以向量的形式对抽象特征数据进行挖掘和学习,从而找到样本数据之间的分类边界,学习样本特征与标签之间的对应关系,因而被广泛用于分类问题。因此,SVM 是可以用于学习不同危险程度场景与驾驶员所操作反映出标签之间的对应关系,并且可以通过 SVM 的分类界限得到对应的风险等级评估模型。

随着交通场景复杂性的提升,如大流量城市交叉路口,交通参与者的数量和类型都随之增加,要表征在该场景下周围交通参与者与驾驶车辆之间的复杂交互关系是否会对本车造成间接危险,便不能仅关注主车驾驶特征。利用 SVM 的传统矢量方法建模只是关注了周围交通参与者的动态特性来检测风险程度,然而在复杂拥挤的城市交叉路口环境中,多种交通参与者会在一定的交通设施约束下产生一定的相互影响,这种影响会使危险程度迅速发生变化,传统的矢量表示模型则忽略了交通参与者和主车以及交通参与者之间的交互作用。此外,在某一特定驾驶场景的驾驶过程中交通参与者数量是随时变化的。由于传统模型方法固定的特征空间维数不能有效地适应这种变化,从而使这种危险程度识别方法不再可靠。

为了克服这些问题,可以同时提取场景中交通参与者的动态信息和交互信息,这里选用一种新型的数据表示结构——图表示模型(GRM)来更好地理解驾驶场景。GRM 能够针对场景中的多个交通参与者进行建模,模型中的节点和边可以很好地体现多个对象之间的交互关系,并且交通参与者的数量及对应交互关系的变化可以通过图的动态变化实现自适应。

利用图表示模型对驾驶员视野下的驾驶场景进行建模,需要将行驶场景中的动静态要素与图模型中的定义特征找到对应关系,即应该包含主车视野下场景的静态几何信息、场景中的交通参与者动态信息以及多交通参与者之间的交互信息等。因此,基于图模型表示的行驶场景特征提取包含场景几何范围划分、图模型节点定义、图模型边定义和图模型节点标签定义。

**1. 图模型节点定义及场景几何范围划分**

在城市道路场景中,车道线和交通指示灯的限制更为规范,城市交叉路口场景更加结构化,并且根据所采集到的数据为驾驶员视野场景,数据视角随驾驶车辆的移动而发生变化,出现在主车视野内的交通参与者的轨迹会受限于场景下的几何特征,很少有复杂交叉及不规则现象出现,整体图模型的构建会呈现出高度结构化。

基于上述讨论,构建了主车视角下的规则矩形网格图模型,如图 6-32 所示,网格随车辆视野的移动而固定于车辆前方进行移动。采集车辆前视方向范围转换为用于训练的鸟瞰图模型,每一个交通参与者本身可以定义为图模型中的节点。另外,在危险场景建模问题下,本书案例需要研究驾驶车辆与其他车辆的交互关系,因此本车也是图模型中的一个重要节点,驾驶车辆始终处于鸟瞰图的下方居中位置。根据所采集数据视野范围及城市道路交叉路口车道数,将网格 $y$ 方向划分为 5 个部分,$x$ 方向划分为 3 个部分,其中网格间距离在实验部分根据采集数据的范围进行划分。

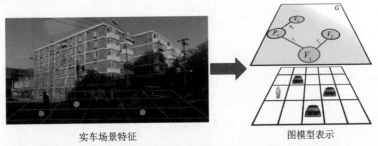

图 6-32 主车视角下的规则矩形网格图模型构建(附彩图)

2. 图模型边的定义

在图模型中,两个节点间通过一条边的连接来表示这两个节点是相关的,即有一定的相互联系或是相互作用。本书案例定义图模型的边为主车与周围交通参与者之间的潜在碰撞关系。由于在城市道路环境中交通参与者之间的距离越小,相撞的概率就越高,因此在图模型中距离被认为是近似相互作用的重要度量。在节点标签定义划分的网格基础上,对于车而言,存在于以车辆 $A$ 为中心的 3×3 网格内的其他车辆被认为与 $A$ 具有边连接,相距两个网格以上的两车则会被认为没有联系;对于行人而言,作为交通参与者中的弱势群体,更应该加强行人与车辆之间"交互"的考虑,并且在交叉路口这一复杂场景下,行人往往在过马路这一轨迹路线上会与主车的行驶路线产生重合,车辆与行人之间的相互避让便是"交互行为"很好的体现。考虑行人在交通场景中的弱势群体身份,则在图模型中扩大边的设置范围来体现与行人之间的强交互行为,即车辆与周围行人之间存在交互边的范围定义为该节点周围的 5×5 网格中,属于人为定义的输入范畴。此外,由于碰撞是相对的,所以本书案例定义的边都是双向的且标签为 1。图模型定义与边标签生成如图 6-33 所示。

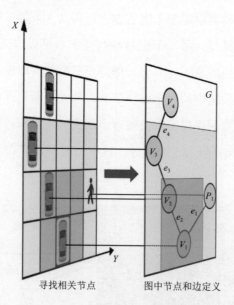

图 6-33 图模型边定义与边标签生成

### 3. 图模型节点标签定义

如前文所示,根据图的网格结构,将交通参与者的连续位置离散化为网格占有率。具体而言是在检测到有交通参与者存在的网格内由数字 1 开始进行不重复的填充,通过一系列的填充数字来表征节点间的邻接矩阵,从而实现节点边的唯一表示。但是由顺序数字作为节点的编码会与节点边的信息产生冲突,无法被当作节点标签用于后续的图核验证工作。因此,对于不同组数据中的不同交通参与者,通过对其多种真实信息的结合考虑来实现节点的唯一编码标签。

对于车辆节点标签 $L_v$ 而言,结合考虑了该车相对主车速度 $v_i$,在图网格中的 $x$、$y$ 坐标位置来对其进行编码,如下式所示:

$$L_v = 100v_i + 10y + x \tag{6-37}$$

从而实现该节点标签的唯一性。

对于行人节点标签 $L_p$,由于行人相对速度失真,其相对速度更多的是考虑本车的速度,因此在对行人节点标签进行定义时仅考虑其在图网格中的 $x$、$y$ 坐标即可,则有

$$L_p = 10y + x \tag{6-38}$$

### 4. 基于图核的场景风险等级分类

图是一种复杂的非线性结构数据,而使用传统的线性 SVM 模型是无法对图整体进行分类的。因此,在训练危险场景识别分类器之前,首先需要解决的核心问题是图结构特征数据之间相似性的建模和计算。本书案例使用图核方法将图的内积投影到高维空间中,再用线性 SVM 模型进行训练。本节介绍了 3 种基于不同计算方法的图核算法,即基于路径计算的最短路径图核(shortest-path kernel)、基于邻域聚合计算的邻域哈希图核(neighborhood hash kernel)以及基于 Weisfeiler-Leman 算法的 WL 图核,并将在实验部分对 3 种图核验证结果进行对比。

最短路径定义为图 $G$ 中从节点 $V_i$ 到节点 $V_j$ 之间不存在其他长度更短的路径。最短路径图核对于图结构数据而言,是将每一张图分解为最短路径的组合,从而实现图的分类,即给定两个图 $G$ 和 $G'$,它们对应的最短路径图分别是 $S=(V, E)$、$S'=(V', E')$,则有

$$k(G, G') = \sum_{e \in E} \sum_{e' \in E'} k_{\text{walk}}^{(1)}(e, e') \tag{6-39}$$

其中，$k_{\text{walk}}^{(1)}(e, e')$ 是长度为 1 的行走路线边 $(e, e')$ 的核函数。

邻域哈希图核是消息传递算法中的典型代表，其主要思想是图中的每个节点接收来自邻居节点的信息，利用这些信息来更新节点本身的标签，并统计它们的公共标签数来度量不同图之间的相似度，即给定两个图 $G$ 和 $G'$，使用简单邻域哈希运算对两个输入图的节点运算 $(1, 2, \cdots, h)$ 次后，两个输入图的更新图分别为 $G_1, G_2, \cdots, G_h$ 和 $G'_1, G'_2, \cdots, G'_h$，则两个输入图的相似度量计算如下：

$$k(G, G') = \frac{1}{h} \sum_{i=1}^{h} \frac{c}{|V| + |V'| - c} \tag{6-40}$$

其中，$c$ 是两个图有共同标签的数量。

Weisfeiler-Leman 算法在图相似性分类问题中，是通过判断两个图中对应节点的特征信息和结构信息来判断这两个图是否同构，即使用一种高效的计算方法将图的特征信息和结构位置信息映射为节点的 ID，将两个图的相似度问题转化为两个图节点集合 ID 的相似度问题，则有

$$k_{\text{WL}}^{(h)}(G, G') = k(G_0, G'_0) + k(G_1, G'_1) + \cdots + k(G_h, G'_h) \tag{6-41}$$

其中，$h$ 为图及图节点序列计算所迭代次数。

### 6.4.3 风险等级评估与建模实例分析

#### 1. 实车数据采集

为了获取驾驶车辆的多种特征值以及驾驶员视角下场景环境中交通参与者的信息，本书案例采取了在主车视角下，搭载一系列的车载传感器进行数据采集[21]。该传感器系统包含一个全球定位系统（GPS）用于采集主车的经纬度，一个安装在汽车顶部的毫米波雷达用于收集主车周围车辆的相对位置及各自的相对速度，用于采集方向盘转向角度、制动信号和车辆纵横向加速度等信息的 CAN 总线，以及一个安装在车辆前窗玻璃上的相机用于采集场景信息。车载数据采集传感器系统如图 6-34 所示。该系统可以按照数据采样间隔为 0.1 s 来对数据进行采集，具有可靠的采样频率以满足后续数据处理分析精确度的需要。

对于场景道路的选择，首先考虑了城市交通路网中最繁忙的交叉路口作为此次复杂场景的研究对象，场景中包含了大量的汽车、行人等多种交通参与者。因此，选取北京市海淀区某路口的直行数据和某路的右转数据，以及某路的左转数

图 6-34　车载数据采集传感器系统（附彩图）

据作为数据采集地点。数据采集路线如图 6-35 所示。

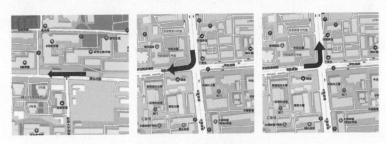

图 6-35　数据采集路线

本书案例所采集的数据是从驾驶车辆进入交叉路口的不可换道区域到完全通过该交叉路口时的无抽帧序列数据，并且剔除红灯时的停车数据以及红灯转为绿灯时因起步导致的驾驶员参数明显变化，选取平滑通过交叉路口的部分，人为筛选场景中与本车存在交互边的数据，避免数据视野中不存在交通参与者的现象。

驾驶员通过交叉路口的平均时间为 6~8 s，每组数据则包含 60~80 帧。在对初筛后所采集的数据处理过程中，由于传感器的采集误差，会出现某些帧中周围交通参与者的位置参数消失与突变等，针对这一情况本书案例通过差分方法进行坏值修复，处理出可用于实验的交叉路口直行、左转、右转特定场景数据。针对本书案例研究的问题，将复杂场景定义为有多交通参与者参与的城市交叉路口，不同于直行路段，交叉路口中的交通参与者种类更多，行人这一弱势群体也有更好的体现。最终本书案例对所采集的数据进行筛选，处理可用的交叉路口左转、直行及右转数据分别为 738 帧、790 帧和 800 帧。

2. 风险程度聚类标准选取

对于聚类方法及类别数的确定本书案例主要使用残差平方和（residual sum of square，RSS）的肘部原则以及轮廓图这两个标准进行评判，并且结合聚类算法的效果进行比较和选择。

对于数据集 $Q = \{f_i \in \mathbb{R}^n\}_{i=1}^N$ 中任意数据点 $f_i$，RSS 的计算如下：

$$\mathrm{RSS} = \sum_{k=1}^{K} \sum_{f_i \in C_k} |f_i - \mu_k|^2 \tag{6-42}$$

其中，$K$ 是对应聚类数，根据该函数绘制 RSS 相对于类别数 $K$ 的曲线，曲线明显的弯折部位对应的 $K$ 值则作为使用的聚类类别数。

对于聚类结果的表现本书案例使用轮廓系数（silhouette coefficient，SC）加以评价，轮廓系数结合聚类的内聚性和分离性来表示数据点与其自身聚类相对于其他聚类的相似度。对于属于类群 $C_i$ 的数据点 $f_i$，其轮廓值 Sil($f_i$) 计算方式为

$$a(f_i) = \frac{1}{|C_i|-1} \sum_{f_j \in C_i, i \neq j} d(f_i, f_j) \tag{6-43}$$

$$b(f_i) = \min_{k \neq i} \frac{1}{|C_k|} \sum_{f_j \in C_k} d(f_i, f_j) \tag{6-44}$$

$$\mathrm{Sil}(f_i) = \frac{b(f_i) - a(f_i)}{\max\{a(f_i), b(f_i)\}} \tag{6-45}$$

其中，$a(f_i)$ 表示 $f_i$ 与同一类群中所有其他数据点的平均距离；$b(f_i)$ 表示 $f_i$ 与任何其他类群中所有点的最小平均距离；$d(f_i, f_j)$ 是 $f_i$ 与 $f_j$ 之间的欧氏距离。从定义中可以发现，SC 的范围应当在-1 到+1 之间，越高说明数据点与自己的聚类越匹配。

对于本书案例所选用的车辆纵、横向加速度二维特征向量 $F_t$ 使用 K-means 方法的 8 次聚类计算的 RSS 和 SC 值如图 6-36 所示。由图可以看出，当 $K=3$ 时，特征数据的 RSS 值出现了明显的弯折，且 $K$ 取更大数值时没有出现明显的变化，即 $K=3$ 时出现了"肘部"。同时，$K=3$ 时的轮廓系数为最大值 SC=0.834；$K=4$ 时，轮廓系数为 SC=0.776。初步表明，$K=3$ 时的聚类效果优于 $K=4$ 时的聚类效果。

为了进一步验证,绘制了 $K$ 取值为 3 和 4 时的轮廓图,如图 6-36 所示。从图中可以看出,当 $K=3$ 时,各分类分布均匀且没有小于零的数据(小于零的数据为错误分类到该类别中的数据),表明此时分类效果较优。但是也可以看出当 $K=4$ 时,在第 1、2、3 类中均有分类错误的数据,如图 6-36 中圈出部分所示。因此,对于 $F_t$ 使用 K-means 聚类时选择 $K=3$。

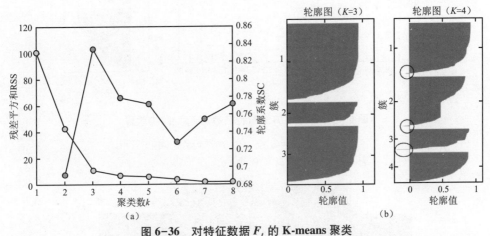

图 6-36 对特征数据 $F_t$ 的 K-means 聚类

(a) 残差平方和与轮廓系数;(b) 不同 $K$ 取值时的轮廓图

作为对比实验,使用谱聚类中的 KPCA 方法对特征数据 $F_t$ 进行降维处理之后聚类分析,通过计算前 20 个特征向量的特征值如图 6-37 所示。由图可以看出,对应 KPCA 方法特征值曲线图在特征向量个数为 5 时出现明显"肘部",进而绘制 $K$ 取值为 5 时的轮廓图如图 6-37 所示。由图可以看出,在对特征数据 $F_t$ 进行降维处理之后的分类结果中,各部分分布并不均匀,尤其是第 3 类的结果,并且在第 1 和第 4 类中出现了分类错误的现象。

综上,在对特征数据 $F_t$ 的聚类处理过程中选用 K-means 聚类算法,并且以 $K=3$ 进行。部分实车数据聚类标签结果及对应场景图如图 6-38 所示。

3. 场景风险图模型构建及实验验证

基于前文所述的模型定义,本书案例实验部分对所采集的实车数据,首先进行聚类处理得到图模型所需要的图标签,然后逐帧提取交通场景图中的特征,定义了图中的交通参与者的节点和有交互关系的边,根据所述的节点标签定义模

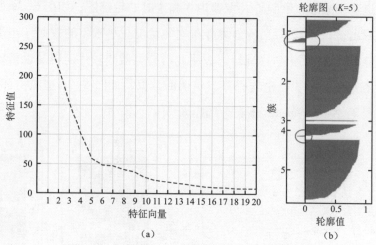

图 6-37　KPCA 方法对特征数据 $F_t$ 的分类效果

（a）特征值曲线图；（b）$K=5$ 时的轮廓图

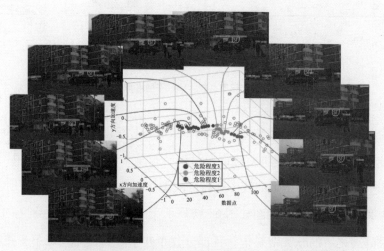

图 6-38　部分实车数据聚类标签结果及对应场景图（附彩图）

式，利用车辆的相对主车速度、图中 $x$、$y$ 的坐标来得到车辆节点的标签；对于场景中的行人利用其在图中的 $x$、$y$ 坐标进行标签定义。

对于场景中的图网格划分，$x$ 方向的网格根据车载摄像头及传感器检测的最远距离进行划分。考虑单位交通参与者在城市道路上发生影响的距离，将 $x$ 方向的每一间隔设置为 10 m，$y$ 方向的网格划分则结合考虑了交叉路口转向时的危险程度，以及与主车的影响程度选取相邻两车道的交通情况进行划分，设置 $y$ 方向的网格宽度为 2 m。其中，第 2 列和第 4 列网格代表相邻两车道的交通参与者与主车前方发生急剧换道情况，并且这两列的设置更是考虑了后续在图模型中使边的设置更加分明。网格划分情况如图 6-39 所示。

根据前文关于场景图模型构建以及特征数据聚类部分的实验描述，寻找相应的节点和边的关系，并且将场景风险等级分为 3 类。部分图场景的构建与风险等级聚类结果的对应关系如图 6-40 所示。

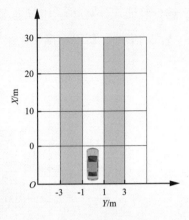

图 6-39　网格划分情况

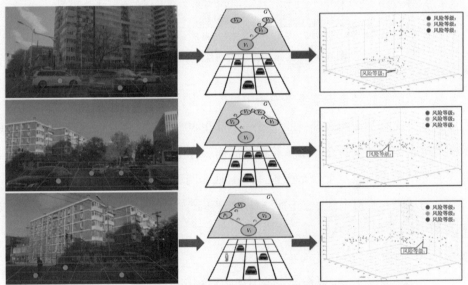

图 6-40　部分图场景的构建与风险等级聚类结果的对应关系（附彩图）

本书案例实验部分交叉路口实车数据处理量如表 6-2 所示。

表 6-2　交叉路口实车数据处理量

| 交叉路口场景 | 场景图数据量/帧 | 节点总数/个 | 边的总数/个 |
| --- | --- | --- | --- |
| 左转 | 738 | 2 601 | 4 450 |
| 直行 | 790 | 2 780 | 4 852 |
| 右转 | 800 | 2 800 | 4 872 |

在得到了每组数据的逐帧风险等级标签、节点标签、节点边组成的邻接矩阵等信息后，将相应数据用邻域哈希图核、最短路径图核和 WL 图核 3 种图核方法

进行验证，分别进行 10 次重复实验，并取平均值作为最终结果以消除偶然误差造成的影响，所得准确率结果如图 6-41 所示。

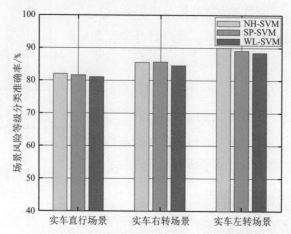

图 6-41 实车数据风险等级识别分类准确率

从所示的危险场景识别准确率图中可以看出，图结构模型对复杂场景的危险程度识别分类有不错的表现，验证准确率都在 80% 以上，其中交叉路口左转数据的邻域哈希图核和最短路径图核验证的准确率甚至达到了 89.98% 和 89.04%，并且表明邻域哈希图核对于表示图模型中交通参与者之间的关系有着更好的效果。另外，为了进一步对上述图方法识别分类结果进行说明，对模型的查准率、查全率及 F1 值进行类别加权计算，实车直行、右转、左转场景的模型验证结果分别如表 6-3、表 6-4、表 6-5 所示。

表 6-3 实车直行场景模型验证结果

| 场景模型 | 查准率/% | 查全率/% | F1 值/% | 准确率/% |
| --- | --- | --- | --- | --- |
| NH-SVM | 80.03 | 83.54 | 80.09 | 82.02 |
| SP-SVM | 79.72 | 82.28 | 79.59 | 81.39 |
| WL-SVM | 77.87 | 81.01 | 78.63 | 81.01 |

表 6-4 实车右转场景模型验证结果

| 场景模型 | 查准率/% | 查全率/% | F1 值/% | 准确率/% |
| --- | --- | --- | --- | --- |
| NH-SVM | 82.85 | 87.50 | 83.07 | 85.94 |
| SP-SVM | 81.91 | 86.25 | 80.83 | 85.63 |
| WL-SVM | 81.56 | 85.51 | 82.13 | 84.50 |

表 6-5 实车左转场景模型验证结果

| 场景模型 | 查准率/% | 查全率/% | F1 值/% | 准确率/% |
| --- | --- | --- | --- | --- |
| NH-SVM | 85.15 | 89.19 | 86.63 | 89.98 |
| SP-SVM | 81.75 | 86.49 | 83.68 | 89.04 |
| WL-SVM | 83.58 | 87.84 | 85.46 | 88.34 |

在对实验结果的分析中，由于该模型危险程度识别是通过车辆运行过程中的横、纵向加速度二维特征进行聚类，转弯时的横向加速度的变化更为明显，在做风险等级聚类处理的过程中更加可靠，因此转弯数据的验证准确率好于直行数据。

综上，该展示进一步表明了横、纵向加速度对驾驶员主观风险程度评价具有较好的表征能力，并且基于图表示的复杂场景风险程度识别模型针对有多交通参与者存在的城市场景有着不错的效果，可以较为准确地对复杂场景风险等级进行识别和分类。

# 参 考 文 献

[1] BISHOP R. A survey of intelligent vehicle applications worldwide [C] // Proceedings of the IEEE Intelligent Vehicles Symposium, 2000: 25-30.

[2] ZHU H, YUEN K V, MIHAYLOVA L, et al. Overview of environment perception for intelligent vehicles [J]. IEEE Transactions on Intelligent Transportation Systems, 2017, 18 (10): 2584-2601.

[3] LEFÈVRE S, VASQUEZ D, LAUGIER C. A survey on motion prediction and risk assessment for intelligent vehicles [J]. ROBOMECH Journal, 2014, 1: 1-14.

[4] SCHWARTING W, ALONSO-MORA J, RUS D. Planning and decision-making for autonomous vehicles [J]. Annual Review of Control, Robotics, and Autonomous Systems, 2018, 1: 187-210.

[5] 龚建伟, 龚乘, 林云龙, 等. 智能车辆规划与控制策略学习方法综述 [J]. 北京理工大学学报, 2022, 42 (7): 665-674.

[6] YOU C, LU J, FILEV D, et al. Autonomous planning and control for intelligent vehicles in traffic [J]. IEEE Transactions on Intelligent Transportation Systems, 2019, 21 (6): 2339-2349.

[7] PRABHA R, KABADI M G. Overview of data collection methods for intelligent transportation systems [J]. The International Journal of Engineering and Science (IJES), 2016, 5 (3): 16-20.

[8] LI Z R, GONG C, LIN Y L, et al. Continual driver behaviour learning for connected vehicles and intelligent transportation systems: Framework, survey

and challenges [J]. Green Energy and Intelligent Transportation, 2023, 2 (4): 69-80.

[9] LAVALLEY M P. Ogistic regression [J]. Circulation, 2008, 117 (18): 2395-2399.

[10] HEARST M A, DUMAIS S T, OSUNA E, et al. Support vector machines [J]. IEEE Intelligent Systems and their Applications, 1998, 13 (4): 18-28.

[11] QUIGLEY M, GERKEY B, CONLEY K, et al. ROS: An open-source robot operating system [C] //ICRA Workshop on Open Source Software, Kobe, Japan, 2009: 1-6.

[12] CAI Z, FAN Q, FERIS R S, et al. A unified multi-scale deep convolutional neural network for fast object detection [C] //Computer Vision-ECCV 2016: 14th European Conference, Amsterdam, The Netherlands, October 11-14, 2016, Proceedings, Part IV 14, 2016: 354-370.

[13] YE X Q, SHU M, LI H Y, et al. Rope3D: The roadside perception dataset for autonomous driving and monocular 3D object detection task [C] //Proceedings of the IEEE/CVF Conference on Computer Vision and Pattern Recognition, 2022: 21341-21350.

[14] REYNOLDS D A. Gaussian mixture models [J]. Encyclopedia of Biometrics, 2009, 741: 659-663.

[15] LI Z, LU C, YI Y, et al. A hierarchical framework for interactive behaviour prediction of heterogeneous traffic participants based on graph neural network [J]. IEEE Transactions on Intelligent Transportation Systems, 2021, 23 (7): 9102-9114.

[16] KIRKPATRICK J, PASCANU R, RABINOWITZ N, et al. Overcoming catastrophic forgetting in neural networks [J]. Proceedings of the National Academy of Sciences, 2017, 114 (13): 3521-3526.

[17] LIN Y L, LI Z R, GONG C, et al. Continual interactive behavior learning with traffic divergence measurement: A dynamic gradient scenario memory approach [J]. IEEE Transactions on Intelligent Transportation Systems, 2024, 25 (3): 2355-2372.

[18] YU B, LEE Y, SOHN K. Forecasting road traffic speeds by considering area-wide spatio-temporal dependencies based on a graph convolutional neural network (GCN) -ScienceDirect [J]. Transportation Research Part C: Emerging Technologies, 2020, 114: 189-204.

[19] BAO P, CHEN, Z, WANG J, et al. Lifelong vehicle trajectory prediction framework based on generative replay [J]. IEEE Transactions on Intelligent Transportation, 2023, 24 (12): 13729-13741.

[20] LOPEZ-PAZ D, RANZATO M A. Gradient episodic memory for continual learning [C] //Advances in Neural Information Processing Systems, 2017: 6467-6476.

[21] CAO Z, SIMON T, WEI S E, et al. Realtime multi-person 2D pose estimation using part affinity fields [C] //Proceedings of the IEEE Conference on Computer Vision and Pattern Recognition, 2017: 7291-7299.

[22] KREISS S, BERTONI L, ALAHI A. Pifpaf: Composite fields for human pose estimation [C] //Proceedings of the IEEE/CVF Conference on Computer Vision and Pattern Recognition, 2019: 11977-11986.

[23] HOCHREITER S, SCHMIDHUBER J. Long short-term memory [J]. Neural Computation, 1997, 9 (8): 1735-1780.

[24] CHEN Z, WU C, LYU N, et al. Pedestrian-vehicular collision avoidance based on vision system [C] //17th International IEEE Conference on Intelligent Transportation Systems (ITSC), 2014: 11-15.

[25] LI Y, ZHANG L, SONG Y. A vehicular collision warning algorithm based on the time-to-collision estimation under connected environment [C] //2016 14th International Conference on Control, Automation, Robotics and Vision (ICARCV), 2016: 1-4.

[26] MÜLLER K R, MIKA S, TSUDA K, et al. An introduction to kernel-based learning algorithms [J]. IEEE Transactions on Neural Networks, 2001, 12 (2): 181-201.

[27] LI J, LU C, XU Y, et al. Manifold learning for lane-changing behavior

recognition in urban traffic [C]//2019 IEEE Intelligent Transportation Systems Conference (ITSC), 2019: 3663-3668.

[28] PUCHADES V M, PIETRANTONI L, FRABONI F, et al. Unsafe cycling behaviours and near crashes among Italian cyclists [J]. International Journal of Injury Control and Safety Promotion, 2018, 25 (1): 70-77.

[29] CHEN K, ZHANG Y, YI J. Modeling of rider-bicycle interactions with learned dynamics on constrained embedding manifolds [C]//2013 IEEE/ASME International Conference on Advanced Intelligent Mechatronics, 2013: 442-447.

[30] 崔格格, 吕超, 李景行, 等. 数据驱动的智能车个性化场景风险图构建 [J]. 汽车工程, 2023, 45 (2): 231-242.

[31] ZHANG S, TONG H, XU J, et al. Graph convolutional networks: A comprehensive review [J]. Computational Social Networks, 2019, 6 (1): 1-23.

[32] YAN S, XIONG Y, LIN D. Spatial temporal graph convolutional networks for skeleton-based action recognition [C]//Proceedings of the AAAI Conference on Artificial Intelligence, 2018: 6665-7655.

[33] LEA C, FLYNN M D, VIDAL R, et al. Temporal convolutional networks for action segmentation and detection [C]//Proceedings of the IEEE Conference on Computer Vision and Pattern Recognition, 2017: 156-165.

[34] ZHANG Z, SABUNCU M. Generalized cross entropy loss for training deep neural networks with noisy labels [C]//Advances in Neural Information Processing Systems, 2018.

[35] VON LUXBURG U. A tutorial on spectral clustering [J]. Statistics and Computing, 2007, 17: 395-416.

[36] PETERSON L E. K-nearest neighbor [J]. Scholarpedia, 2009, 4 (2): 1883.

[37] LEE S E, OLSEN E C, WIERWILLE W W. A comprehensive examination of naturalistic lane-changes [R]. United States Department of Transportation National Highway Traffic Safety Administration, Washington, DC, USA, 2004.

[38] WANG J, HOU T, XU X. Chemometrics and intelligent laboratory systems

[J]. Chemom. Intell. Lab. Syst., 2006, 82: 59-65.

[39] TENENBAUM J B, SILVA V D, LANGFORD J C. A global geometric framework for nonlinear dimensionality reduction [J]. Science, 2000, 290 (5500): 2319-2323.

[40] MIHALCEA R, TARAU P. Textrank: Bringing order into text [C] // Proceedings of the 2004 Conference on Empirical Methods in Natural Language Processing, 2004: 404-411.

[41] LIKAS A, VLASSIS N, VERBEEK J J. The global K-means clustering algorithm [J]. Pattern Recognition, 2003, 36 (2): 451-461.

[42] OLSEN E C. Modeling slow lead vehicle lane changing [D]. Commonwealth of Virginia: Virginia Polytechnic Institute and State University, 2003.

[43] JOHNSON D S, GAREY M R. Computers and intractability: A guide to the theory of NP-completeness [M]. New York: WH Freeman, 1979.

[44] BOSER B E, GUYON I M, VAPNIK V N. A training algorithm for optimal margin classifiers [C] //Proceedings of the Fifth Annual Workshop on Computational Learning Theory, 1992: 144-152.

[45] BORGWARDT K M, KRIEGEL H P, VISHWANATHAN S, et al. Graph kernels for disease outcome prediction from protein-protein interaction networks [M] // Biocomputing 2007. Republic of Singapore: World Scientific, 2007: 4-15.

[46] BORGWARDT K M, KRIEGEL H P. Shortest-path kernels on graphs [C] // Fifth IEEE International Conference on Data Mining (ICDM'05), 2005: 8.

[47] GOWER J C. A general coefficient of similarity and some of its properties [J]. Biometrics, 1971, 27 (4): 857-871.

[48] CHEN Y P, WANG J K, LI J, et al. Lidar-video driving dataset: Learning driving policies effectively [C] //Proceedings of the IEEE Conference on Computer Vision and Pattern Recognition, 2018: 5870-5878.

# 附 录

# 智能车辆场景理解与行为预测技术相关术语名称

附录　智能车辆场景理解与行为预测技术相关术语名称

| 中文全称 | 英文全称 | 英文简写 |
| --- | --- | --- |
| 高级驾驶员辅助系统 | advanced driver assistance systems | ADAS |
| 智能交通系统 | intelligent transportation systems | ITS |
| 逻辑回归 | logistic regression | LR |
| 支持向量机 | support vector machine | SVM |
| 高斯混合回归 | gaussian mixture regression | GMR |
| 图神经网络 | graph neural networks | GNN |
| 持续学习 | continual learning | CL |
| 图表示学习 | graph representation learning | GRL |
| 长短期记忆网络 | long short-term memory | LSTM |
| 弱势道路使用者 | vulnerable road users | VRU |
| 程序编程接口 | application programming interface | API |
| 换道 | lane change | LC |
| 车道保持 | lane keep | LK |
| 方向盘转角 | steering wheel angle | SWA |
| 核函数 | kernel function | KF |
| 凸二次规划 | convex quadratic programming | CQP |
| 对偶问题 | dual problem | DP |
| KKT条件 | karush-kuhn-tucker conditions | KKTC |
| 序列最小优化 | sequential minimal optimization | SMO |

续表

| 中文全称 | 英文全称 | 英文简写 |
| --- | --- | --- |
| 最大似然估计 | maximum likelihood estimation | MLE |
| 期望最大化算法 | expectation-maximization algorithm | EM |
| 条件概率密度函数 | conditional probability density functions | CPDF |
| 高斯混合模型 | gaussian mixture model | GMM |
| 混合密度神经网络 | mixture density network | MDN |
| Kullback-Leibler 散度 | kullback-leibler divergence | KLD |
| 二次规划算法 | quadratic program | QP |
| 图核 | graph kernel | GK |
| 传播图核 | propagation kernels | PKs |
| 多维放缩拉普拉斯图核 | multiscale laplacian kernel | MLK |
| 图跳跃图核 | graph hopper kernel | GHK |
| 平均偏移误差 | average differential error | ADE |
| 最小安全间隙 | minimum safety margin | MSM |
| 差分法 | difference methods | DM |
| 图卷积网络 | graph convolution networks | GCN |
| 时空图卷积神经网络 | spatio-temporal graph convolutional networks | ST-GCN |
| 分层时空特征融合 | multi-layer feature fusion | MLFF |
| 人车单元交互特征融合 | human-vehicle feature fusion | HVFF |
| 轮廓系数 | silhouette coefficient | SC |

# 索 引

## 3~4

3 位驾驶员操作数据聚类类别选择（表） 161

4 种模型数据结构（图） 87

4 组车辆轨迹预测模型 58

    案例 58

    在 3 组连续场景中的测试结果（图） 58

## A~Z（英文）

ARI 与 SC 统计表（表） 72

COCO 骨架模型示意（图） 63

DBNet 数据集中的对象出现次数和场景统计（图） 131

EM 算法 38

E-Step 39

GEM-Social-STGCNN 57

GEM-Social-STGCNN 模型与 D-GEM-Social-STGCNN 模型训练时间和记忆数据使用量对比结果（图） 61

GMM 模型预测 39

Isomap 降维数据点对应的换道场景（图） 133

Isomap 降维数据后训练 SVM 的识别准确率随 $k$ 参数值的变化（图） 134

JT-Social-STGCNN 57

KKT 条件 30

KPCA-KMC 与 KMC 的聚类结果 RSS 和 AIC 上的对比（图） 93

KPCA 方法对特征数据 $F_1$ 的分类效果（图） 174

K-means 算法 142

LK/LC 对不同驾驶员的标记结果（图） 22

LR 模型输出量定义（表） 25

LSTM 结构示意（图） 84

MLP 一般结构（图） 117

M-Step 39

Openpose 处理后的图像文件效果（图） 65

Openpose 的 BODY_25 骨架节点形式（图） 65

Openpose 神经网络结构（图） 64

PreScan/SIMULINK 平台 7

ST-GCN 基本模型框架（图） 107

SVM 和 LR 模型输出量定义（表） 36

SVM 在两个数据集上的分类表现（表） 96

TCN 模块基本结构（图）109

YOLO v3 的深度神经网络结构（图）124

**B**

奔跑行人与行走行人双腿角度区别（图）69

本书整体逻辑架构（图）6

比亚迪速锐自动驾驶平台 9、9（图）

比亚迪速锐自动驾驶平台具体配置 9、10

    传感器配置 9

    数据类型及内容 10

    坐标系定义 9

边标签生成（图）168

变量在图神经网络中的关系和信息传递（图）44

**C**

参考文献 178

参数初始化 38

测试集预测误差（表）88

层内特征提取 110

差异性度量方法 49

常见的仿真场景示意（图）18

场景风险等级分类 169

场景几何划分 166、167

    范围划分 167

场景建模 7、130

    实例分析 130

场景理解 5、121

    与风险评估 121

车辆轨迹预测 47、48

    灾难性遗忘 48

车辆轨迹预测持续学习方法 47、52、55

    框架（图）55

车辆轨迹预测模型 58、59

    案例 58

    在 3 组连续场景中的测试结果数据（表）59

车辆行为识别 5、20、22、25

    模型 22、25

    问题 20

    预测 20

车辆行为预测问题 36

车辆运动控制功能 3

车载传感器数据解析与处理 12~15

    动态要素定位 15

    多动态要素检测与跟踪 13

    数据保存 12

    数据解析及时间同步 12

车载数据采集传感器系统（图）171

车载相机与激光雷达数据保存文件结构（图）12

城市道路路口（图）89、95

    B-b 类场景测试数据（图）89

    数据集应用 KPCA-KMC 方法的特征聚类结果（图）95

持续学习任务描述 48

**D**

单个骑行者的多层图结构示意（图）105

当前场景 48

等距特征映射 126

动静态场景构建 17

动态记忆持续学习优化策略 55

动态要素定位 15、16

    步骤 15

融合定位效果（图） 16

对偶问题 28、35

  求解 35

对特征数据 $F_t$ 的 K-means 聚类（图） 173

多动态要素检测与跟踪系统 14、14（图）

  框架（图） 14

## F

方法总述 41

仿真场景 18

  交通参与者行为设置 18

  示意（图） 18

非线性支持向量机 34、35

  核心思想 34

分层 GNN 42

  交互行为预测方法 42

  异质交通参与者预测模型（图） 42

分层图 102、109

  构建与节点特征生成 102

  交互特征融合 109

分类器训练目标 21

风险程度识别实例分析 160

风险等级评估与建模实例分析 170~173

  场景风险图模型构建及实验验证 173

  风险程度聚类标准选取 172

  实车数据采集 170

风险等级评价方法 165

风险评估 121

复杂场景风险等级评估与建模 164

## G~H

感知模块 1

高斯混合模型 37、38

  参数辨识 38

  数学表示 37

个性化聚类方法评价标准 144、145

  轮廓图 145

  肘部原则 144

骨架识别模式 64

骨架信息优点 63

横向驾驶行为模型 40

环境信息获取途径 1

换道场景示意（图） 21

换道车辆边界框（图） 131

混淆矩阵统计表（表） 72

## J

基于 PreScan 的仿真环境数据采集过程（图） 8

基于车辆视角数据的行人轨迹和风险等级评价模型（图） 91

基于车载传感器的系统 8

基于仿真传感器的系统 7

基于分层图表示的骑行者特征融合 109

基于风险评估的场景理解 5

基于高斯混合回归的 GMM 模型预测 39

基于高斯混合回归的横向驾驶行为模型 40

基于高斯混合模型-高斯混合回归的主车操作轨迹预测模型 37

基于骨架节点的行人姿态表征 62

基于骨架数据的行人行为类别标注 62

基于关键换道交互行为的行驶场景建模 121、123、130

  方法实例分析 130

  整体框架（图） 123

基于轨迹预测的行人风险等级评估 96
基于换道交互的行驶场景建模 127
基于机器学习的车辆行为 20、36
    识别 20
    预测 36
基于聚类的风险等级评价方法 165
基于聚类的驾驶员个性化危险场景评价标签生成方法（图）140
基于聚类的骑行者风险等级标签聚类 115
基于邻域聚合计算的邻域哈希图核 155
基于流形学习的特征降维方法 125
基于路基传感器的系统 10
基于路径计算的最短路径图核 153
基于逻辑回归的车辆行为识别模型 22
基于碰撞风险分析的骑行者时空特征提取 100
基于时空图卷积神经网络的骑行者时空图特征提取 106
基于视觉的周围车辆换道行为特征识别 122
基于图表示的骑行者行为特征提取 99
基于图表示的行人行为 73~75、78
    识别 73
    特征建模 74
    意图识别方法框架（图）73
    意图识别模型消融实验结果（表）78
基于图核的场景风险等级分类 169
基于图核的相似性度量方法 151
基于图模型的行驶场景建模 127、128、136
    方法（图）128
    实例分析 136
基于图神经网络的骑行者穿行意图识别 102
基于图神经网络的异质交通参与者交互行为预测分层框架 41

基于行人姿态表征的行为类别聚类 66
基于行为识别的骑行者风险评估预测 115
基于支持向量机的车辆行为识别模型 25
基于支持向量机的危险场景分类模型建模方法 159
机非混行场景骑行者风险等级识别混淆矩阵（图）118
激光雷达和相机数据融合模型（图）15
计数邻域哈希运算 158
计算计数敏感领域哈希值范例（图）158
计算简单邻域哈希值范例（图）157
驾驶行为评价实例分析 145
驾驶员1的危险场景识别结果混淆矩阵图（图）162
驾驶员1完整操作数据 149、150
    聚类结果（图）149
    轮廓图（图）150
驾驶员1纵向加速度 147、148
    K-means聚类（图）147
    聚类结果（图）148
驾驶员2和驾驶员3纵向加速度聚类结果（图）161
驾驶员操作数据 150、161、164
    聚类类别选择（表）161
    特征数据选取 164
    展示结果（图）150
驾驶员个性化危险场景评价 139、140
    标签生成方法（图）140
驾驶员驾驶环境（图）8
驾驶员特征提取与风险等级评价 164
简单邻域哈希运算 157
降维后数据流形图（图）132

交叉路口实车数据处理量（表）　175

交叉熵函数　112

交通参与者　5、18

　　仿真模型（图）　18

　　行为识别与预测　5

交通场景差异性评价指标的计算过程（图）　50

交通场景片段与提取的图数据展示（图）　138

角度特征分析　68

节点属性特征组合　78

近邻行驶的骑行者风险识别结果（图）　119

聚合节点从属关系（表）　104

距离特征分析　66

## K~M

空间特征提取　107

拉普拉斯特征映射构造　144

兰德系数　71

　　定义　71

　　优点　71

类别层主要参数（表）　43

历史场景　48

连续场景　47~49

　　不同交通场景的差异性度量方法　49

　　相关概念定义　47

连续场景车辆轨迹预测　47、52、57

　　持续学习方法　52

　　实验　57

　　问题　47

邻域哈希图核　155、170

邻域聚合算法　155、156（图）

　　示意（图）　156

流形学习　125

路基传感器数据采集系统　10、11

　　采集的数据（表）　11

　　视角（图）　11

路基传感器数据解析与处理　16

路基视频处理数据（表）　17

路基数据处理工具　17

路基数据图片标注与目标跟踪（图）　16

路径规划　3

　　模块　3

逻辑斯谛分布　23

　　定义　23

　　概率分布函数和概率密度函数曲线（图）　23

面向连续场景的车辆轨迹预测持续学习方法　47

模型损失函数设计　112

## P~Q

谱聚类方法　143、148

　　特征向量与高斯核超参数选择（图）　148

谱聚类算法主要步骤　144

骑行者　99、105~109

　　节点特征生成　105

　　时空图特征提取　106

　　特征融合　109

骑行者穿行意图识别　102、113

　　实验　113

骑行者风险等级　115~118

　　标签聚类　115

　　评估准确率分析　118

　　预测方法　116

　　预测实验　117

骑行者风险评估　115、119

实例分析 119

　　预测 115

骑行者时空特征提取 99~102

　　结果（图） 102

骑行者行为 99

　　识别与预测 99

　　特征构建 99

### R~S

人车单元交互特征融合 111

实车数据风险等级识别分类准确率（图） 176

实车数据聚类标签结果及对应场景图（图） 174

实车右转场景模型验证结果（表） 176

实车直行场景模型验证结果（表） 176

实车左转场景模型验证结果（表） 177

实际标签与理想聚类模型生成的标签对比（图） 73

实例层主要参数（表） 43

时间特征提取 108

使用 SVM 进行周围车辆行为识别分类 133

使用原始数据和降维数据的分类准确率结果（图） 135

视觉匹配结果（图） 14

收敛判断 39

输入特征与融合机制对比实验结果（表） 114

数据采集车传感器配置（图） 10

数据采集车轨迹与车道线绘制（图） 136、137

　　数据跳变筛除（图） 137

数据采集路线（图） 171

数据采集系统 7

　　构成 7

　　与场景建模 7

数据采集与处理 4

　　主要任务 4

数据分析与处理 11

数据降维可视化 132

数据提取流程（图） 83

术语名称（表） 183

### T

特征降维方法 125

特征融合模块 MLFF 技术路线（图） 110

梯度场记忆训练模型训练方法的主要算法流程（图） 54

提取得到的行人特征时序档案（图） 83

凸优化问题 27

图场景构建与风险等级聚类结果的对应关系（图） 175

图核方法与数学表示 151

图模型边定义 130、168

　　与边标签生成（图） 130、168

图模型节点标签定义 129（图）、169

图模型节点定义及场景几何划分 166、167

　　范围划分 167

图神经网络与特征融合 102、114

　　模型输入特征与融合机制对比实验结果（表） 114

　　行为识别 102

### W

网格划分情况（图） 175

危险场景 139、141、159、162

　　标签生成方法 141

　　分类模型建模方法 159

识别准确率（图）　162

　　驾驶员行为分析与评价　139

危险行驶场景识别结果与驾驶员操作数据对比

　　展示效果（图）　163

位移运算　157

未知场景　48

## X

线性可分支持向量机　26

线性支持向量机　35

相似性度量方法　151

消息传递算法　155

校园路口　94

　　数据集应用 KPCA-KMC 方法的特征聚类结

　　　果（图）　94

　　数据聚类　94

行人　62

行人风险　96~98

　　等级评估　96

　　水平预测实例（图）　98

行人风险等级预测模型　90、97

　　混淆矩阵（图）　97

行人骨架　77、80

　　关键节点定义表（表）　77

　　姿态识别结果（图）　80

行人轨迹　88、91

　　和风险等级评价模型（图）　91

　　预测实验结果分析　88

行人轨迹预测模型　81、84

　　构建　84

行人时空图模型　75、76

　　构建示意（图）　75

特征序列构建　76

行人数据　82、91

　　风险等级标签聚类　91

　　特征提取　82

行人特征时序档案（图）　83

行人行为　62、74、77

　　识别实验与结果分析　77

　　识别与预测　62

　　特征建模　74

行人行为类别　62、70

　　标注　62

　　聚类结果分析　70

行人行为意图识别　73、74、78

　　方法框架（图）　73

　　模块　74

　　模型消融实验结果（表）　78

行人与主车距离属性　77

行人运动　76、77

　　属性　76

　　瞬时对应的主车车速属性　77

行人在主车第一视角下的位置与尺度变化及过街

　　意图识别结果（图）　81

行人姿态表征　62

行驶场景　121、151

　　动静态特征提取与建模　121

　　风险程度识别与分类　151

行驶场景建模　121、123、127、136

　　实例分析　136

　　整体框架（图）　123

行驶场景建模方法（图）　128、130

　　实例分析　130

行驶场景图模型　128、129

边定义与边标签生成　129

　　节点标签定义　129

　　节点定义　128

行为决策模块　2

行为类别聚类　66

行走行人与静止行人的节点距离变化（图）　67

## Y

已知行人信息具体含义及形式（表）　85

异或运算　157

异质交通参与者交互行为预测分层框架　41

应用动态记忆优化策略的车辆轨迹预测持续学
　习方法框架（图）　55

优化问题　28

由图核定义的特征空间及其映射（图）　154

右转场景下遇过街行人的检测数据（图）　86

原始数据（图）　82

原问题　28

约束优化问题　29

运动控制模块与车辆平台　3

## Z

灾难性遗忘　48

只有角度特征的数据点分布情况（图）　70

只有距离特征的数据点分布情况（图）　68

智能车辆　1~3

　　感知系统（图）　2

　　路径规划（图）　3

　　行为决策　2、2（图）

智能车辆场景理解与行为预测　1、183

　　技术相关术语名称（表）　183

智能车辆模块组成　1~3

　　感知模块　1

　　路径规划模块　3

　　行为决策模块　2

　　运动控制模块　3

智能车辆数据采集　4、7

　　系统　7

　　与处理一般性框架（图）　4

周围车辆　122、138

　　换道行为特征识别　122

　　鸟瞰图生成与网格划分示例（图）　138

主车操作轨迹预测模型　37

主车视角下的规则矩形网格图模型构建（图）
　167

主成分分析　125

转向操作规避危险导致的事故（图）　141

自动驾驶平台数据类型及内容（表）　10

最短路径　153、169

　　定义　169

　　图核　153

作为聚类对象的骨架序列图（图）　66

（王彦祥、张若舒　编制）

图 2-8 视觉匹配结果部分

(a) 快速路场景；(b) 路口场景

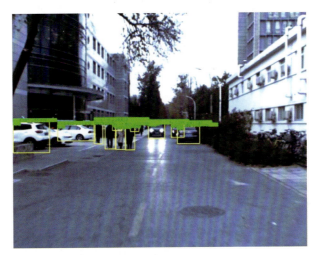

图 2-10 部分动态要素融合定位效果

图 2-11 路基数据图片标注与目标跟踪

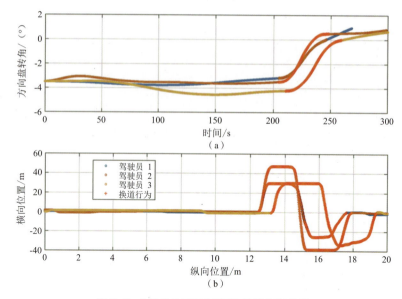

图 3-2 LK/LC 对不同驾驶员的标记结果

（a）方向盘车辆随时间变化情况；（b）车辆轨迹

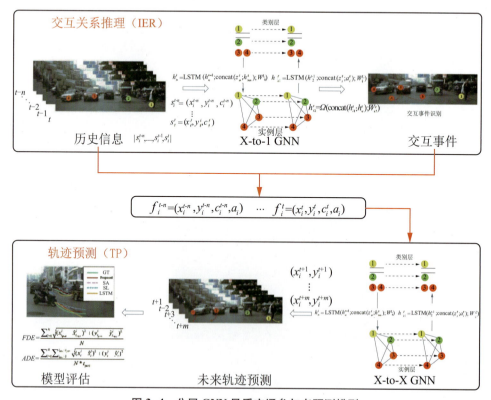

图 3-4 分层 GNN 异质交通参与者预测模型

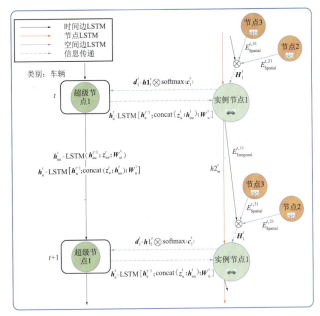

图 3-5 变量在图神经网络中的关系和信息传递

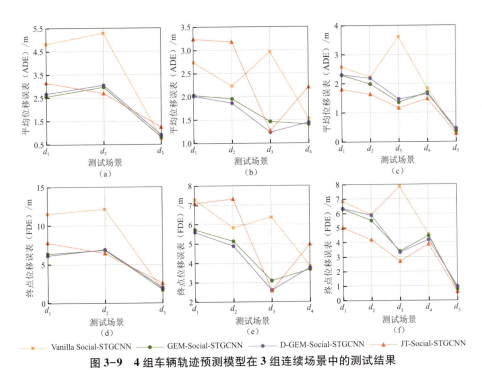

图 3-9 4 组车辆轨迹预测模型在 3 组连续场景中的测试结果

(a) 3 个连续场景中的 ADE 对比；(b) 4 个连续场景中的 ADE 对比；(c) 5 个连续场景中的 ADE 对比；
(d) 3 个连续场景中的 FDE 对比；(e) 4 个连续场景中的 FDE 对比；(f) 5 个连续场景中的 FDE 对比

图 4-4　Openpose 处理后的图像文件效果

图 4-5　作为聚类对象的骨架序列图

(a)

(b)

图 4-6　行走行人与静止行人的节点距离变化

(a) 行走行人；(b) 静止行人

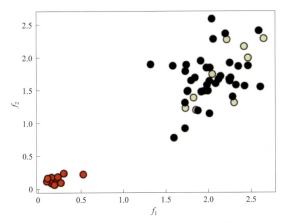

图 4-7　只有距离特征的数据点分布情况

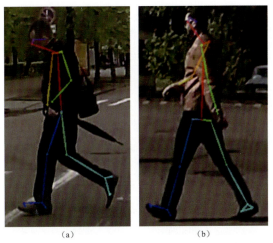

图 4-8　奔跑行人与行走行人双腿角度的区别

（a）奔跑行人；（b）行走行人

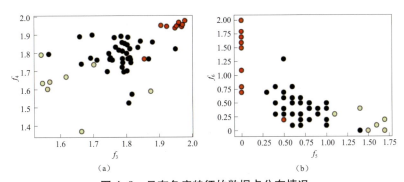

图 4-9　只有角度特征的数据点分布情况

（a）角度数值特征点分布图；（b）角度数量特征点分布图

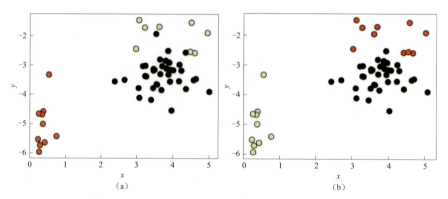

图 4-10 实际标签与理想聚类模型生成的标签对比

(a) 实际标签;(b) 理想聚类模型生成的标签

图 4-11 基于图表示的行人行为意图识别方法框架

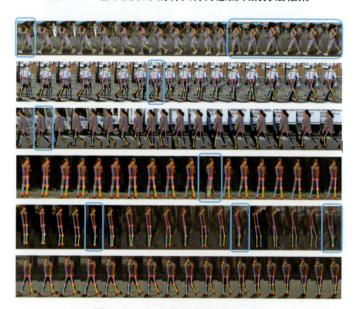

图 4-13 行人骨架姿态识别结果

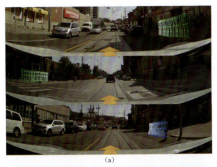

**图 4-14　行人在主车第一视角下的位置与尺度变化及过街意图识别结果**

（a）行人在主车第一视角下的位置与尺度变化；（b）行人过街意图识别结果

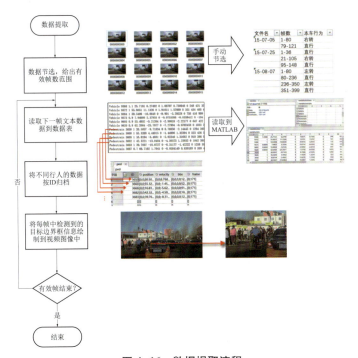

**图 4-16　数据提取流程**

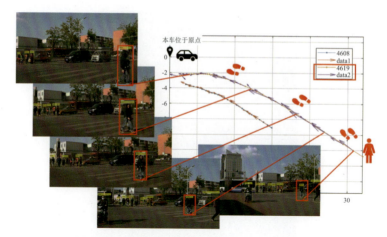

图 4-19 某右转场景下遇过街行人的检测数据

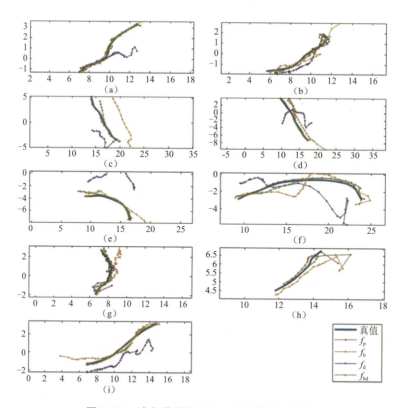

图 4-21 城市道路路口 B-b 类场景测试数据

(a) 测试观察 1；(b) 测试观察 2；(c) 测试观察 3；(d) 测试观察 4；
(e) 测试观察 5；(f) 测试观察 6；(g) 测试观察 7；(h) 测试观察 8；(i) 测试观察 9

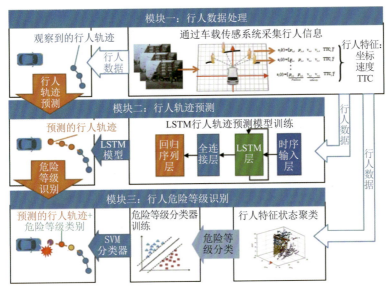

图 4-22 基于车辆视角数据的行人轨迹和风险等级评价模型

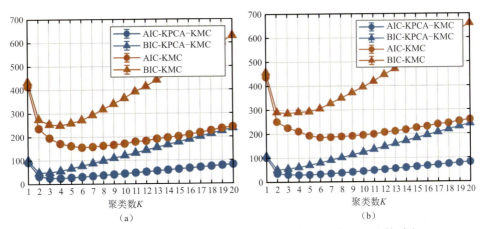

图 4-23 KPCA-KMC 与 KMC 的聚类结果在 RSS 和 AIC 上的对比

（a）城市道路路口数据集；（b）校园路口数据集

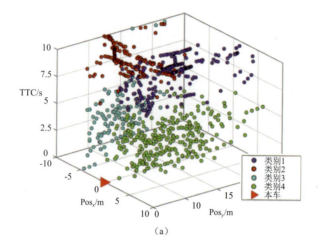

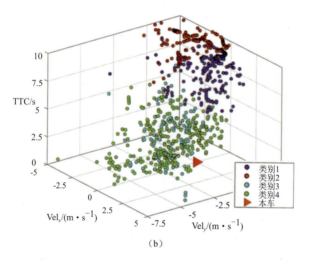

**图 4-24 校园路口数据集应用 KPCA-KMC 方法的特征聚类结果**

(a) $Pos_x$-$Pos_y$-TTC 坐标系；(b) $Vel_x$-$Vel_y$-TTC 坐标系

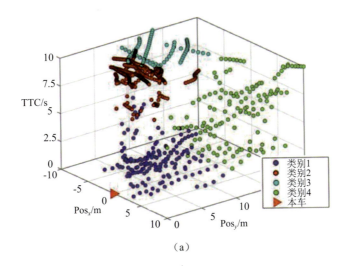

（a）

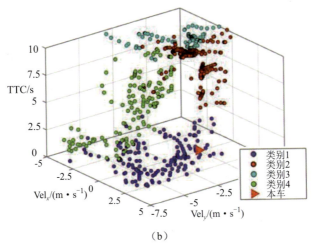

（b）

图 4-25 城市道路路口数据集应用 KPCA-KMC 方法的特征聚类结果

（a）$Pos_x$-$Pos_y$-TTC 坐标系；（b）$Vel_x$-$Vel_y$-TTC 坐标系

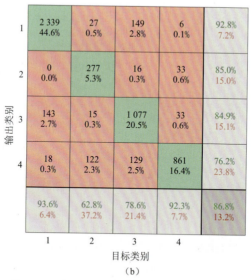

图 4-26 行人风险等级预测模型的混淆矩阵

（a）校园路口数据预测结果；（b）城市道路路口数据预测结果

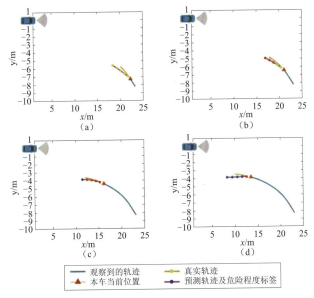

图 4-27 行人风险水平预测实例

(a) $T=3$; (b) $T=6$; (c) $T=13$; (d) $T=16$

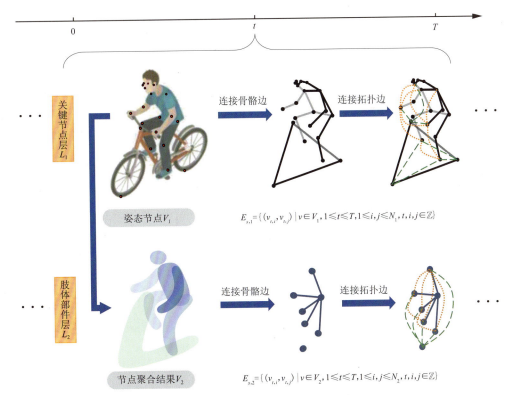

图 5-2 单个骑行者的多层图结构示意图

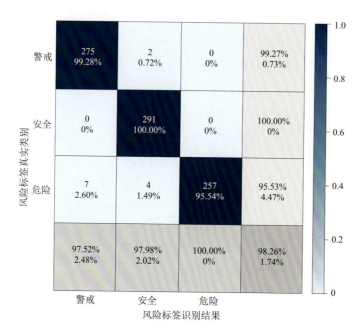

图 5-7　机非混行场景骑行者风险等级识别混淆矩阵

图 5-8　近邻行驶的骑行者风险识别结果

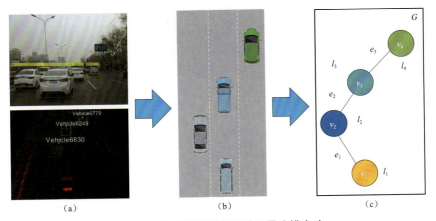

图 6-3 基于图模型的行驶场景建模方法

(a) 真实场景数据；(b) 鸟瞰图；(c) 图结构数据

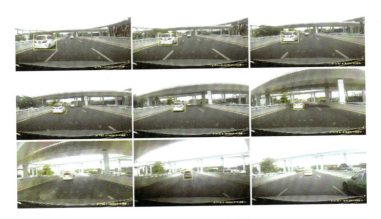

图 6-7 换道车辆边界框

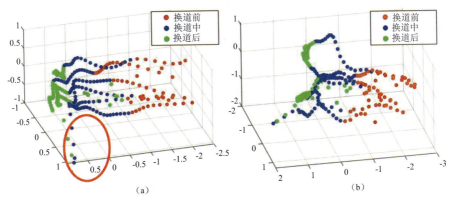

图 6-8 降维后数据的流形图

(a) PCA 降维后流形图；(b) Isomap 降维后流形图

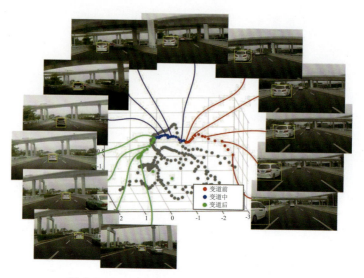

图 6-9 Isomap 降维数据点对应的换道场景

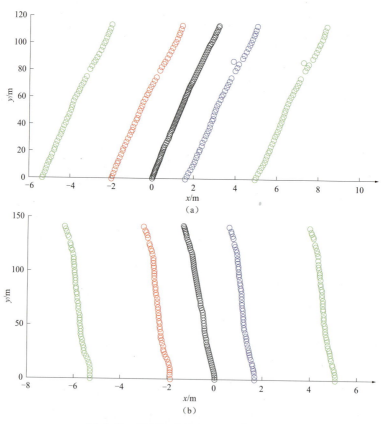

图 6-12 数据采集车轨迹与车道线绘制

（a）车辆轨迹与车道线示例一；（b）车辆轨迹与车道线示例二

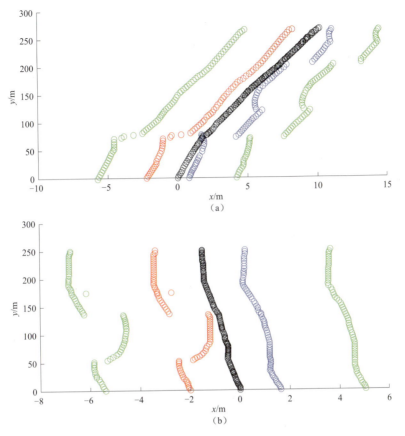

图 6-13 数据采集车轨迹与车道线绘制数据跳变筛除

(a) 异常数据案例一；(b) 异常数据案例二

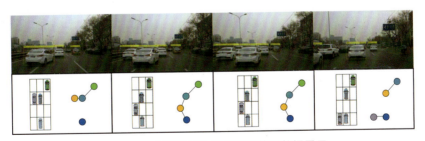

图 6-15 交通场景片段与提取的图数据展示

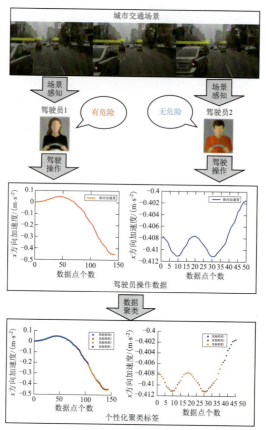

图 6-16 基于聚类的驾驶员个性化危险场景评价标签生成方法

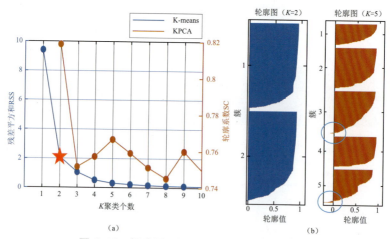

图 6-18 驾驶员 1 纵向加速度 K-means 聚类

（a）残差平方和与轮廓系数；（b）不同 $K$ 取值时的轮廓图

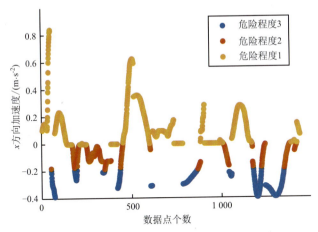

图 6-19 驾驶员 1 纵向加速度聚类结果

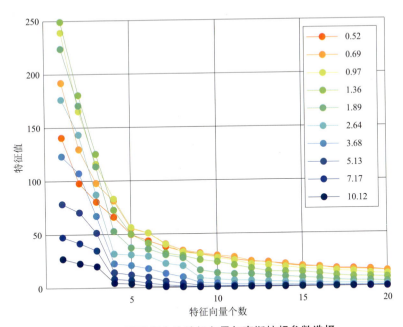

图 6-20 谱聚类方法特征向量与高斯核超参数选择

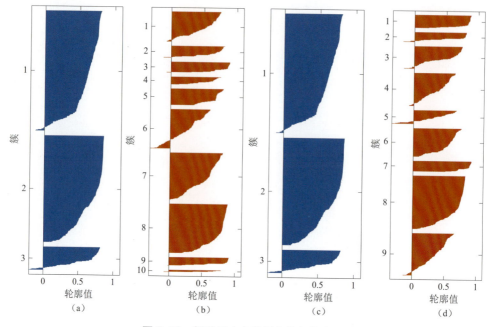

图 6-22 驾驶员 1 完整操作数据轮廓图

(a) K-means 轮廓图（$K=3$）；(b) K-means 轮廓图（$K=10$）；(c) KPCA 轮廓图（$K=3$）；
(d) KPCA 轮廓图（$K=9$）

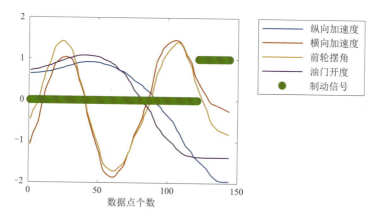

图 6-23 驾驶员操作数据展示结果

图 6-26 计算简单邻域哈希值范例

图 6-27 计算计数敏感领域哈希值范例

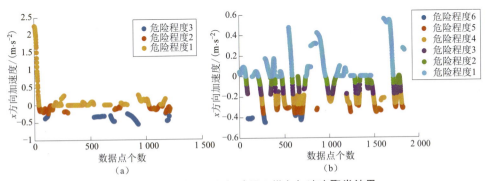

图 6-28 驾驶员 2 和驾驶员 3 纵向加速度聚类结果

(a) 驾驶员 2；(b) 驾驶员 3

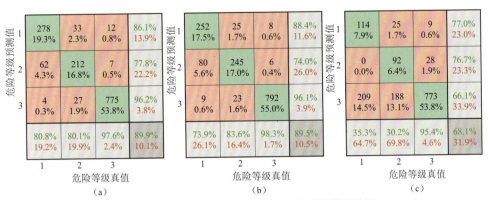

图 6-30 驾驶员 1 的危险场景识别结果混淆矩阵图

(a) SP-SVM；(b) NH-SVM；(c) SVM

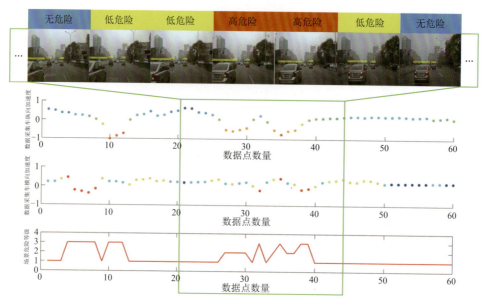

图 6-31　危险行驶场景识别结果与驾驶员操作数据对比展示效果

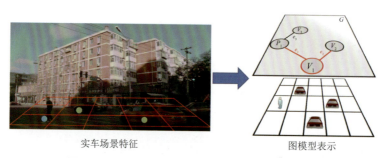

实车场景特征　　　　　　　　　图模型表示

图 6-32　主车视角下的规则矩形网格图模型构建

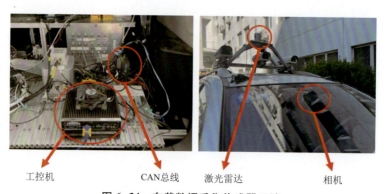

图 6-34　车载数据采集传感器系统

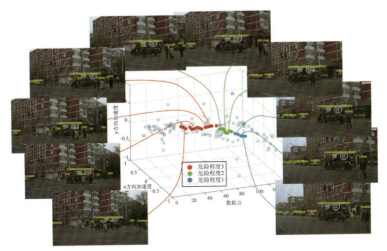

图 6-38 部分实车数据聚类标签结果及对应场景图

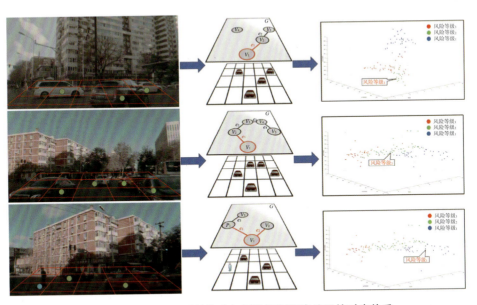

图 6-40 部分图场景的构建与风险等级聚类结果的对应关系